LUIS CERNUDA:
EL POETA EN SU LEYENDA

LITERATURA  Y SOCIEDAD

DIRECTOR
ANDRÉS AMORÓS

Colaboradores de los volúmenes publicados:

José Luis Abellán. Emilio Alarcos. Aurora de Albornoz. Jaime Alazraki. Earl Aldrich. José María Alín. Xesús Alonso Montero. Carlos Alvar. Manuel Alvar. Andrés Amorós. Enrique Anderson Imbert. René Andioc. José J. Arrom. Francisco Ayala. Max Aub. Mariano Baquero Goyanes. Giuseppe Bellini. R. Bellveser. Rogelio Blanco. Alberto Blecua. José Manuel Blecua. Andrés Berlanga. G. Bernus. Laureano Bonet. Jean-François Botrel. Carlos Bousoño. Antonio Buero Vallejo. Eugenio de Bustos. J. Bustos Tovar. Richard J. Callan. Jorge Campos. José Luis Cano. Juan Cano Ballesta. R. Cardona. Helio Carpintero. José María Castellet. Diego Catalán. Elena Catena. Gabriel Celaya. Ricardo de la Cierva. Isidor Cónsul. Carlos Galán Cortés. Manuel Criado de Val. J. Cueto. Maxime Chevalier. F. G. Delgado. John Deredita. Florence Delay. José María Díez de Revenga. Manuel Durán. Julio Durán-Cerda. Robert Escarpit. M. Escobar. Xavier Fábrega. Ángel Raimundo Fernández. José Filgueira Valverde. Margit Frenk Alatorre, Julián Gállego. Agustín García Calvo. Víctor García de la Concha. Emilio García Gómez. Luciano García Lorenzo. Stephen Gilman. Pere Gimferrer. Antonio A. Gómez Yebra. Eduardo G. González. Javier Goñi. Alfonso Grosso. José Luis Guarner. Raúl Guerra Garrido. Ricardo Gullón. Modesto Hermida García. Javier Herrero. Miguel Herrero. E. Inman Fox. Robert Jammes. José María Jover Zamora. Jon Kortazar. Pedro Laín Entralgo. Rafael Lapesa. Fernando Lázaro Carreter. Luis Leal. María Rosa Lida de Malkiel. Francisco López Estrada. E. Lorenzo. Ángel G. Loureiro. Vicente Llorens. José Carlos Mainer. Joaquín Marco. Tomás Marco. Francisco Marcos Marín. Julián Marías. José María Martínez Cachero. Eduardo Martínez de Pisón. Marina Mayoral. G. McMurray. Seymour Menton. Ian Michael. Nicasio Salvador Miguel. José Monleón. María Eulalia Montaner. Martha Morello Frosch. Enrique Moreno Báez. Antonio Muñoz. Justo Navarro. Francisco Nieva. Antonio Núñez. Josef Oehrlein. Julio Ortega. María del Pilar Palomo. Ròger M. Peel. Rafael Pérez de la Dehesa. Miguel Ángel Pérez Priego. A. C. Picazzo. Jaume Pont. Benjamín Prado. Enrique Pupo-Walker. Richard M. Reeve. Hugo Rodríguez-Alcalá. Julio Rodríguez-Luis. Emir Rodríguez Monegal. Julio Rodríguez Puértolas. Fanny Rubio. Serge Salaün. Noel Salomon. Gregorio Salvador. Leda Schiavo. Manuel Seco. Ricardo Senabre. Juan Sentaurens. Alexander Severino. Gonzalo Sobejano. E. H. Tecglen. Xavier Tusell. P. A. Urbina. Isabel Uría Maqua. Jorge Urrutia. José Luis Varela. José María Vaz de Soto. Darío Villanueva. Luis Felipe Vivanco. Ángel Vivas. D. A. Yates. Francisco Ynduráin. Anthony N. Zahareas. Alonso Zamora Vicente. Stanislav Zimic.

PHILIP W. SILVER

Luis Cernuda:
el poeta en su leyenda

EDICIÓN REVISADA

EDITORIAL CASTALIA

A Cristina Vizcaíno.

SUMARIO

Los estudios cernudianos: hacia el consenso

EMPEZAR la casa por el tejado ha sido siempre parte integral del talante regeneracionista español. Y lo mismo viene ocurriendo en los estudios literarios, donde sobre todo se echa en falta una coherencia interna en la asimilación de las nuevas modas de crítica literaria. Además, es como si cada *aggiornamento* al respecto se hiciera a expensas de esa esencial labor primaria, desafortunadamente tantas veces pospuesta, de la crítica textual, la edición crítica, la biografía, y la crítica literaria en el sentido más pedestre.

He aquí la gloria y miseria de la crítica española. Porque si bien se mira hasta la crítica filosófico-literaria de avezados desconstruccionistas como Jacques Derrida y Paul de Man presupone siempre un conocimiento exhaustivo de toda la obra del escritor estudiado y de toda la crítica anterior relevante, gracias en primer lugar a ediciones alemanas o francesas o inglesas pulcramente editadas y anotadas. No hay más que ver las notas que acompañan *La voz y el fenómeno* del primero o los trabajos sobre Rousseau o «El triunfo de la vida» de Shelley del segundo. Pero en la literatura española, sobre todo en la posromántica, generación tras generación de hispanistas se hace vieja mientras espera las ediciones críticas y los datos biográficos de fiar. Y sin esta labor previa y ponderada, también faltarán las bases para una visión crítica consensuada de tal o de cual escritor —tanto del que hace época como del

que no—. No es que estas sean cuestiones que puedan resol-
verse de una vez para siempre, pero el avance crítico en profundidad necesita de estos cimientos para su presente y futura
orientación. De otra forma se cumplirá aquí de nuevo el fatí-
dico pronóstico orteguiano de «adanismo» del arte español. Y
lo que vale para el arte, también vale para las «ciencias» pa-
ralelas de crítica académica y teoría literaria.

Se me podrá objetar que un fundamento de biografismo
acertado y/o de crítica textual de ninguna manera garantiza el
acierto de la crítica literaria que se construye sobre ellos. Pero
sin esas bases es casi imposible que se dé. De ahí que, como el
estudioso de la literatura comparada habrá podido confirmar,
a los principales poetas modernos —Baudelaire, Rimbaud,
Rilke— les acompañan como faustos maceros nutridas biblio-
grafías de ediciones y estudios. En contraste, las grandes figuras españolas de la época moderna se hallan prácticamente
desamparadas.

¿Debemos incluir los estudios cernudianos en un reparo
que se quiere global? Pienso que no, puesto que hoy la crítica
sobre la obra de Cernuda goza de un estado de salud envidia-
ble. Treinta años después de la muerte del poeta, la fama de
Cernuda sobrepasa, con dos excepciones, la del resto de su
generación. Es más; pienso que estos tres, Cernuda, Salinas y
Lorca, son los más unánimemente admirados y estudiados por
poetas y críticos. Y en el caso del primero diría que el interés
crítico-poético se debe en gran parte a que desde el primer
momento hubo textos establecidos (gracias en parte al mismo
poeta y a las editoriales FCE y Barral) y ante todo un consenso
ab initio respecto a las líneas generales de interpretación de su
obra, una suerte de enfoque canónico que sirvió para encauzar
las sucesivas ráfagas nuevas de comprensión. Tanto José Luis
Cano, Ricardo Gullón, Carlos Peregrín Otero, Elisabeth Müller como yo mismo, con distinto énfasis, trazamos el mismo
perfil básico, la misma configuración temática.

¿Fue casualidad nuestra coincidencia? Lejos de ello. A mi manera de ver fue el mismo Cernuda quien se adelantó a nosotros, asentando las bases de su propia interpretación. Sin duda, desconfiando de la crítica al uso y sin apoyos universitarios o «políticos» importantes, Cernuda llegó a preocuparse sobremanera por la posteridad (véase «Historial de un libro» y [el poema] «A un poeta futuro»). De manera que desde dentro de la visión retrospectiva de la primera edición de los poemas en prosa de *Ocnos,* y en íntimo contacto con la poesía romántica inglesa, Cernuda plasmó una primera interpretación de su labor poética, vistiendo de indumentaria romántico-pastoril su trayectoria literaria hasta entonces (1942). He aquí por qué hice hincapié en mi tesis y libro sobre el aspecto mitográfico de su obra en un sentido más insistente que Octavio Paz. Pero no vi entonces todo el alcance de esa certera intuición de Cernuda: el hacer transparente en su obra lo que Meyer Abrams llamó después el argumento romántico («romantic plot») (en *Natural Supernaturalism* [1971]). O sea, la paradigmática secuencia de Paraíso, Caída y Recuperación del primero bajo la tutela de la Naturaleza, por el amor o en una recreación de la inocencia primera.

A Cernuda mismo debemos, pues, los primeros pasos seguros de la crítica cernudiana. Mas cuando redacté el presente libro, como es obvio, estaba lejos de ver la profunda relación de Cernuda con el romanticismo no tópico. Más bien asociaba el enfoque pastoril de Cernuda con el clasicismo-simbolismo de Gide y con el bucolismo vanguardista que esto generó en España (del que es un fruto tardío *Sombra del paraíso* de Aleixandre). Siguiendo al Edwin Muir autor del epígrafe de mi libro sólo acertaba a ver *algunas* fases de la fábula de Cernuda como son la edad de la inocencia y la Caída; pero entonces no captaba toda la profundidad romántica que había en su bucolismo. Sólo en los últimos años, al volver sobre la obra de Cernuda después de estudiar en profundidad el romanticismo

europeo, he visto hasta qué punto le venía como anillo al
dedo a Cernuda *todo* ese «argumento romántico» de Abrams,
justamente una versión secularizada de la psicobiografía cristiana, cuya primera versión son las *Confesiones* de San Agustín.

Antes no estaba preparado para tomar al pie de la letra
aquellas preciosas indicaciones de Salinas, Bergamín y otros
de alinear a Cernuda con el romanticismo lírico más puro de
Europa. Pero la evidencia estaba ya ahí y arrastraba: Cernuda
era un poeta tan romántico o más que Bécquer. Y, además, lo
que se había dicho del comportamiento del romanticismo en
España distaba mucho de ser la verdad. La única manera de
resolver este nuevo problema era volver al examen del romanticismo español. Y la cuestión quedó reformulada así:
¿cómo tendría que haberse desarrollado nuestro romanticismo
para que un romántico ejemplar se diera en la España de la
primera mitad del siglo XX?

Aparte del interés intrínseco del problema —que el lector
encontrará tratado con brevedad en *De la mano de Cernuda*
(1989)— la novedad está en la manera de formularlo. En vez
de proceder apriorísticamente y tratar de encasillar a Cernuda
en una periodización desfasada, que le sería en el mejor de los
casos un lecho de Procrusto, decidí obrar al revés y elaborar
un romanticismo español a la medida de Cernuda. Creo que la
línea teórica esbozada ahí merece tomarse en cuenta, tanto en
el estudio de la poesía de Cernuda según el paradigma de
Abrams, como en lo que pudiera significar para una revisión
del romanticismo español en sí.

Subrepticiamente he ido dando una justificación de una
nueva edición del presente LUIS CERNUDA: EL POETA EN SU
LEYENDA que, como uno de los primeros y mejor recibidos
portadores del consenso crítico sobre el poeta, pienso que merece reimprimirse. Porque siempre en los estudios literarios
conviene primero aprovechar lo canónico y lo consensuado, y
después discrepar. Ahorra trabajo y sirve para descubrir el

talón de Aquiles de los críticos anteriores, sus coincidencias más significativas, que es el punto de ataque de la mejor crítica revisionista.

Y no faltan ya, afortunadamente para los estudios cernudianos, esas discrepancias (véase las «Palabras previas» de Derek Harris a la edición española de su libro y el artículo de John Mandrell en la Bibliografía). Sin embargo, como *parten de lo consensuado* y se dejan guiar por lo canónico, evitan aumentar esa confusión babélica que tanto aqueja a los discursos crítico-literarios de hoy, dificultando toda construcción.

Al terminar estas palabras quiero llamar la atención sobre dos puntos. Primero, la Bibliografía es nueva, al día, pero *selecta,* y hecha pensando tanto en el nuevo lector o estudioso de Cernuda como en la accesibilidad de las ediciones. Y segundo, agrego por primera vez a esta edición todas las cartas inéditas (9 más una postal) que me escribió Luis Cernuda cuando preparaba mi tesis en Princeton University, a principios de los 60. He anotado las cartas, mas no exhaustivamente. Añaden, pues, a esta nueva salida del presente libro otra faceta de esa «voz» siempre viva entre nosotros que fue Luis Cernuda.

PHILIP W. SILVER

Pasai Donibane-Hondarribia
5-VIII-1995

ABREVIATURAS

Las citas de las obras poéticas de Cernuda dentro del texto llevan una abreviatura que refiere al libro, la edición (en su caso) y el número de página siguiendo la edición de la Editorial Siruela de la Obra Completa I (Madrid 1993).

Lo que así recreas
Es el tiempo sin tiempo
Del niño, los instintos

Aprendiendo la vida
Dichosamente, como
La planta nueva aprende
En suelo amigo. Eco

Que, a la doble distancia,
Generoso hoy te vuelve,
En la leyenda, a tu origen.
Et in Arcadia ego.

LUIS CERNUDA

Pero lo que no somos y nunca podremos ser, nuestra fábula, a mí me parece de un interés inconcebible. Quisiera escribir esa fábula, pero no puedo siquiera vivirla; y lo más que podría hacer si relatara el curso exterior de mi vida sería mostrar hasta qué punto me he desviado de ella; aun cuando eso es imposible, puesto que no conozco la fábula ni sé de nadie que la conozca. Acierto a vislumbrar una o dos de sus fases: la edad de la inocencia y la Caída, así como todas las dramáticas consecuencias derivadas de la Caída. Pero éstas subyacen tras la experiencia, no en la superficie; no son hechos históricos; son fases de la fábula.

EDWIN MUIR

CAPÍTULO I
El Edén y después: conato de biografía

> Confesaré que sólo encuentro apetecible
> un edén donde mis ojos vean el mar transpa-
> rente y la luz radiante de este mundo; donde
> los cuerpos sean jóvenes, oscuros y ligeros;
> donde el tiempo se deslice insensiblemente en-
> tre las hojas de las palmas y el lánguido aroma
> de las flores meridionales. Un edén, en suma,
> que para mí bien pudiera estar situado en
> Andalucía.[1]
>
> LUIS CERNUDA

1. SEVILLA Y MÁLAGA

El tiempo ha sido benigno con Sevilla. La ciudad, con sus pocos cambios, ha permitido a la historia acumularse en sus estrechas calles, cuyos nombres honran la memoria de Cervantes, Mateo Alemán, Rioja, Bécquer, Valdés Leal, Reinoso, Villegas y Céspedes. Hay calles con nombres de gremios y oficios hace tiempo desusados, y otras que sorprenden totalmente al forastero: Verde, Sol, Lira, Luna, Alegría, Pajaritos, Cuna, Vida, Amistad, Perla, Aire, Pureza y Rocío. Tales denominaciones son como poemas telegráficos que llaman la atención hacia lo que en la ciudad destaca al margen de la historia escrita: el sol, el agua, el aire, la tierra abundosa y cuanto esos elementos confabulados sugieren a la imaginación. A decir verdad, aunque Sevilla ciñe estrechamente su

1. Luis Cernuda, «Divagación sobre la Andalucía romántica», *Cruz y Raya,* núm. 37 (abril, 1936), p. 10.

núcleo urbano al meandro del Guadalquivir a unos ochenta y
tantos kilómetros del mar, ningún sevillano, para ver correr el
agua, tiene que ir más allá del patio de su casa o los jardines del
Alcázar. El espléndido sol es un tesoro que a todos llega, lo
mismo que las brisas que refrescan el rostro o agitan las hojas
susurrantes de las palmeras. También es omnipresente la ge-
nerosa tierra con su exuberancia de fragantes flores. Sevilla es
parte de un mundo paradisíaco que a todos invita, incluso al
viajero, a aprender indolencia y olvidar el decurso del tiempo.
Aún en nuestros días, al volver bruscamente la esquina de una
calleja con la media luz del crepúsculo, suele uno darse de
manos a boca con un landó o un tílburi particular que aguarda a
su dueño, y es inevitable el sentimiento de que no tendríamos
más que montar en él para internarnos en el pasado.

En esta intemporal ciudad de Sevilla nació Luis Cernuda y
Bidón el 21 de septiembre de 1902, tercero de los hijos
de una familia acomodada como no podía menos de serlo la de
un coronel de Ingenieros. Al venir al mundo, el futuro poeta
se encontró pues con dos hermanas. Su padre, militar de carrera, había nacido en Naguabo, Puerto Rico, hijo de madre
mallorquina y padre gallego, de Pontevedra.[2] La abuela ma-
terna de Cernuda era francesa, y su marido tenía una tienda
de droguería en la Plaza del Pan, frente al mercadillo instalado a espaldas de la parroquia de El Salvador: en sus tendere-
tes, estos comerciantes ofrecían artículos de orfebrería, enca-
jes y libros de ocasión.

Aunque en la familia no había literatos, su padre poseía
una nutrida biblioteca. Las únicas alusiones a su padre en la
obra de Cernuda se relacionan con esta biblioteca, y ello en
sentido negativo. Como es harto comprensible, nadie le ani-
mó a entrar en aquel vedado. Pero él entró, cosa no menos

2. Carlos Peregrín Otero, «La poesía de Luis Cernuda» (disertación
académica inédita, Universidad de California, 1960), p. 19.

comprensible, y a menudo, pues había allí libros de viajes y atlas que atrajeron su atención hablándole del mundo que se extendía más allá de su casa, de su patria y de su continente. A juzgar por el cuadro de su primera infancia suministrado en los poemas en prosa de *Ocnos,* los primeros años de Cernuda fueron años solitarios. Las amistades de la niñez no tienen parte alguna en los poemas en prosa. Es, de hecho, un mundo sin seres humanos importantes aparte del propio poeta como niño. Este niño, Albanio, como Cernuda se llama a sí mismo, existe en comunión con la naturaleza en un Edén intemporal. La muerte y el tiempo no tienen parte en él y cada momento parece permanente e inmutable. Es un ensueño de soledad pero no de aislamiento, aun cuando la familia está excluida de su mundo real: el de la naturaleza. En un poema titulado «La familia» de *Como quien espera el alba* (1941-1944), Cernuda describe la alienación que experimenta respecto a su familia. He aquí dos estrofas de este poema:

> Era a la cabecera el padre adusto,
> La madre caprichosa estaba en frente,
> Con la hermana mayor imposible y desdichada,
> Y la menor más dulce, quizá no más dichosa,
> El hogar contigo mismo componiendo,
> La casa familiar, el nido de los hombres,
> Inconsistente y rígido, tal vidrio
> Que todos quiebran, pero nadie dobla.
>
> . . . .
> Aquel amor de ellos te apresaba
> Como prenda medida para otros,
> Y aquella generosidad, que comprar pretendía
> Tu asentimiento a cuanto
> No era según el alma tuya.
> A odiar entonces aprendiste el amor que no sabe
> Arder anónimo sin recompensa alguna.

RD, 334-336.

Hay otras varias experiencias en esos años que iban a resultar profundas y duraderas. Antes de que tuviera ocasión de leer poesía alguna, cayó en sus manos un texto elemental de mitología griega. También en un poema en prosa destinado a *Ocnos,* pero no incluido en ninguna de sus dos primeras ediciones, que tituló «El poeta y los mitos», Cernuda ha atestiguado la honda influencia que a la sazón ejerció en él este libro:

> Aquellas páginas te revelaron un mundo donde la poesía, vivificándolo como la llamada al leño, trasmutaba lo real... Que tú no comprendieras entonces la causalidad profunda que une ciertos mitos con ciertas formas intemporales de vida, poco importa: cualquier aspiración que haya en ti hacia la poesía, aquellos mitos helénicos fueron quienes la provocaron y orientaron.
>
> *O,* 560-561.

El primer contacto de Cernuda con la poesía tuvo lugar poco después del traslado de los restos mortales de Bécquer a su ciudad natal de Sevilla. El acontecimiento fue causa de comprensible alborozo entre las autoridades locales. Suscitó asimismo una renovada circulación de las rimas de aquel poeta y con tal ocasión se imprimieron varios volúmenes («volúmenes de encuadernación azul con arabescos de oro»); las primas de Cernuda, Luisa y Brígida de la Sota, prestaron a sus hermanas alguno de dichos tomos, y esto fue lo primero que le llevó a fijarse en las rimas de Bécquer y a interesarse por ellas. Era el año 1913, cuando Cernuda tenía once años.

La familia se mudó más tarde al barrio de Santa Cruz, instalando su domicilio en el número 4 de la calle Aire. La nueva casa estaba en una de esas calles, tan corrientes en las ciudades andaluzas, donde casi se tocan los balcones de ambos lados, dando la impresión de un pasaje abovedado más que de una calle a cielo abierto. En un recinto florido que existe al final de la calle Aire, en su confluencia con la de Mármoles, tres macizas columnas romanas corroídas por el tiempo recuerdan permanentemente al transeúnte los diversos estratos históricos en que Sevilla se sustenta. La calle en que Cernuda vivió entonces hallábase también muy próxima a los extensos y silenciosos jardines del Alcázar.

En septiembre de 1916, cuando iba a comenzar su cuarto curso de bachillerato, escribió Cernuda sus primeros poemas.

> Hacia los catorce, y conviene señalar la coincidencia con el despertar sexual de la pubertad, hice la tentativa primera de escribir versos. Nada sabía acerca de lo que era un verso, ni de lo que eran formas poéticas; sólo tenía oído o, mejor dicho, instinto del ritmo, que en todo caso es cualidad primaria del poeta. La idea de escribir, y sobre todo la de escribir versos, en parte por las burlas acostumbradas y que no pocas veces había oído acerca del poeta, suscitaba en mí rubor incontrolable, aunque me escondiera para hacerlo y nadie en torno mío tuvo noticia de tales intentos.[3]

Pero en pleno curso escolar, pocos meses después, su profesor de Retórica y Preceptiva literaria, un sacerdote, pidió a sus alumnos una décima como parte de su tarea. Esta décima fue el primer intento de Cernuda en una forma poética tradicional.

A su debido tiempo comenzó Cernuda sus estudios en la Universidad de Sevilla. Y, como era de rigor, se decidió por el Derecho. Durante su primer año se matriculó en un curso que daba Pedro Salinas, que había obtenido la cátedra de Historia de la Lengua y Literatura Españolas, pero debido a su innata timidez, Cernuda permaneció como un alumno anónimo entre tantos otros. Estos estudios en la Universidad los comenzó Cernuda en 1919. Pero en la rutina de las clases de

---

3. Luis Cernuda, «Historial de un libro», en *Poesía y literatura* (Barcelona-Méjico, 1960), p. 234.

octubre a mayo halló poco motivo de esparcimiento. Entonces murió su padre en 1920, dejando a su familia una exigua pensión.

El tercer paso, el decisivo, en el arranque de la carrera de nuestro poeta, lo dio durante su servicio militar, que cumplía en el verano entre curso y curso de la Universidad. El servicio militar era una experiencia difícil para los hijos de las ciudades, pues parte de la instrucción consistía en marchas a caballo por los alrededores de Sevilla. Los soldados regulares hacían cuanto podían para que a los reclutas de temporada —los señoritos— les fueran asignadas las monturas más indeseables. Cierta tarde, en 1923 o 1924, cabalgando con otros reclutas por los alrededores de Sevilla, Cernuda experimentó lo que nos ha descrito como una visión («las cosas se me aparecieron como si las viera por vez primera, como si por primera vez entrara yo en comunicación con ellas...»),[4] y al mismo tiempo el imperativo de expresar lo que había experimentado. Aunque no sobrevive ninguno de los poemas resultantes, continuó escribiendo otros que sus amigos vieron y admiraron. Hasta el final de sus estudios en la Universidad, no reparó Pedro Salinas en el nombre de Luis Cernuda. Gracias a la intercesión de algunos amigos, el alumno entabló conocimiento con el profesor. El propio Salinas ha registrado este primer encuentro con Cernuda en la calle Aire:

> Y allí Luis Cernuda, en su casa —una casa seria, sencilla, recatada— nada de macetas, nada de santitos de azulejos, nada de pamplinas cerámicas ni floripondios de metal blanco, las paredes; verde, la pintura de los hierros de la cancela. Siempre iré a buscarlo allí, o a su poesía.
> ¿No es lo mismo?
> Porque allí le conocí... algo más. Difícil de conocer. Delicado, pudorosísimo, guardándose su intimidad para él solo, y

4. *Ibid.*

para las abejas de su poesía que van y vienen trajinando allí
dentro —sin querer más jardín— haciendo su miel. La afición
suya, el aliño de su persona, el traje de buen corte, el pelo bien
planchado, esos nudos de corbata perfectos, no es más que deseo de ocultarse, muralla del tímido, burladero del toro malo
de la atención pública.
       Por dentro, cristal. Porque es el más *licenciado Vidriera*
de todos, el que más aparta la gente de sí, por temor de que le
rompan algo, el más extraño.[5]

Nadie podría mejorar esta deliciosa viñeta de Luis Cernuda en
sus años mozos; sin embargo, hay otro aspecto de la idea negativa de timidez: una agresividad que lleva puesta su máscara. En el cuento de Cernuda «El indolente», escrito en 1929,
el narrador hace la siguiente observación sobre un amigo:

       Había notado, o creído notar, que si bien la mujer elegante
       atrae, el hombre elegante repele. Según dicha teoría el dandis-
       mo no sería sino una forma entre otras de aspirar a la soledad
       ascética del yermo. Lo cual puede ser cierto. Al menos los más
       escépticos deberán reconocer que de todas las formas que ha
       revestido esa vieja aspiración humana de la soledad, ésta del
       dandismo aparece así como la más refinada de todas.[6]

   El contacto con Pedro Salinas motivó un giro decisivo en
el desarrollo intelectual de nuestro poeta. Salinas llegó a ser el
núcleo de un grupo de jóvenes poetas sevillanos, entre ellos
Luis Cernuda y su amigo de tantos años, Joaquín Romero
Murube. Bajo la tutela de Salinas, leyeron a los clásicos de la
literatura española —Garcilaso, Fray Luis de León, Góngora,
Lope, Quevedo y Calderón— y al mismo tiempo Salinas, que
había regresado a Sevilla después de cuatro años de lector en

   5. Pedro Salinas, «Nueve o diez poetas», en *Ensayos de literatura his-
pánica,* ed. Juan Marichal (Madrid, 1958), p. 373.
   6. Luis Cernuda, *Tres narraciones* (Buenos Aires, 1948). pp. 39-40.

la Sorbona, les encareció la necesidad de aprender francés y emprender el estudio de los poetas galos. Baudelaire fue el primero que Cernuda leyó; luego Mallarmé y Rimbaud, Paul Reverdy y Lautréamont.

Salinas fue también el primero que llamó la atención de Cernuda sobre la obra de Gide, prestándole en primer lugar *Prétextes* o *Nouveaux Prétextes* y a continuación *Morceaux Choisis* en la edición NRF de 1921. Acerca de este primer contacto con la penetrante inteligencia de André Gide escribe Cernuda:

> Me figuro que Salinas no podía suponer que con esa lectura me abría el camino para resolver, o para reconciliarme, con un problema vital mío decisivo... La sorpresa, el deslumbramiento que suscitaron en mí muchos de los *Morceaux,* no podría olvidarlos nunca; allí conocí a Lafcadio, y quedé enamorado de su juventud, de su gracia, de su libertad, de su osadía.[7]

La camaradería intelectual y el estímulo artístico brindados por Pedro Salinas tuvieron sobre el joven Cernuda un efecto catalítico. Desde 1916 había continuado escribiendo poesía y merced a la intercesión de Pedro Salinas pudo publicar nueve poemas bajo el título de «Versos» en el número de la *Revista de Occidente* correspondiente a diciembre de 1925. Nunca podríamos encarecer bastante la importancia que la publicación de estos poemas tuvo para Cernuda. Aun objetivamente considerado fue un hecho extraordinario que los versos de un poeta joven, provinciano y desconocido aparecieran en la principal revista literaria de la nación.

Hacia finales de 1926, Emilio Prados y Manuel Altolaguirre anunciaron la publicación de una revista literaria, *Litoral,* en Málaga, así como una serie de suplementos, todos impresos por Emilio Prados en su taller de artes gráficas,

7. *Poesía...,* p. 236.

«Sur». Los tres primeros suplementos fueron los siguientes: *Canciones* por Federico García Lorca, *La amante* por Rafael Alberti, y *Caracteres* por José Bergamín. Salinas volvió a interceder, proponiendo a Cernuda la publicación de sus poemas en forma de libro, y a Prados y Altolaguirre la aceptación de la obra del joven poeta para su publicación. El libro de poemas titulado *Perfil del aire* apareció en abril de 1927, publicado como el cuarto de los suplementos de *Litoral*. El libro está dedicado a Salinas, y el último de sus poemas, el vigésimo noveno, está dedicado a Jorge Guillén. Antes de la fecha de publicación Salinas había regresado a Madrid, de modo que uno de los primeros ejemplares que Cernuda envió fue el suyo.[8] Cuando el libro estuvo al cabo distribuido y comenzaron a aparecer reseñas sobre el mismo en los periódicos de provincias y en los de Madrid y Barcelona, no fueron nada favorables. Salvo algunos casos aislados, todas las críticas impugnaron el libro. No sólo las debidas a críticos desconocidos del autor, sino que hasta las palabras de agradecimiento que recibió de Salinas parecían poco entusiásticas. De esta época de desaliento y crisis ha escrito Cernuda:

> Inexperto, aislado en Sevilla, me sentí confundido. La experiencia me iría indicando luego las causas para aquellos ataques; pero entonces, conociendo cómo a todos los libritos de verso que por aquellos años aparecían en España se les había recibido, por lo menos, con benevolencia, la excepción hecha al mío me mortificó tanto más cuanto que ya comenzaba a entrever que el trabajo poético era razón principal, si no única, de mi existencia.[9]

Indiferente ante la idea de seguir o no la carrera de Derecho, Cernuda se encontró sin ningún estímulo en la única actividad

8. *Ibid.,* p. 238.
9. *Ibid.,* p. 239.

que podía dar un sentido a su vida. No es exagerado decir que
la herida infligida por la desfavorable recepción de su primer
libro permaneció sin cicatrizar. Contribuyó a apartarle, aun
en aquella primera fase de su vida como poeta, de sus contemporáneos más favorecidos por el éxito. Tambien originó su
sarcástico desagrado por los críticos que habían considerado
oportuno juzgar su obra sin un examen demasiado atento de
la misma. Significativo y ejemplar a este respecto es el artículo que Cernuda publicó en *Orígenes* en fecha tan reciente como
1954, «El crítico, el amigo y el poema», donde discute la
influencia de Guillén en *Perfil del aire*. El crítico del título es
un tal A. del Arroyo que está escribiendo una historia de la
Literatura Española en dos tomos.[10]

Se observará que el tema del artículo de Cernuda de 1954
vuelve sobre el principal reparo (principal para él) que opuso
la crítica a su *Perfil del aire* de 1927: la influencia de Guillén.
Con objeto de mostrar que hubo cierta justificación en la violenta y duradera reacción de Cernuda ante las recensiones publicadas sobre su libro en 1927, anotemos algunas de ellas.
Una apareció en el importante periódico madrileño *La Gaceta
Literaria* el 1 de mayo de 1927; estaba firmada «F.A.», y
decía lo siguiente:

> El joven Luis Cernuda publica un libro, cuyo título tiene
> algo —el *perfil*— de Hinojosa: *Poesía de Perfil.* Y algo —el
> *aire*— de *Poemas del Aire,* incluso, de Pérez Ferrero... (Esto de
> los títulos, cosa terrible. No está mal: *Perfil del Aire.*)
> Pero realmente, el aire y el perfil del libro —no ya del
> título— son —en lo eterno, tono y vocabulario— del poeta
> Jorge Guillén. Esto, tan evidente, que no es necesario insistir
> en ello. Perfil —cuño que debiera ir impreso en la portada.

10. El juicio sobre la poesía de Cernuda, conforme aparece en la
historia de la literatura española a que se hace referencia, está tomado de
Historia de la literatura española de Del Río, y A. del Arroyo es, por supuesto, el susodicho Ángel del Río.

Un libro unánime. Ecuánime. Apacible. Un libro mesurado, medido.

Sin ninguna inquietud moderna. Sin imaginismo múltiple. Sin el ritmo acelerado de nuestro tiempo, ni el aire del más modesto ventilador. Seriedad melancólica. Un color apagado. Estatismo. Voz delgada. Etcétera.

El crítico E. Salazar y Chapela hizo observaciones aún más cáusticas sobre la deuda de Cernuda con Guillén. Escribía en *El Sol*:

> Cernuda ha elegido el verso de Guillén como arquetipo... Pero hay que convenir en que Cernuda no supera, ni siquiera, a su tipo o arquetipo. Se queda en la buena imitación.[11]

Y Juan Chabás, a su vez, señalaba que Cernuda era un

> discípulo de Guillén, discípulo fiel, formado en la admiración y el estudio, devoto del maestro... Pero, después de este libro, su más urgente trabajo sería el de buscarse con mayor ahínco a sí mismo, el de escuchar su íntima voz, para crear con ella su poesía verdadera.[12]

Todas las críticas no fueron malas, sin embargo, y el más eminente de sus defensores fue José Bergamín, que hizo la reseña del libro en un artículo titulado «El idealismo andaluz». Otra apareció en *L'Amic de les Arts* de Barcelona, pero no fueron suficientes para contrarrestar el general sentimiento de desamparo que Cernuda experimentó ante los otros ataques.

Pese a la acogida, desfavorable en general, dispensada a su libro de poesía, Cernuda se había convertido en poeta. Había

---

11. *El Sol*, 18 mayo 1927, p. 2.
12. «L. Cernuda: Perfil del aire», *La Libertad*, 30 abril 1927.

hallado una vocación que, por ser la única que le interesaba, empezó a ser objeto de la entera dedicación de su vida. Pronto sería lector en Toulouse, y en Inglaterra y en los Estados Unidos se vería obligado a ganarse la vida mediante la enseñanza, pero esto nunca sería otra cosa sino un mal impuesto por la necesidad económica. No obstante, en 1927 todavía vivía con su madre y sus dos hermanas y podía dedicar todo su tiempo a escribir.

No fue la publicación de *Perfil del Aire,* sin embargo, el único acontecimiento importante de 1927 para Cernuda. En diciembre, por invitación del Ateneo de Sevilla, y como un acto de homenaje a Góngora, llegaron de Madrid Jorge Guillén, Gerardo Diego, Rafael Alberti, Dámaso Alonso, Federico García Lorca, José Bergamín y Juan Chabás para leer poesía y dar conferencias.[13] Aunque la participación de Cernuda se vio limitada a la lectura de algunos de sus poemas por uno de los oradores, el hecho fue una pública confirmación de su aceptación por parte de los poetas visitantes.

Ahora aparecían ya obras suyas, tanto prosa como poesía, en *Verso y Prosa* de Murcia, publicada por León Sánchez Cuesta y Juan Guerrero Ruiz, así como en *Mediodía,* editada en Sevilla por el amigo de la infancia de Cernuda, Joaquín Romero Murube. También aportó el extenso poema «Égloga» al primer número de *Carmen,* dirigida y publicada por Gerardo Diego. Después de «Égloga» vino «Elegía» y luego «Oda». Estos poemas fueron como una lección técnica, aunque Cernuda no estaba satisfecho con ellos.

> Pero no dejaba de darme cuenta cómo mucha parte viva y esencial en mí no hallaba expresión en dichos poemas. Unas palabras de Paul Eluard, «y sin embargo nunca he encontrado lo que escribo en lo que amo», aunque al revés, «y sin embargo

13. Dámaso Alonso, «Una generación poética (1920-1936)», *Poetas españoles contemporáneos* (Madrid, 1958), pp. 169-170.

nunca he encontrado lo que amo en lo que escribo», cifraban mi decepción frente a aquellas tres composiciones.[14]

Pero la insatisfacción ante estos poemas, y los términos en que fue expresada, no eran sino una mera faceta de la insatisfacción que Cernuda experimentaba respecto al ambiente en que se desenvolvía su existencia. Por espacio de varios años fue encontrando cada vez menos soportable el ya reducido círculo familiar en que se veía obligado a vivir. Pero su madre estaba enferma y no era cosa de abandonarla. Algo de lo que debieron ser sus sentimientos puede conjeturarse por el subsiguiente justiprecio de la evolución de Aleixandre con respecto a su familia. Cernuda sitúa el momento normal de la emancipación espiritual y física de un joven con relación a su familia a la edad aproximada de veintitrés años. En el caso de Cernuda, esto situaría dicha emancipación allá por el año 1925. Hablando en términos generales, Cernuda escribe:

> Los cuidados familiares no son necesarios a la mocedad como lo fueron a la niñez; ya no tienen, como tuvieron para el niño, espontaneidad indiscutible. Siendo raro el afecto que en cierto modo no priva de libertad a aquel que es objeto del mismo, puede parecer a algunos individuos que cada palabra de cariño, cada caricia, son un nudo más en la atadura con que otro ser, acaso inconscientemente, les liga. Y más pronto o más tarde llega un día cuando el amor, sea cual sea su carácter, resulta para ellos una prisión, prisión en la cual ya no les es posible vivir, ni acaso tampoco lejos de ella.[15]

A la insatisfacción con la poesía que escribía por la época del Centenario de Góngora, y a la sensación de encarcelamiento que el empalagoso círculo familiar suscitaba en él, hemos de añadir un creciente resentimiento contra la sociedad

---

14. *Poesía...*, p. 241.
15. «Vicente Aleixandre», *Orígenes*, VII, núm. 26 (1950), 13.

de la que civilmente formaba parte. En la librería que Sánchez Cuesta tenía en la calle Mayor de Madrid, Cernuda y sus
amigos sevillanos adquirían las últimas novedades de Francia.
En la primavera de 1928 leyó a Aragon, Breton, Éluard y
Crevel. De este período escribe:

> El superrealismo, con sus propósitos y técnica, había ga-
> nado mi simpatía. Leyendo aquellos libros primeros de Ara-
> gon, de Breton, de Éluard, de Crevel, percibía cómo eran míos
> también el malestar y osadía que en dichos libros hallaban voz.
> Un mozo solo, sin ninguno de los apoyos que, gracias a la
> fortuna y a las relaciones, dispensa la sociedad a tantos, no
> podía menos de sentir hostilidad hacia esa sociedad en medio
> de la cual vivía como extraño. Otro motivo de desacuerdo, aún
> más hondo, existía en mí; pero ahí prefiero no entrar ahora.[16]

Pero la sensación de encarcelamiento en el seno de una
familia donde el amor no se ofrecía ya espontáneamente como
se le ofreciera en la infancia, sino como medio de atar al adolescente al hogar, quedó súbitamente resuelta cuando la madre de Cernuda murió en julio de 1928. Una vez que el
exiguo patrimonio familiar fue repartido entre los hermanos,
Cernuda se trasladó a una pensión de la calle del Rosario,
donde vivió hasta septiembre. Cuando salió de Sevilla, Adriano del Valle y Fernando Villalón fueron a despedirle a la es-
tación de San Bernardo donde tomó el tren para Málaga.[17]
Cernuda expresa el sentimiento de liberación que experimentó en aquel momento de su existencia en los siguientes términos: «La sensación de libertad me embriagaba. Estaba harto
de mi ciudad nativa, y aún hoy, pasados treinta años, no
siento deseos de volver a ella».[18]

16. *Poesía...*, p. 242.
17. Adriano del Valle, «Oscura noticia de Luis Cernuda», *Cántico*,
núms. 9-10 (agosto-noviembre, 1955).
18. *Poesía...*, p. 243.

En Málaga conoció personalmente a los editores de *Perfil del Aire:* Emilio Prados y Manuel Altolaguirre. Conoció asimismo a José María Hinojosa, Muñoz Rojas y Bernabé Fernández Canivell. Para Cernuda el viaje significó también una oportunidad de ver el mar, que siempre le había atraído. Aunque permaneció en Málaga pocos días, el sol, la arena y el mar de esta ciudad andaluza, junto con su recién estrenada libertad, le causaron una profunda impresión. El haz de imágenes del Mediterráneo, que infunde vida a su siguiente libro de poemas, *Un río, un amor,* y marca un tránsito definitivo entre la poesía de este libro y la de los dos anteriores, es un exponente de la hondura de su experiencia de Málaga.

En un sentido muy especial, la experiencia de Málaga fue también un nuevo descubrimiento del perdido ideal de la infancia. Si de niño había vivido en el limitado cosmos de un patio o jardín con sus soñolientas vibraciones vegetales y minerales de las que estaba excluido el tiempo, Málaga fue entonces un nuevo descubrimiento de la misma experiencia en más amplia escala. En un cuento significativamente titulado «El indolente», escrito en 1929, Cernuda describe Sansueña (o Málaga) como sigue:

> En Sansueña los ojos se abren a una luz pura y el pecho respira un aire oloroso. Ningún deseo duele al corazón, porque el deseo ha muerto en la beatitud de vivir; de vivir como viven las cosas: con silencio apasionado. La paz ha hecho su morada bajo los sombrajos donde duermen estos hombres. Y aunque el amanecer les despierte, yendo en sus barcas a tender las redes, a mediodía retiradas con el copo, también durante el día reina la paz; una paz militante, sonora y luminosa. Si alguna vez me pierdo, que vengan a buscarme aquí, a Sansueña.[19]

Y en el mismo cuento se describe al protagonista, un súbdito

19. *Tres...,* pp. 37-38.

británico, deleitándose en el mismo sentimiento de armonía con el mundo natural:

> Había en su gesto, al encoger y dilatar el pecho en aquella ancha respiración, una especie de reto, como si dijera: ¿quién me puede quitar este gozo elemental y sutil de no ser nada, de no saber nada, de no esperar nada? El perfume del aire, entrando por sus pulmones, respondía a su espíritu reservado y silencioso con un sí, también reservado y silencioso, de la tierra. La tierra y él estaban de acuerdo. ¿Podía pedirse algo más?[20]

El inglés, Don Míster, del cuento de Cernuda se aficiona a un chiquillo llamado Aire a quien conoce en los acantilados de la playa. El chico, sin embargo, se le aparece al forastero como mucho más que un simple malagueño. Es la cristalización de cuanto en este edén de Sansueña cautiva nuestros sentidos.

> Entonces surgió una aparición. Al menos por tal la tuve, porque no parecía criatura de las que vemos a diario, sino emanación o encarnación viva de la tierra que yo estaba contemplando.
>
> Aquella criatura, fuese quien fuese, saltando desnuda entre las peñas, con agilidad de elemento y no de persona humana, se fue acercando. Así conocí a Aire.[21]

2. MADRID-TOULOUSE-MADRID

Cernuda, a diferencia de Don Míster, no pudo quedarse en un paraíso de su propia elección. Se vio obligado a trasladarse a Madrid y buscar trabajo antes de que su exigua herencia se agotase. Allí, en el otoño de 1928, conoció a Vicente Aleixandre, aunque no llegaron a ser amigos íntimos hasta un

20. *Ibid.*, p. 40.
21. *Ibid.*, p. 50.

año después. Sin saber qué hacer para ganarse la vida, y reacio a subordinar su dedicación a la poesía a ninguna ocupación hostil y rutinaria, Cernuda volvió a recibir consejo y ayuda de Pedro Salinas, el cual efectuó los trámites pertinentes para que admitiesen a Cernuda como *lecteur d'espagnol* en la Universidad de Toulouse, puesto que el año anterior había desempeñado el poeta Correa-Calderón.[22] Cuando fue a despedirse de Salinas, antes de emprender su viaje a Toulouse, nuestro poeta, solo en el mundo y enfrentado con la incertidumbre de una misión docente en una lengua que sólo contadas veces había tenido ocasión de hablar, experimentó un raro sentimiento mitad nostalgia mitad repulsión ante la domesticidad que rodeaba a Salinas en su confortable piso del barrio de Salamanca de Madrid:

> Recibido el nombramiento de lector, al despedirme de Salinas un atardecer, con el frío invernal ya cercano, la estufa y la luz encendidas en su casa, me atacó insidiosamente la sensación de algo que yo no tenía, un hogar, hacia el cual, y hacia lo que representa, siempre he experimentado menos atracción que repulsión.[23]

En Toulouse, la ciudad en sí era muy poco atractiva, y las obligaciones de un lector, difíciles. Pero al llegar las vacaciones fue a París por primera vez. En la capital francesa visitó el Louvre y admiró los puestos de libros del Boulevard St. Michel. Se han recogido estas palabras de Cernuda recordando aquellas vacaciones:

> Con mis veintisiete años, pasé en París una temporada sin concesión alguna, por timidez y temor, a los deseos que se

22. «Transeúntes literarios», *La Gaceta Literaria,* 15 octubre 1928, página 1.

23. *Poesía...*, p. 244.

agitaban dentro de mí, sólo dedicado a ver, a pasear, a leer.
Qué afán sentía de quedarme allí para siempre.[24]

Aunque no había escrito poesía desde el año anterior,
poco después de su regreso a Toulouse, durante la primavera
de 1929, volvió a sentir la instigación de la musa. «Una
urgencia íntima, que me exigía diera expresión poética a cosas que yo no había dicho hasta entonces, encontró de pronto
forma y camino».[25]

El resultado fueron los primeros tres poemas de *Un río, un
amor*, escritos uno tras otro en rápida sucesión. Utilizando un
método surrealista oficial —el de la sugestión mecánica—,
Cernuda sacó los embriones de estos poemas de, por ejemplo,
el título de una canción, «Quisiera estar solo en el sur», y en
otro caso de la primera película sonora que vio en París.[26]

El verano siguiente, de nuevo en Madrid, escribió los
poemas que completaron su tercer libro, inédito hasta que fue
incluido en la primera edición de *La realidad y el deseo* (1936).
La liberación que el ejemplo del surrealismo deparaba y
el descubrimiento de la posibilidad de tratar poéticamente lo
que hasta entonces había sido incapaz de expresar, dieron
al traste con el convencionalismo de la rima que había sido
parte integrante de sus dos primeros libros.

Como medio de vida, Cernuda entró a trabajar en la librería de León Sánchez Cuesta, en el número 4 de la Calle
Mayor. El tumulto interior de Cernuda pareció hallar su «correlato objetivo» en la turbulencia política de los últimos
años de la dictadura de Primo de Rivera. Al igual que Alberti
en aquellos años de 1929 y 1930, Cernuda abrió los ojos a la
situación política. Pero no era sólo la revolución política lo

24. Emmanuel Carballo, «Luis Cernuda», *México en la Cultura: Su-
plemento de Novedades,* núm. 505, 16 noviembre 1958, p. 12.

25. *Ibid.*

26. *Poesía...*, pp. 245-246.

que estaba en el aire. La literatura y las artes estaban experimentando también su propia revolución. Luis Buñuel llegó para exhibir su *Un chien andalou*, realizada en colaboración con Dalí, en el Cine Club fundado por Giménez Caballero. También aquí hubo protesta, como ha señalado Rafael Alberti en sus memorias de aquella época.[27] A Cernuda, la España de 1929-1930 le parecía «un país decrépito y en descomposición», y como el surrealismo propugnaba la rebelión contra la sociedad, tal fue la bandera a la que nuestro poeta se adhirió. En 1931 Cernuda empezó a escribir su siguiente libro, «Los placeres prohibidos»:

> Un impulso de rebeldía y de violencia comenzaba a hallar expresión, aquí o allá, entre los versos que iba escribiendo. En la España de entonces, la caída de la dictadura de Primo de Rivera, y el resentimiento nacional contra el rey, que la había permitido, si no traído él mismo, producía un estado de inquietud y de trastorno. Acaso esto también, intuido por mí, determinó algunas de las expresiones más acerbas que en aquellos versos quedaron incorporadas. Mi resentimiento del conformismo me hacía difícil, a veces, hablar con algunos de mis conocidos; entonces comencé a advertir el fondo burgués de varios de los poetas de mi generación: de Salinas, de Guillén, del mismo Aleixandre.[28]

Pero, a pesar de la falta de «conciencia social» por parte de sus amigos, Cernuda pasaba su tiempo libre en compañía de Altolaguirre y Aleixandre, y también de Lorca, después de regresar este último de Estados Unidos, haciendo un alto en Cuba, en 1930. Lorca tocaba el piano y cantaba. Suponemos que también les leería los poemas que más adelante serían publicados como *Poeta en Nueva York*.

27. Rafael Alberti, *La arboleda perdida* (Buenos Aires, 1959), p. 283.
28. Citado en Carballo, *México en la Cultura,* núm. 505, p. 12.

La sección que llevaría el título «Donde habite el olvido» fue comenzada en 1932, poco después de terminar «Los placeres prohibidos». El libro señalaba la adopción de un nuevo método poético, descubierto en parte mediante una lectura diferente de Bécquer y en parte merced a un apartamiento del surrealismo. Cernuda ha dejado constancia de la profunda experiencia que dio origen a muchos de los poemas que componen «Donde habite el olvido» en un poema en prosa titulado «Aprendiendo olvido», publicado en *Ocnos*. En otro lugar ha descrito la cosa del modo siguiente:

> La historia era sórdida, y así lo vi después de haberla sobrepasado; en ella mi reacción había sido demasiado cándida (mi desarrollo espiritual fue lento, en experiencia amorosa también) y demasiado cobarde. Son necesarios, además, algunos años, aunque no sabría decir cuántos, para aprender, en amor, a regir la parte de egoísmo que, no del todo conscientemente, arriesgamos en él.[29]

Existía otro punto donde convergían las actividades del grupo allegado a Cernuda. Manuel Altolaguirre había instalado una imprenta en sus habitaciones de Madrid, y en abril de 1932 Federico García Lorca y él anunciaron la publicación de una nueva revista literaria que Federico bautizó *Héroe*. Ahí fue donde Cernuda publicó el poema «Donde habite el olvido», que daba título al citado libro, y un poema de la serie inédita «Un río, un amor»: «Linterna roja». Otro proyecto de Altolaguirre fue la publicación de una serie de pequeños volúmenes titulada «La tentativa poética». Cada volumen contenía una selección de poemas de un joven poeta. El tomito de poemas de Cernuda, titulado *La invitación a la poesía*, se publicó el 27 enero 1933. Estaba dedicado a «Juan o Paloma Altolaguirre» y en la primera página figuraba un epígrafe

29. *Poesía...*, p. 251.

tomado de Gérard de Nerval: «He escrito mis primeros versos / por entusiasmo de juventud, / los segundos por amor, los / últimos por desesperación». Era el primer libro de poemas que publicaba desde 1927 y contenía una selección de diecinueve entresacados al azar de *Perfil del aire* y de sus libros inéditos, incluyendo tres poemas del por entonces inconcluso «Donde habite el olvido». El mismo año se publicaron en *El Sol* tres poemas más de esta colección. En 1933 Rafael Alberti fundó la revista *Octubre: escritores y artistas revolucionarios,* cuyo primer número apareció en julio. Luis Cernuda, Emilio Prados, Alberti, Alejo Carpentier y Langston Hughes contábanse entre sus colaboradores. No obstante, Cernuda, después de prestar su nombre a la revista con una declaración de solidaridad con la causa, sólo aportó un poema, «Vientres sentados». La declaración de solidaridad de Cernuda publicada en *Octubre* decía entre otras cosas:

> Esta sociedad chupa, agosta, destruye las energías jóvenes que ahora surgen a la luz. Debe dársele muerte; debe destruírsela antes de que ella destruya tales energías y, con ellas, la vida misma. Confío para esto en una revolución que el comunismo inspire. La vida se salvará así.[30]

El poema, «Vientres sentados», estaba en la misma línea pero era aún más violento en su lenguaje. Como otros de los recogidos en «Los placeres prohibidos», con los cuales se adecua perfectamente, este poema es un llamamiento a un orden joven, libre y sin inhibiciones que destruirá a la sociedad burguesa gobernante (los «vientres sentados»). Más que un poema puramente político, es un ejemplo de ideal poético trasladado al mundo real, un ejemplo, como en el Walt Whitman de la última etapa, del poeta convertido en profeta.

30. «Los que se incorporan», *Octubre,* núms. 4-5 (octubre-noviembre, 1933), p. 37.

Con todo, «Vientres sentados» señala el límite extremo alcanzado por Cernuda en su alejamiento de los miembros de la Generación de 1927 más viejos que él.

En 1934, Cernuda viajaba por España con las Misiones Pedagógicas. También empezó a publicar artículos en el *Heraldo de Madrid.* Adriano del Valle se lo encontró en Huelva en agosto de 1934, cuando Cernuda llegó a dicha ciudad con las Misiones Pedagógicas. Recuerda el aspecto de Cernuda por aquellos años:

> Ya entonces usaba monóculo, y este pormenor de elegancia centroeuropea trasnochada acentuaba aún más la estricta corrección de sus finos modales suntuarios. Porque la creencia usual es la de que no es posible proceder incorrectamente al observar el mundo a través del cristal inquisitivo del monóculo, esa especie de Ojo de Divinidad venido a menos, que todo lo presidía en él, desde su traje, de corte impecable, a su corbata cuidadosamente elegida, con visos de claro de luna; desde sus guantes amarillos, como desinfladas manos de dioses mutilados, al charolado nocturno de sus zapatos.[31]

Es importante este pasaje, porque nos recuerda el solitario joven sevillano cuyo elegante atavío estaba calculado para que contribuyese a hacer su soledad más inabordable. Pese a su solidaridad con la causa comunista, se habrá observado que no había exhibición de fatua familiaridad con las masas. El tono revolucionario de la época no había influido en la indumentaria de Cernuda.

En 1934, Cernuda también publicó *Donde habite el olvido.* El volumen lo dio a la estampa la editorial Signo. Luego, en 1935 comenzó a escribir los poemas que iban a titularse «Invocaciones a las gracias del mundo». Por esta época descubrió a Hölderlin.

31. Valle, *Cántico,* núms. 9-10 (agosto-noviembre, 1955).

Más que mediada ya la colección, antes de componer el «Himno a la Tristeza», comencé a leer y a estudiar a Hölderlin, cuyo conocimiento ha sido una de mis mejores experiencias en cuanto poeta.[32]

Resultado de este estudio de Hölderlin fue el conjunto de traducciones que hizo Cernuda con ayuda de Hans Gebser, un poeta alemán entonces en Madrid. Estas traducciones se publicaron en *Cruz y Raya* en 1936. Al mismo tiempo que empezó a estudiar alemán, comenzó también a aprender inglés. En febrero de 1936, Concha Méndez y Manuel Altolaguirre publicaron el extenso poema de Cernuda «El joven marino» en su serie *Ediciones Héroe*. Debe recordarse en este punto que Cernuda, en los albores de 1936, tenía escritos cuatro libros completos de poesía que no había conseguido publicar: «Estancias», «Un río, un amor», «Los placeres prohibidos» e «Invocaciones a las gracias del mundo».

Ese no hallar ocasión de editar mis versos inéditos, enojoso aunque me pareciera, no sólo me permitió espacio para reflexionar sobre mi trabajo y corregirlo, sino que me sugirió la posibilidad de reunirlo todo bajo el título general de *La Realidad y el Deseo*. La ocasión surgió en 1936, cuando José Bergamín aceptó la publicación del libro en las ediciones de «Cruz y Raya».[33]

El volumen impreso salió al público el 1 de abril, y el 20 del mismo mes se dio un banquete en homenaje[34] a Cernuda en un café de la calle de Botoneras.

32. *Poesía...,* p. 253.
33. *Ibid.,* pp. 254-255.
34. Pensara lo que pensara Cernuda de ellos, a este banquete homenaje asistieron muchos e importantes miembros de su generación. Estuvieron presentes Federico García Lorca, Pedro Salinas, Rafael Alberti, Pablo Neruda, María Teresa León, José Bergamín, Manuel Altolaguirre, Arturo Serrano Plaja, Vicente Salas Viú, Manuel Fontanals, Elena Cortesina, Santiago Ontañón, Vicente Aleixandre, Concha Méndez Cuesta, Concha Albornoz, Delia del Carril y Eugenio Imaz.

3. EL EXILIO: INGLATERRA Y AMÉRICA

Poco tiempo después Cernuda se dispuso a volver a París como secretario del embajador, Alvaro de Albornoz, junto con la hija de éste, que también servía de secretaria a su padre. A pesar del comienzo de la guerra, Cernuda logró salir de España y llegar a París, donde permaneció de julio a septiembre. En París adquirió la *Anthologie Grecque* con texto original y traducción francesa, publicada en la colección Guillaume Budé. En septiembre Cernuda volvió a Madrid con el embajador y su familia. Después de su regreso continuó escribiendo para el creciente número de publicaciones que habían aparecido y seguían apareciendo en el Madrid republicano. Cernuda colaboró, entre otros, en *Ahora* y *El Luchador.* También iba a ser asiduo colaborador de *Hora de España,* publicado en Valencia en 1937 y 1938.

En febrero de 1938, Stanley Richardson, poeta inglés que colaboraba en *Hora de España,* y que había ayudado a Cernuda en la traducción de dos sonetos de Wordsworth publicados en la misma revista, gestionó cerca del gobierno de Barcelona la concesión de un pasaporte a fin de que Cernuda fuese a Inglaterra a dar conferencias sobre la contienda civil. La proyectada ausencia de España no había de exceder de un mes.[35]

Su primera experiencia en Inglaterra le desilusionó; había esperado encontrar otro París. Así, cuando acabaron las conferencias tres meses después de lo proyectado, trató de regresar a España, atraído por la nostalgia de su patria que agonizaba en una guerra «fraternal». Pero cuando llegó a París en julio, las noticias de España y la falta de dinero le retuvieron allí:

> Fue aquélla una de las épocas más miserables de mi vida: sin recursos, como dije, sin trabajo, sólo la compañía y la

ayuda de otros amigos y conocidos cuya situación era semejante a la mía, me permitieron esperar y salir adelante.[36]

Cernuda había empezado a escribir «Las nubes» antes de salir de España. Cuando partió para Londres se llevó consigo ocho nuevos poemas, y en la capital británica, durante los cuatro meses que duraron sus conferencias, escribió seis más. Después, cuando Cernuda regresó de París a Inglaterra, Stanley Richardson le encontró un puesto en la Cranleigh School de Surrey como auxiliar del profesor de español. Permaneció allí desde septiembre de 1938 hasta enero de 1939, fecha en que pasó a la Universidad de Glasgow en calidad de lector. La primera edición de *Ocnos* se publicó en 1942; escrito en los lúgubres años de Escocia, fue como una ventana abierta a un pasado cálido y lleno de sol. También contribuyó a conjurar la visión del holocausto en que el propio Reino Unido estaba precipitándose. Asimismo en Glasgow completó Cernuda los poemas incluidos en «Las nubes», y en 1940, en Méjico, José Bergamín publicó la segunda edición de *La realidad y el deseo,* que incluía los nuevos poemas como séptima y última sección del conjunto. Como hallara Glasgow y Escocia tan poco de su agrado, Cernuda empezó a pasar sus vacaciones de verano en Oxford.

Durante uno de esos períodos de vacaciones en Oxford, en el verano de 1941, comencé allá «Como quien espera el Alba», lo continúe en Glasgow y lo terminé en Cambridge en 1944. El otoño, invierno y primavera de 1941 a 1942 fue uno de los períodos de mi vida cuando más requerido me vi por temas y experiencias que buscaban expresión en el verso; a veces, no terminado aún un poema, otro quería surgir.[37]

En 1943, empezó a dar clases en Cambridge, residiendo

36. *Ibid.,* p. 259.

en Emmanuel College los dos años que duró su estancia en dicha localidad. En Glasgow había comenzado a leer poesía inglesa y trabajos de crítica en la misma lengua: Shakespeare, los románticos y el Dr. Johnson, Coleridge, las *Cartas* de Keats, Arnold y T. S. Eliot. En Cambridge comenzó a leer las conversaciones de Goethe con Eckermann y la correspondencia entre Goethe y Schiller. Allí fue también donde empezó a leer a Kierkegaard en una tradución inglesa.[38] Antes de abandonar Cambridge, en 1945, escribió los ocho primeros poemas de «Vivir sin estar viviendo», que continuó con trece poemas más mientras trabajaba en el Instituto Español de Londres. Muchos de estos últimos los escribió durante sus vacaciones en la costa de Cornualles. El traslado a Londres desde el bucólico emplazamiento de Emmanuel College fue un cambio poco grato, pero los frecuentes conciertos que tuvo ocasión de oír en la capital contribuyeron a satisfacer una necesidad de escuchar música que databa de sus años mozos en Sevilla. Allí había asistido a menudo al viejo Coliseum a los conciertos de abono vespertinos.

> Allí oí por primera vez a Bach y a Mozart; allí reveló la música a mi sentido su *pure délice sans chemin* (como dice el verso de Mallarmé, a quien yo leía por entonces), aprendiendo lo que para el pesado ser humano es una forma equivalente del vuelo, que su naturaleza le niega. Siendo joven, bastante tímido y demasiado apasionado, lo que le pedía a la música eran alas para escapar de aquellas gentes extrañas que me rodeaban, de las costumbres extrañas que me imponían, y quién sabe si hasta de mí mismo. (*O*, 2.ª ed., 585.)

Ahora en Londres pudo oír de nuevo la música de Mozart en una serie de conciertos semanales dedicados a la música

---

38. *Ibid.*, p. 264.

de cámara.[39] Leopoldo Panero visitó a Cernuda en Londres en 1940 y volvió con las siguientes impresiones de la vida de Cernuda durante este período:

> Vivía Luis Cernuda en Londres en una habitación quiméri-ca y minúscula, cuidadosamente tenida y silenciosamente habi-tada, cuya única ventana se abría a nivel de los árboles de Hyde Park, dejando ver sólo sus altas copas estremecidas y flotantes, de un verde denso, fresco y altivo, nimbado de libertad en medio de las calles oscuras, y llenando con su presencia resba-lada y aérea la reducida estancia del poeta sevillano. Aquellos pocos árboles —tan hermosos, tan libres, tan naturalmente no-bles y bellos—, y alguna escapada solitaria y ocasional hacia el mar, en un rincón apartado y medio salvaje del Cornvalles [sic] céltico, eran lo único que Cernuda convivía y amaba...[40]

En Londres también volvió a dedicarse a la traducción y en esta ocasión comenzó su espléndida versión de *Troilus and Cressida* de Shakespeare.

En marzo de 1947 recibió una carta de Concha de Albor-noz invitándole a trasladarse a los Estados Unidos y aceptar una plaza de profesor de español en Mount Holyoke. Zarpó de Southampton el 10 de septiembre, llegando sin dificultad a su nuevo lugar de trabajo. Aquel mismo otoño, en noviem-bre, recibió los primeros ejemplares de *Como quien espera el alba,* impreso en Buenos Aires.

En sus horas libres, después de las clases diarias, terminó de escribir: «Vivir sin estar viviendo» y comenzó «Con las horas contadas». En Mount Holyoke empezó a estudiar la

39. *Ibid.,* p. 265.
40. Leopoldo Panero, «*Ocnos,* o la nostalgia contemplativa», *Cuader-nos Hispanoamericanos,* núm. 10 (julio-agosto, 1949), p. 184.

monumental obra de Diels *Die Fragmente der Vorsokratiker,* con
ayuda de una traducción inglesa de los textos griegos.

4. MÉJICO

En el verano de 1949, Cernuda visitó Méjico por primera
vez. Halló este país tan de su gusto que su necesario regreso a
los Estados Unidos y el ejercicio del profesorado en Mount
Holyoke fueron haciéndosele cada vez más desagradables. De
vuelta en Holyoke comenzó a escribir *Variaciones sobre tema
mexicano* durante el curso de invierno 1949-50. Algunos de
los poemas de «Con las horas contadas» reflejan la ambivalencia de su sentimiento hacia los Estados Unidos. Luego, en el
verano de 1951, la suerte le ayudó a decidir en su dilema de
si volver a Mount Holyoke o quedarse en Méjico:

> Seguí volviendo a México los veranos sucesivos, y durante
> las vacaciones de 1951, que había alargado pidiendo medio
> año de permiso a las autoridades de Mount Holyoke, conocí a
> X, ocasión de los «Poemas para un Cuerpo», que entonces
> comencé a escribir. Dados los años que ya tenía yo, no dejo de
> comprender que mi situación de viejo enamorado conllevaba
> algún ridículo. Pero también sabía, si necesitara excusas para
> conmigo, cómo hay momentos en la vida que requieren de
> nosotros la entrega al destino, total y sin reservas, el salto al
> vacío, confiando en lo imposible para no rompernos la cabeza.
> Creo que ninguna otra vez estuve, si no tan enamorado, tan
> bien enamorado.[41]

Infortunadamente el visado de Cernuda expiró y se vio obligado a regresar a los Estados Unidos pasando por Cuba. Mount
Holyoke le pareció ahora menos soportable que antes. Se li-
mitó a marcar el paso hasta la llegada de las vacaciones de
verano siguientes:

41. *Poesía...,* pp. 273-74.

Era un estado similar al de los personajes que Don Quijote pretendía haber visto en la cueva de Montesinos, y como ellos, sin pena ni gloria, me movía suspendido en un estado ilusorio que no era de vigilia ni tampoco de sueño. La consecuencia de ese vivir es que nada se interpone entre nosotros y la muerte: desnudo el horizonte vital, nada percibía delante sino la muerte. Afortunadamente, el amor me salvó, como otras veces, con su ocupación absorbente y tiránica, de tal situación.[42]

Después de pasar el verano de 1952 en Méjico, volvió a Mount Holyoke dispuesto a presentar la dimisión; luego, en noviembre de ese mismo año, estableció su residencia permanente en Méjico. En este país terminó «Con las horas contadas» y la breve serie «Poemas para un cuerpo». En 1952, los poemas en prosa sobre Méjico se publicaron en *Variaciones sobre tema mexicano*. Cernuda dio clases también durante una temporada en la Universidad de Méjico. En 1957 se publicó en Madrid un libro de ensayos titulado *Estudios sobre poesía española contemporánea*. Al año siguiente, la tercera edición de *La realidad y el deseo* mostraba el fruto cumplido de casi cuarenta años de creación poética. Y nuevamente en 1958 publicó un libro de ensayos sobre los poetas románticos ingleses. El año 1960 vio la publicación de aquellos ensayos literarios que su autor deseaba conservar, bajo el título de *Poesía y literatura*. En 1962, publicó la undécima sección completa de *La realidad y el deseo,* dándole el título de *Desolación de la Quimera*. Su muerte, en 1963, impidió la terminación de una tercera edición de *Ocnos,* en la que proyectaba incluir los poemas en prosa escritos desde la publicación de la segunda edición de esta obra en 1949.

El traslado a Méjico para establecerse permanentemente en este país no fue sólo un paso más en el exilio de Luis Cernuda, que duraba ya veintitrés años. El viaje desde el norte

42. *Ibid.,* p. 274.

de los Estados Unidos fue también una travesía en el tiempo hacia un idioma, un clima y un mundo que habían sido los de su juventud. Méjico fue un alivio para el poeta expulsado un día del huerto de Edén. De su primer contacto con Méjico escribió Cernuda en *Variaciones sobre tema mexicano:*

> ...hallaste en aquella tierra tu centro, que las almas tienen también, a su manera, centro en la tierra. El sentimiento de ser un extraño, que durante tiempo atrás te perseguía por los lugares donde viviste, allí callaba, al fin dormido. Estabas en tu sitio, o en un sitio que podía ser tuyo; con todo o con casi todo concordabas, y las cosas, aire, luz, paisaje, criaturas, te eran amigas. Igual que si una losa te hubieran quitado de encima, vivías como un resucitado. (*VTM,* 652.)

El tema unificante: la sed de eternidad

> «Cada loco con su tema», dice el refrán.
> Así igualmente, cada gran poeta con el suyo, el
> tema vital que desde los adentros preside mis-
> teriosamente sobre los otros temas, los litera-
> rios. Se presenta en la vida espiritual del autor
> con más persistencia que los demás. Y con
> mayor frecuencia que los demás se representa
> en su obra a la que sirve de recóndito centro de
> irradiación, de principio constantemente acti-
> vo, para sus varias creaciones.[1]
>
> PEDRO SALINAS

EL TEMA unificante, lo que da forma sustancial a la poesía
de Luis Cernuda y se manifiesta en su obra bajo diversos
aspectos, confiriéndole esa unidad que es el marchamo de
todo poeta mayor, tiene sus orígenes no en la literatura sino
en la vida espiritual del poeta. El «tema» en sí es anterior en
el tiempo a cualquiera de sus cristalizaciones en la poesía
de Cernuda; mas con todo, de no ser por su manifestación a
través de la obra literaria, no revestiría ningún interés para
nosotros. Lo mismo que el niño es suavemente compelido y
moldeado desde su nacimiento en una forma síquica particular por fuerzas externas a ella, así también es moldeado el
tema vital. Y si éste da forma sustancial a la poesía, es a su
vez objetivado e iluminado por la obra poética. Pero como el
tema unificante sólo ocasionalmente es explícito en la poesía,
he dedicado especialmente este capítulo a examinarlo en su

---

1. *La poesía de Rubén Darío*, p. 47.

propia esencia y realidad, mostrando luego en qué modo se halla implícito en el acto de la creación poética propiamente dicho; en qué modo constituye, en efecto, la piedra angular de la obra poética de Luis Cernuda.

En el descubrimiento del tema vital de un poeta hay siempre un hilo esencial y decisivo que conduce al centro del laberinto. En el caso de Luis Cernuda hay un texto en particular que abrió el camino para el presente estudio. Me refiero al último poema en prosa de la primera edición de *Ocnos*, «Escrito en el agua». Debido a su importancia, y debido también a que no fue incluido en la segunda edición, mucho más asequible que la primera, lo transcribo en su integridad.

Desde niño, tan lejos como vaya mi recuerdo, he buscado siempre lo que no cambia, he deseado la eternidad. Todo contribuía alrededor mío, durante mis primeros años, a mantener en mí la ilusión y la creencia en lo permanente: la casa familiar inmutable, los accidentes idénticos de mi vida. Si algo cambiaba, era para volver más tarde a lo acostumbrado, sucediéndose todo como las estaciones en el ciclo del año, y tras la diversidad aparente siempre se traslucía la unidad íntima.

Pero terminó la niñez y caí en el mundo. Las gentes morían en torno mío y las casas se arruinaban. Como entonces me poseía el delirio del amor, no tuve una mirada siquiera para aquellos testimonios de la caducidad humana. Si había descubierto el secreto de la eternidad, si yo poseía la eternidad en mi espíritu, ¿qué me importaba lo demás? Mas apenas me acercaba a estrechar un cuerpo contra el mío, cuando con mi deseo creía infundirle permanencia, huía de mis brazos dejándolos vacíos.

Después amé los animales, los árboles (he amado un chopo, he amado un álamo blanco), la tierra. Todo desaparecía, poniendo en mi soledad el sentimiento amargo de lo efímero. Yo sólo parecía duradero entre la fuga de las cosas. Y entonces, fija y cruel, surgió en mí la idea de mi propia desaparición, de cómo también yo me partiría un día de mí.

¡Dios!, exclamé entonces: dame la eternidad. Dios era ya para mí el amor no conseguido en este mundo, el amor nunca roto, triunfante sobre la astucia bicorne del tiempo y de la muerte. Y amé a Dios como el amigo incomparable y perfecto.

Fue un sueño más, porque Dios no existe. Me lo dijo la hoja seca caída, que un pie deshace al pasar. Me lo dijo el pájaro muerto, inerte sobre la tierra el ala rota y podrida. Me lo dijo la conciencia, que un día ha de perderse en la vastedad del no ser. Y si Dios no existe, ¿cómo puedo existir yo? Yo no existo ni aun ahora, que como una sombra me arrastro entre el delirio de sombras, respirando estas palabras desalentadas, testimonio (¿de quién y para quién?) absurdo de mi existencia. (*O*, 614-615.)

Como se hará patente en este estudio, el anterior poema en prosa es una expresión explícita única de la preocupación central del poeta, así como una enumeración de sus principales manifestaciones en el resto de la obra del poeta: los temas de la infancia, el amor y la naturaleza. Pero dado que cada uno de estos temas se tratará en un capítulo aparte, la importancia del poema arriba transcrito para los fines del presente capítulo estriba en la luz que arroja sobre el tema vital en sí.

I. EL TEMA VITAL Y LA POÉTICA

Para empezar, la preocupación unificante —la sed de eternidad— trae aparejada la cuestión de la *propia* mortalidad del poeta, de la que éste tiene vívida conciencia, y, en un sentido último, su falta de resignación cristiana ante la muerte. Ningún otro poeta entre los de la generación de 1927, y tal vez ningún otro poeta en la historia de la literatura española, ha sido tan explícito como Cernuda en su crítica del cristianismo. Y, sin embargo, la falta de fe es, en cierto sentido, uno de los más importantes ingredientes de la poesía moderna, un tópico, por ejemplo, entre los poetas del mundo angloparlante, aunque no entre los poetas españoles. El poema de Cernuda «Nochebuena cincuenta y una», que acusa una marcada semejanza en tema y tono con el primero de los «Sonnets at Christmas» de Allen Tate, es un caso muy ilustrativo. En su nostalgia de la fe es distinto a cualquier otro poema de su generación.

> Amor, dios oscuro,
> Que a nosotros viene
> Otra vez, probando
> Su esperanza siempre.
>
> Ha nacido. El frío,
> La sombra, la muerte,
> Todo el desamparo
> Humano es su suerte.
>
> Desamparo humano
> Que el amor no puede
> Ayudar. ¿Podría
> Él, cuando tan débil
>
> Contra nuestro engaño
> Su fuerza se vuelve,
> Siendo sólo aliento
> De bestia inocente?
>
> Velad pues, pastores;
> Adorad pues, reyes,
> Su sueño amoroso
> Que el mundo escarnece.

RD, 467.

Aquí Cernuda patentiza la incapacidad del hombre moderno para participar en un acontecimiento ritual aun reconociendo que debería entrañar un significado profundo para él. Pero el que habla en el poema, carente del don de la fe, es un no participante que, medio triste, medio irónicamente, exhorta a aquellos que tuvieron la experiencia directa del milagro, si en realidad lo fue, a rendirle homenaje. Ni el mundo ni el sujeto del poema son capaces de ello, pues sus vidas contradicen la posibilidad misma de semejante milagro.

Sin embargo, la incredulidad implícita en el poema de Cernuda no es la incredulidad de un ateo. El tono triste y humilde y el ritmo tentativo del discurso denotan una auténtica nostalgia de la fe. Y, en verdad, cierta nostalgia de la seguridad de la fe en Dios, o en algún Ser Supremo, crece y mengua en todo el curso de su poesía, especialmente en «Las nubes», su libro de poemas escrito durante la Guerra Civil española e inmediatamente después de la misma, y en determinados pasajes de la penúltima sección de *La realidad y el deseo*. ¿Cabe otra cosa más natural para una persona educada en el catolicismo? Pero, en general, Cernuda llegaría a considerar la religión de sus mayores como un mito o culto que exige una dócil resignación ante la muerte, actitud que es extraña a su naturaleza y con la cual no puede conformarse. Ve el cristianismo como el culto de la muerte antes que de la vida. En el poema en prosa «La nieve» describe una Navidad inglesa en estos términos:

Encanto le atribuye una ceremonia hogareña, cuando padre, madre, prole, como estampa iluminada, intercambian sonrisas y aguinaldos ante un pino muerto, lo mismo que ante un altar, mientras afuera al acecho les cerca la nieve; esta misma nieve cruel, estéril, inapelable. Ahí tienes una, y no la menor, de las inconsecuencias habituales en la mente común: hallar como mito de la vida aquel donde la vida precisamente no existe, a menos que con él así se exprese un deseo inconsciente de aniquilamiento en la cima pascual de la trivialidad humana. (*O*, 2.ª ed., 602.)

El cristianismo, y más específicamente el catolicismo, parécele a Cernuda un ritual vacío al que se adhiere la sociedad por razones sociales y comerciales más que por convicción profunda de ninguna clase. En la sección «Invocaciones» de *La realidad y el deseo*, Cernuda opone un ideal de sencillez pagana y goce de las bellezas del mundo a una sociedad contemporánea encerrada en ciudades que perpetúa en los hijos su propio tedio. He aquí la sociedad que merece el culto de la muerte representado por el cristianismo:

> Los hombres tú los conoces, hermano mío;
> Mírales cómo enderezan su invisible corona
> Mientras se borran en la sombra con sus mujeres al brazo,
> Carga de suficiencia inconsciente,
> Llevando a comedida distancia del pecho,
> Como sacerdotes católicos la forma de su triste dios,
> Los hijos conseguidos en unos minutos que se hurtaron al
>   [sueño
>
> Para dedicarlos a la cohabitación, en la densa tiniebla con-
>   [yugal
> De sus cubiles, escalonados los unos sobre los otros.
>
> > *RD,* 231.

Cernuda invoca a los sátiros, los privilegiados mitológicos de la libertad sexual, volviendo la espalda a Cristo Salvador:

> Jóvenes sátiros
> Que vivís en la selva, labios risueños ante el exangüe dios
>   [cristiano,
> A quien el comerciante adora para mejor cobrar su mer-
>   [cancía...
>
> > *RD,* 236.

El milagro del nacimiento de Cristo, predicho por los profetas, esperado por el género humano e iluminado por la

Estrella de Belén, milagro que constituye la matriz misma del cristianismo, en el extenso poema de Cernuda «La adoración de los Magos» es visto con ojos estrictamente seculares. No ocurre allí ningún milagro, sino un nacimiento igual a tantos otros, el de una criatura trágicamente mortal destinada a morir como el resto de los humanos. Los tres Reyes entran en el establo y al principio sólo ven una mujer y un anciano. Pero luego reparan en alguien más:

> Un niño entre sus brazos la mujer guardaba.
> Esperamos un dios, una presencia
> Radiante e imperiosa, cuya vista es la gracia,
> Y cuya privación idéntica a la noche
> Del amante celoso sin la amada.
> Hallamos una vida como la nuestra humana,
> Gritando lastimosa, con ojos que miraban
> Dolientes, bajo el peso de su alma
> Sometida al destino de las almas,
> Cosecha que la muerte ha de segarla.

RD, 305.

Los Reyes vuelven a sus países de origen; uno muere al llegar a su tierra, otro es destronado, y el tercero continúa viviendo entristecido. El penúltimo movimiento del poema lo pone el autor en boca de un pastor ignorante que comenta: «Buscaban un dios nuevo, y dicen que le hallaron. / Yo apenas vi a los hombres; jamás he visto dioses» (*RD*, 308).

Se da en este poema esa contradicción característica entre el deseo de creer y la congoja de la ausencia de fe que matiza todos los poemas que tratan temas cristianos. Pues Cernuda tiende a representar a Dios como el Creador que actualmente se mantiene alejado de su obra, viendo despreocupado cómo se precipita hacia la destrucción. Si Dios creó la vida, también creó la muerte. Así, el absurdo universo ofrece un panorama de nacimiento y muerte a la mirada del contemplador. El hombre es la única entre todas las criaturas de Dios que ha sido dotada de conciencia capaz de apreciar este ciclo de aniquilamiento, y ésta es su condenación. Creado, colocado en la tierra y abandonado en ella, el hombre vive con la angustiosa conciencia de que a medida que transcurre su vida el gusano del tiempo le va interiormente corroyendo. De este modo, la pena del hombre es doble: no sólo debe vivir con la conciencia de su propia finitud, sino que al mismo tiempo se halla dotado para concebir y anhelar el incomparable tesoro que Dios se ha reservado: la eternidad. Y ésta es la razón de la incredulidad del poeta ante el milagro y de su escepticismo religioso.

El hecho de que Cernuda haya decidido hablar más explícitamente de su «sed de eternidad» en aquellos poemas que presentan cuando menos insinuaciones cristianas es natural e incluso inevitable. Pero cuando observamos que esta misma inquietud es la que da la nota dominante en sus poemas mitológicos también, nos vemos en la necesidad de concluir que el concepto de eternidad de Cernuda, aunque se presta a ser formulado en términos cristianos, es una definición peculiarmente suya. Y una vez examinadas todas y cada una de las configuraciones del tema vital, quedará perfectamente claro lo que Cernuda entiende por eternidad. No obstante, a fin de tener una definición a mano —que sirva de base a las diversas variaciones—, digamos que la «eternidad» de Cernuda comporta una semejanza con la experiencia subjetiva de la eternidad de Blake y de los místicos cristianos:

> Es más que sabido que la eternidad no es una prolongación infinita del tiempo, que no tiene nada que ver con el tiempo. La eternidad es una característica de la experiencia mística. La palabra eternidad originalmente significa sin duda infinitud de tiempo, que debe valer, por tanto, como su significado literal. Pero en su acepción religiosa y metafísica es una metáfora que

expresa la característica de la experiencia. Pues en esa experiencia el tiempo se disipa y ya no se percibe.[2]

Como la referencia al poema en prosa «Escrito en el agua» confirmará, la de Cernuda no es tanto una búsqueda de la inmortalidad como un anhelo de que se le otorgue el don de captar el mundo de los fenómenos *como eterno* y morar en el seno del instante que pasa sin conciencia de su pasar. Descrito de este modo, el «don» a que aspira Cernuda presenta analogías con la «visión» que Dios tiene del mundo, y también con la de un niño. Como veremos, estas analogías están muy lejos de ser casuales, ya que Cernuda, como poeta, se acerca mucho a una visión del mundo semejante a la de los dioses. Y no sólo eso, sino que su poética sólo puede ser plenamente comprendida por referencia a un deseo de volver a experimentar el mundo como lo experimenta el niño, es decir, como presente eterno. En efecto, lo que el niño y el poeta comparten con Dios —la omnipotencia— nos proporciona una clave para entender la relación que existe entre el empleo que hace Cernuda del vocablo eternidad y su formulación del mismo en términos cristianos. Pues, como observamos en el poema en prosa «Escrito en el agua», es la conciencia del cambio que tiene el poeta *junto* con su condición de mortal vivamente sentida lo que le mueve a clamar por la «eternidad». Así, cuando Cernuda escribe: «¡Dios!, exclamé entonces: dame la eternidad», lo que pide antes que nada es la experiencia de la eternidad aquí y ahora, más que la inmortalidad personal. Cernuda, por ejemplo, nunca expresó nada semejante al sumo deseo manifestado por Unamuno; nada, en efecto, más radical que la salvación de su alma. Al menos eso es todo cuanto expresó en términos cristianos. Sin embargo, Cernuda admitía hallarse favorablemente dispuesto hacia esa supervivencia después de la muerte que incluso el propio Unamuno hallaba

2. W. T. Stace, *Time and Eternity* (Princeton, 1952), p. 76.

más aceptable que la muerte eterna; es decir, el sacrificio de la individualidad y la reabsorción en algún Absoluto. En una breve composición en prosa titulada «Homenaje», publicada durante la Guerra Civil española cuando aún se encontraba en Madrid, hablaba Cernuda de esta supervivencia mínima como una reabsorción en la Naturaleza. El homenaje era a los soldados republicanos caídos en la lucha.

> Su sangre, su carne, sus huesos, piadosamente recogidos por los anchos brazos de la tierra, se fundirán con ella misma, y algo del libre aliento que en la vida les sostenía pasará a fundirse también con la naturaleza. Así en los años futuros, en la savia, en las nuevas hojas, en la pluma de los nuevos pájaros, en los dorados átomos del aire vibrará un eco de aquel antiguo aliento humano.[3]

Esta noción de reintegración en el cosmos está presente en 1937 como una respuesta a la muerte y destrucción de la guerra. Sólo más tarde halló Cernuda confirmación de esta intuición, resultado sin duda de las «ilusiones que se forjara» cuando leyó la monumental obra de Diels sobre los filósofos presocráticos. En ella trabó conocimiento con la idea, pintiparada para él, del cosmos como un eterno intercambio de los cuatro elementos que constituyen su sustancia. De aquí que en la poesía escrita después de 1941 empecemos a encontrar versos como los siguientes:

> Este cuerpo que ya sus elementos restituye
> Al agua, al aire, al fuego y a la tierra...
>
> *RD,* 348.

En un capítulo posterior volveremos sobre la idea de los cuatro elementos en esta poesía. Por ahora baste con decir que

---

3. *Ahora,* 18 enero 1937, p. 3.

dicha noción presocrática se avenía perfectamente con su modo de ser y de sentir porque tiempo atrás había tenido una intuición de la misma y porque podía utilizarse, con cierto grado de fe, para dar forma poética a una expresión de la sed de eternidad: el deseo de inmortalidad personal.

> Apenas si conozco nada sobre Grecia [escribe Cernuda] ni, por tanto, sobre sus creencias; mas aquella actitud que, según algunos comentaristas, era la suya, acerca de una supervivencia vaga, sin castigos ni recompensas, después de esta vida, no me parecería del todo extraña a mi instinto, aunque no diga que a a mi razón...[4]

Es esta falta del Dios cristiano, que omite honrar al hombre con el don de la eternidad, en combinación con la categórica repulsa de todas las instituciones de la sociedad por parte del poeta, lo que explica su interés por la mitología griega. Los dioses de la Antigüedad eran olímpicos pero también eran humanos. No se habían retirado ni abandonado a quienes creían en ellos. Podía invocárseles y no estaban exentos de enamorarse de algún mortal. Todo esto se halla implícito en el poema de Cernuda «El águila», basado en el mito del amor de Zeus por Ganimedes, el bello zagal a quien el padre de los dioses hizo copero inmortal de las deidades olímpicas. En otras palabras, lo que en términos cristianos ha de ser plegaria sin respuesta a un Dios incognoscible, se describe aquí en términos de mito griego, es decir, se realiza. También se halla implícita en este poema la analogía entre la acción de Zeus y la misión del poeta.

El poema es un monólogo que Zeus dirige a Ganimedes. Si éste permanece en la tierra, la belleza de su juventud pasará:

4. *Poesía...*, p. 276.

> Tu edad estaba
> Florida de esa gala que los hombres
> Ostentan sólo un día, en los umbrales
> De juventud.
> . . . .
> Y al mirarte pensaba en las futuras
> Áridas estaciones, despojando
> De armonía tu cuerpo liso y rubio,
> Nutrido por las gracias musicales.

RD, 322.

Zeus y el poeta que simboliza no pueden permitir que perezca esta belleza de juventud, pues la belleza es una vislumbre de eternidad en el mundo, una imposible y momentánea redención de la vida, liberada así de la muerte:

> ¿Es la hermosura,
> Forma carnal de una celeste idea,
> Hecha para morir? Vino de oro
> Que a dioses y poetas embriaga,
> Abriendo sueños vastos como el tiempo,
> Quiero hacerla inmortal. Amor divino
> Sombras de espacio y tiempo pone en fuga.
> Mira la altura y deja que te envuelva
> La mirada luciente de los dioses:
> Eterno es ya lo que los dioses miran.

RD, 322-323.

Pero hasta los mitos mueren cuando dejan de ser patrimonio de una comunidad humana, pues la fe es una empresa comunal. Y cuando la unión de los dioses y de los hombres se quiebra, la comunidad perece también. Así, hoy día los dioses griegos están presentes tan sólo en forma de estatuas de mármol relegadas en polvorientos museos del mundo moderno en vez de ser adorados en su propio partenón:

Trágicamente extraños, desprendidos
Desde su eternidad, entre los astros
Libres del tiempo, así aparecen hoy
Por los museos. Pálidos fantasmas
En concilio, convocados por el sueño,
Sobre la escalinata polvorienta,
En el dintel de las columnas rotas,
Vuelta irreal tanta hermosura aún viva.

RD, 412.

O bien las estatuas de los dioses han de buscarse en los grave-
dosos jardines de las ciudades modernas, expuestas simbólica-
mente a los destructivos poderes de los elementos que los
propios dioses en otro tiempo controlaron:

Hoy yacéis, mutiladas y oscuras,
Entre los grises jardines de las ciudades,
Piedra inútil que el soplo celeste no anima,
Abandonadas de la súplica y la humana esperanza.

RD, 247.

La piedra cariada, el mármol corroído,
Es descomposición del dios, segura
De consumarse bajo el aire, como
Bajo la tierra la del hombre;
Ambos, el dios y el hombre, iguales
Ante el ultraje igual del azar y del tiempo
Cuyo poder los rige, y aceptada
La humildad de perderse en el olvido.

RD, 414.

Con todo, si los sistemas formalistas de creencias, antiguo
y cristiano, no proveen al hombre de una verdad última, éste, y
por ello precisamente es hombre, continúa postulando algún centro fijo e inmóvil que dé sentido a la vida. Tal es el
impulso que late tras los poemas cristianos y mitológicos que
hemos examinado, lo mismo que en otros como el titulado

«Lázaro», y dos poemas que están estructurados sobre creencias del Méjico azteca —«Quetzalcóatl» y «El elegido»—, este último idéntico en el tema al titulado «El águila».

Pero si al parecer no existe ningún punto fijo en el universo, y todo, incluido el propio poeta, debe perecer, el efecto sobre éste es aumentar antes que disminuir su deleite en las bellezas del mundo. Puesto que la destrucción de la hermosura del mundo sirve de espejo a su propia y trágica condición de mortal, todos sus actos creativos son otros tantos intentos de contener la caída hacia el no ser. Como Cernuda escribe en uno de sus ensayos:

> El poeta intenta fijar el espectáculo transitorio que percibe. Cada día, cada minuto, le asalta el afán de detener el curso de la vida, tan pleno a veces que merecería ser eterno. De esa lucha, precisamente, surge la obra del poeta...[5]

En esta lucha a vida o muerte no es a Dios a quien toma el poeta como modelo, sino al Zeus del poema «El águila»; como Zeus, el poeta trata de conferir una especie de inmortalidad mediante la apasionada intensidad de su amor, y a falta de ello, se esfuerza por vivir cada momento como si fuera eterno.[6] Ésta es la suprema medida de la vocación del poeta puesto que el lograrlo equivaldría a convertirse en un dios por propio derecho: «Eterno es ya lo que los dioses miran». Pero como lo que el poeta intenta es imposible, Cernuda lo encuentra más semejante a Satanás, el ángel caído de la leyenda

5. *Ibid.,* p. 198.
6. En esto Cernuda emula al místico: «Cada momento del tiempo es una intersección del orden divino con el orden natural. Pero si cada momento del tiempo es, en efecto, atravesado de este modo por la línea de la dimensión divina, sólo en el raro momento de iluminación que se da en la vida del santo es claramente percibida tal cosa y plenamente verificada. En ese solo momento del tiempo se encierran toda la eternidad y todo el infinito» (Stace, *Time and Eternity,* p. 75).

árabe: «Satanás ha sido condenado a enamorarse de las cosas que pasan, y por eso llora; llora, como el poeta, la pérdida y la destrucción de la hermosura».[7]

Y como el Satanás del cristianismo, la existencia del poeta es un desafío a Dios, pues si Dios hizo al hombre mortal, privándole de la eternidad, también avivó en él la sed de eternidad que hace al poeta. Y por medio de su arte es como expresa el poeta su negativa a aceptar la mortalidad y la muerte con resignación cristiana. La radical importancia de este arte es lo que expresa Cernuda en el conmovedor poema «Las ruinas»:

> Oh Dios, Tú que nos has hecho
> Para morir, ¿por qué nos infundiste
> La sed de eternidad, que hace al poeta?
> ¿Puedes dejar así, siglo tras siglo,
> Caer como vilanos que deshace un soplo
> Los hijos de la luz en la tiniebla avara?
>
> Mas tú no existes. Eres tan sólo el nombre
> Que da el hombre a su miedo y su impotencia,
> Y la vida sin ti es esto que parecen
> Estas mismas ruinas bellas en su abandono:
> Delirio de la luz ya sereno a la noche,
> Delirio acaso hermoso cuando es corto y es leve.
>
> Todo lo que es hermoso tiene su instante, y pasa.
> Importa como eterno gozar de nuestro instante.
> Yo no te envidio, Dios; déjame a solas
> Con mis obras humanas que no duran:
> El afán de llenar lo que es efímero
> De eternidad, vale tu omnipotencia.

RD, 325.

7. *Poesía...*, p. 199.

2. LA POÉTICA Y LA VISIÓN DEL MUNDO

La relación de la vida de un poeta con su poesía ha planteado siempre y continúa planteando un delicado problema para el crítico. Pero sin duda se ha llegado a un extremo por parte de esos «nuevos críticos» que condenan sin apelación como «herejía biográfica» toda mirada retrospectiva a la vida de un poeta. Por mucho que esta postura les complazca, lo cierto es que ningún artefacto literario se separa completamente de su creador. Y mientras que un solo poema puede ser considerado *in vacuo* —el poema lírico aislado ha sido, en efecto, el campo de batalla preferido de los «nuevos críticos»— sería absurdo considerar de este modo una obra creativa en su totalidad. Una manera más lógica y menos extrema de abordarlo sería volver de la obra a la vida, siempre que fuera necesario, en busca de ocultas coyunturas entre configuraciones que ya están consustancialmente en la obra. Consideraciones de este tipo no pueden soslayarse en un estudio como el presente. Pues aún cuando, como Pedro Salinas escribe en un estudio sobre Rubén Darío, «sería error grave querer deducir el tema del poeta de los hechos de su biografía y no de los actos de su creación», al menos pueden obtenerse de la vida pruebas corroboradoras, una vez que los «actos de creación» hayan revelado el tema vital del poeta. A mayor abundamiento, el crítico de la poesía de Luis Cernuda está obligado a referirse, por muy de soslayo que sea, a la vida del poeta, ya que los «actos de creación» de éste dependen en un grado extraordinario del modo en que concibe y gobierna su vida. Por esta razón he incluido mi conato de biografía del poeta, sólidamente basado en el ensayo autobiográfico del propio Cernuda «Historial de un libro». El título de este ensayo es ya de por sí indicativo de la relación entre vida y obra, pues mientras el título anuncia la historia de cómo se escribió *La realidad y el deseo,* el ensayo es en realidad la exposición de una vida o, más bien, otra manipulación de esa vida paralelamente a la manipulación en la poesía. «Historial de un libro» es un requerimiento al lector para que considere la vida como cañamazo de la obra,[8] pero en los propios términos del poeta. Por eso en el curso de este estudio se pondrá de relieve una relación entre la vida y la obra, aun cuando sólo tocaré a la vida donde entre en la esfera literaria a instancia de configuraciones de la preocupación central del poeta.

En realidad, la íntima interrelación de la vida y la obra no podría ser de otra manera, dado el carácter peculiarmente solipsista de la visión del mundo del poeta. Hasta aquí he trazado una línea de conexión entre el tema vital de Cernuda y su práctica del arte de la poesía. Nuestro tema ha sido lo que, según el propio Cernuda, debe hacer la poesía, y su porqué. En lo que resta del presente capítulo, examinaré otro aspecto de la poética: lo que es la poesía para Cernuda, cómo responde a su visión solipsista del mundo y cómo esta visión del mundo se relaciona con el tema vital.

Las afinidades que observa un poeta entre su arte y las demás artes constituyen un excelente punto de partida. Y aunque en la obra de Cernuda hay importantes referencias a la pintura, la escultura y la arquitectura, la similitud preferida para la poesía es la música. Dos breves poemas de *La realidad y el deseo* son importantes a ese respecto. En ambos casos Cernuda halla su metáfora, lo mismo que Bécquer, en algo muy semejante a la lira eolia de Shelley: lo que M. H. Abrams ha llamado «el juguete romántico favorito». Como suele ocurrir, tanto en «El arpa» como en «Instrumento músico» el arpa o

8. «Debo excusarme, al comenzar la historia del acontecer personal que se halla tras los versos de *La realidad y el deseo,* por tener que referir, juntamente con las experiencias del poeta que creó aquéllos, algunos hechos en la vida del hombre que sufriera éstas. No siempre será aparente la conexión entre unos y otras, y al lector corresponde establecerla, si cree que vale la pena y quiere tomarse la molestia» (*Ibid.,* p. 233).

la lira es símbolo de la poesía y el poeta. La idoneidad de la metáfora con respecto al poeta está, naturalmente, en que la melodía —la poesía— se produce al ser «tañido» el poeta-arpa por fuerzas externas a él: el viento, en el caso de la lira eolia. En el poema de Cernuda «El arpa» la metáfora es más complicada, pues el arpa es a su vez la jaula de un ave invisible:

> Jaula de un ave invisible,
> Del agua hermana y del aire,
> A cuya voz solicita
> Pausada y blanda la mano.
>
> *RD,* 343.

Aquí el pájaro-arpa canta porque está en consonancia con el mundo natural, con la Creación. También Cernuda parece haber experimentado alguna vez una consonancia similar, descrita en esta frase del poema en prosa «Mañanas de verano»: «Parecía como si sus sentidos, y a través de ellos su cuerpo, fueran instrumento tenso y propicio para que el mundo pulsara su melodía rara vez percibida».[9] Pero ha de hacerse una puntualización más sobre la metáfora del pájaro-arpa, pues el pájaro es al fin y al cabo un prisionero. Ha sido apartado de su medio natural, aun cuando el sustento esencial para su canto todavía le llega de aquel mundo suyo. Esto queda expuesto de manera explícita en la estrofa final:

> ¿Qué frutas del paraíso,
> Cuáles aljibes del cielo
> Nutren tu voz? Dime, canta,
> Pájaro del arpa, oh lira.
>
> *RD,* 343.

Dentro de los límites de este poema, la reclusión del pájaro

9. *Caracola,* núm. 88 (febrero, 1960).

en una jaula representa la coacción modeladora de la mente del poeta sobre la voz pura de la poesía o la canción, pero dentro del más amplio contexto de la poética es un símbolo de la alienación del poeta y de su separación. Y, como el propio Cernuda escribió en 1935 en el ensayo «Palabras antes de una lectura», fue la conciencia de esta separación lo que despertó en él el «instinto poético»:

> El instinto poético se despertó en mí gracias a la percepción más aguda de la realidad, experimentando, con un eco más hondo, la hermosura y la atracción del mundo circundante. Su efecto era, como en cierto modo ocurre con el deseo que provoca el amor, la exigencia, dolorosa a fuerza de intensidad, de salir de mí mismo, anegándome en aquel vasto cuerpo de la creación. Y lo que hacía aún más agónico aquel deseo era el reconocimiento tácito de su imposible satisfacción.
>
> A partir de entonces comencé a distinguir una corriente simultánea y opuesta dentro de mí: hacia la realidad y contra la realidad, de atracción y de hostilidad hacia lo real. El deseo me llevaba hacia la realidad que se ofrecía ante mis ojos como si sólo con su posesión pudiera alcanzar certeza de mi propia vida. Mas como esa posesión jamás la he alcanzado sino de modo precario, de ahí la corriente contraria, de hostilidad ante el irónico atractivo de la realidad. Puesto que, según parece, ésa o parecida ha sido también la experiencia de algunos filósofos y poetas que admiro, con ellos concluyo que la realidad exterior es un espejismo y lo único cierto mi propio deseo de poseerla. Así, pues, la esencia del problema poético, a mi entender, la constituye el conflicto entre realidad y deseo, entre apariencia y verdad, permitiéndonos alcanzar alguna vislumbre de la imagen completa del mundo que ignoramos, de la «idea divina del mundo que yace al fondo de la apariencia», según la frase de Fichte.[10]

Esta radical exposición de lo que para Cernuda es la poesía, y

10. *Poesía...*, pp. 196-197.

su importancia existencial para él, explica por qué no pudo
considerarla nunca sino como una vocación completa, y por
qué miraba a poetas profesores como Salinas y Guillén con un
desprecio sin rebozo. La poesía es, para Cernuda, no sólo una
vocación sino una condición de su existencia. Así como para
Santa Teresa el lenguaje es un signo de la condición humana,
y la necesidad del mismo una medida de la distancia que
separa al hombre de Dios, así también para Cernuda la poesía
está estrechamente vinculada a la comprensión de su propia
alienación con respecto a «aquel vasto cuerpo de la creación».
Esto no equivale a afirmar que Cernuda sea un místico, al
menos en ninguna acepción ortodoxa de dicho término. Sin
embargo, se da una evidente analogía entre el anhelo místico
de unión con la divinidad y el de Cernuda, ávido de absorción
o reabsorción en el «cuerpo de la creación». También coincide
con la mística en su empleo de analogías del amor carnal para
expresar el deseo de consumación, de unión. Aquí los términos clave son amor, deseo y posesión. Igualmente significativo es el uso del verbo reflexivo «anegarse» a este respecto, ya
que su sentido entra en conflicto con la idea de posesión,
enriqueciéndola al mismo tiempo. Juntos, los dos términos
proporcionan la base para un concepto metafísico digno de los
místicos, ya que sólo cuando el poeta puede «salir de mí
mismo, anegándome en aquel vasto cuerpo de la creación» y
posee esa realidad, es capaz de «alcanzar certeza de mi propia
vida». Esto le hace a uno recordar el «Muero porque no muero» de Santa Teresa.

Sin embargo, como esta unión ideal con la naturaleza sólo
rara y fugazmente se logra, el modo característico de ser del
poeta es de apartamiento y alienación. Es como el ave canora
encerrada en la jaula. Pero esta alienación es aún más extremada desde el momento en que todo lo que puede conocer
de la realidad es su deseo de conocerla, y esto es auténtico
solipsismo. Esta extremada, y aun exagerada, visión del mundo,

es lo que explica la índole de la *soledad* tan característica de Cernuda. En su léxico, la palabra significa no meramente aislamiento, sino absoluta y terrible separación. Es la suya una soledad *ontológica,* una vívida conciencia de su particular separación del mundo y de las otras criaturas finitas que moran en él. La noción de «la hermosura y la atracción del mundo circundante» que alumbró «el instinto poético» se le evidenció con la toma de conciencia de su alienación con respecto al mismo. Y esta soledad ontológica es lo que explica la importancia y la omnipresencia de la palabra *deseo* en la poesía de Cernuda. Debido al abuso de que ha sido objeto la palabra *amor,* y a causa también de sus connotaciones románticas, el poeta prefiere emplear la palabra *deseo,* deseo físico. Haciéndolo así, evita toda noción de *agapé* cristiano inherente en la palabra *amor.* Del modo en que Cernuda lo emplea, *deseo* es *eros,* un «deseoso anhelo de». Es el producto de la soledad radical, el gesto de esforzarse por salvar el abismo entre el poeta y «lo otro», pues desear es, en el vocabulario de Cernuda, anhelar ser uno con, y *ser,* el objeto de ese deseo. Como el poeta escribe en *Variaciones sobre tema mexicano,* «cuando tenemos afecto a una criatura, queremos ser como esa criatura, queremos ser esa criatura».[11] En la poética llegar a ser uno con «aquel vasto cuerpo de la creación» era lograr la certeza existencial. Del mismo modo, consumar el deseo con un objeto de deseo —«un otro»— es hacer otro tanto. Pero como veremos en los capítulos sobre la infancia y el amor, consumar el deseo con otro equivale no sólo a hacerse «uno» sino a hacerse *total,* completo. Así, para Cernuda, la conciencia de la separación, la experiencia de la soledad es también un angustioso sentimiento de ser incompleto, de haber sido separado de una parte del yo. La anécdota de Aristófanes en el *Banquete,*

11. «Propiedades», p. 647.

pese a lo humorístico de su intención, es una perfecta exposición mítica de esta experiencia de ser incompleto.

Una vez entendida la variedad de la peculiar experiencia de la separación propia de Cernuda, así como la naturaleza del deseo de que nos habla, el lector está preparado para comprender por qué son precisamente el amor y el deseo los términos en que invariablemente describe el hecho estético de la creación. Pues, en la poética cernudiana, la poesía es un «conocimiento» simbólico en sentido tanto bíblico como epistemológico. Por eso cierto aspecto de la poesía requiere «un estado de espíritu juvenil».

> La juventud supone capacidad para enamorar y para enamorarse, y aunque el poeta pierde con el tiempo, como cualquier otro mortal, la capacidad de enamorar, es difícil que pierda también la de enamorarse.[12]

Y ésta es la razón de que el poeta sea «...aquel que ilumina las palabras opacas / Por el oculto fuego originario» (RD, 255). Siendo el «fuego originario», naturalmente, el amor. La actitud del poeta ante el mundo es de amorosa contemplación, con lo que trata de «hacer que las cosas parezcan o representen más de lo que son, que sólo lo obtiene el poeta al llenarlas de una intensidad que está en él...».[13] Y los objetos de la amorosa contemplación del poeta adquieren un modo de existencia dentro del poema que no poseían antes. Por eso el poeta manifiesta sorpresa en el sexto de los «Poemas para un cuerpo» cuando el sujeto de los poemas habla de su familia.

> Mi imaginar no vence a la extrañeza
> De que sea tu existir originado en otros,

---

12. *Poesía...*, p. 197.
13. Luis Cernuda, *Estudios sobre poesía española contemporánea* (Madrid, 1957), p. 203.

> En otros repetido,
> Cuando único me parece,
> Creado por mi amor; igual al árbol,
> A la nube o al agua
> Que están ahí, mas nuestros
> Son y vienen de nosotros
> Porque una vez les vimos
> Como jamás les viera nadie antes.

RD, 477-478.

Cernuda hace innumerables referencias a la importancia del amor en su poética, pero una más bastará. Escribiendo sobre Gregorio Prieto, pintor contemporáneo suyo, Cernuda escoge a Pigmalión como perfecto ejemplo de artista; escribe:

> Todo artista, en general, actúa a su manera la fábula de Pigmalión, pero esto el público nunca lo percibe. La condición primera para comprender y animar la realidad es amarla.[14]

Hasta aquí he procurado demostrar la importancia que para Cernuda reviste la poesía como vocación, la razón de ser de esa importancia y la visión del mundo subyacente. Anteriormente nos hemos ocupado en la descripción de hechos concretos. Pero a fin de explicar la conexión que existe entre la visión del mundo y el tema central de este estudio, será necesario investigar el origen de la visión del mundo, el «porqué» de la misma.

Si se tratara de otro poeta ello podría requerir una revisión, engorrosa en el mejor de los casos, de las fechas reales de su biografía, si es que fueran asequibles. No ocurre así con Cernuda. Pues, como ya se ha indicado, la mayor parte de su poesía y prosa poética dedica su empeño a la transformación de la biografía.

14. «Gregorio Prieto», *Ínsula*, núm. 59 (14 noviembre 1950), p. 2.

Cuando Salinas escribió en 1936 que «*La realidad y el deseo* es, a nuestro juicio, la depuración más perfecta, el cernido más fino, el último posible grado de reducción a su pura esencia del lirismo romántico español»,[15] sentó una premisa de la cual toda labor futura tendría que partir. Y, similarmente, Octavio Paz, al analizar la tercera edición de los poemas de Cernuda, sentaba otra premisa con el acertado bosquejo siguiente de esta poesía:

> La poesía de Cernuda es una biografía espiritual, es decir, lo contrario de una geografía: un mundo humano, universo en cuyo centro se halla ese personaje —mitad irrisorio, mitad trágico— que es el hombre. Canto y examen, soliloquio y plegaria, delirio e ironía, confesión y reserva, blasfemia y alabanza, pero todo presidido por una conciencia que desea transformar la experiencia vivida en saber espiritual...[16]

He llamado premisas a estas dos citas porque una y otra facilitan el acceso al problema central y a la solución propuesta por la poesía de Cernuda respectivamente. Pues situar a Cernuda dentro de la tradición romántica, como hace Salinas, equivale a plantear la cuestión —crucial para el poeta lírico moderno— de cómo dar validez objetiva a la «expresión personal», y ver su poesía como «una biografía espiritual», como Paz propone que hagamos, es definir una solución muy próxima a la del propio poeta. Este problema de la objetividad, de la validación de la experiencia subjetiva, se reitera una y otra vez

---

15. «Luis Cernuda, poeta», en *Literatura española siglo XX* (2.ª ed.; Méjico, 1949), p. 227.

16. *Claridades literarias*, núm. 2 (7 mayo 1959), p. 23, citado por Carlos Otero, «La tercera salida de *La realidad y el deseo*», *Papeles de Son Armadans*, XVII, núm. 51 (junio, 1960), 131.

en los ensayos de Cernuda como una preocupación teórica; y por ser de capital importancia para la comprensión de la poesía como un todo debe interesarnos aquí.

Esencialmente para Cernuda se trata de mantener cierta separación entre el «yo» lírico y la personalidad histórica del poeta. «Historial de un libro», su ensayo autobiográfico, contiene una sucinta exposición del problema, expresada en relación con la serie de poemas de amor titulada «Poemas para un cuerpo». Después de confesar que estos poemas son, de todos cuantos ha escrito, «unos de aquellos a los que tengo algún afecto», continúa:

> Al decir eso comprendo que yo mismo doy ocasión para una de las objeciones más serias que pueden hacerse a mi trabajo: la de que no siempre he sabido, o podido, mantener la distancia entre el hombre que sufre y el poeta que crea.[17]

Y para los miembros de la Generación del 98 ha tenido palabras especialmente ásperas a este mismo respecto. En una nota a pie de página a su ensayo «Tres poetas metafísicos» hace el siguiente aparte sobre Unamuno:

> No sé si a otros ocurrirá, leyendo a Unamuno, ante aquella exhibición persistente de su «personalidad», apartar los ojos del libro, como suele hacerse para no ver un espectáculo repulsivo.[18]

En otro ensayo, esta vez sobre Juan Ramón Jiménez, Cernuda expresa un sentimiento similar cuando escribe:

> El carácter que en conjunto nos ofrece la obra de Juan Ramón Jiménez es el de un diario poético del autor... En realidad

17. *Poesía...*, p. 279.
18. *Ibid.*, p. 65n.

su yo está siempre sobre la escena, siendo éste quizá el único punto de contacto por el que se relaciona estrechamente con su generación, tan poco púdica en cuestiones de recato espiritual. Recuérdese el yo constante de Azorín, el yo, hombre de carne y hueso, de Unamuno.[19]

En oposición a la Generación del 98, sitúa Cernuda a Manrique, Aldana y el autor de la «Epístola Moral», a quienes clasifica de metafísicos y «místicos no profesionales», pues la poesía exige no la participación del «yo», tan dado a dramatizar en cuanto le atañe, sino «cierta despersonalización, fundiendo al poeta con su medio de expresión, para que la voz, en vez de ser algo individual que suena bajo los harapos del fantoche que todos representamos, sea algo incorpóreo y desasido del accidente».[20] En Francisco de Aldana ve Cernuda el ideal de revelación personal en la poesía. La idea contemporánea de personalidad tiene poco que ver con ese «hombre interior» de que nos habla en la «Epístola a Arias Montaño». Este «hombre interior», como Cernuda lo describe,

es el ser que nos habita, como distinto de nuestra figura exterior, a cuya dualidad representativa parece responder la otra dualidad que Aldana halla entre realidad visible e invisible. El excesivo contacto exterior, si no traiciona, daña a este amigo incomparable, que sentimos diferente e idéntico a nosotros, que nos dicta nuestros gestos más puros, brotados de la naturaleza y del espíritu íntimamente individuales, no por presión de los acontecimientos en torno, los cuales tantas veces al individuo acorralan y oponen.[21]

El problema con que se enfrenta Cernuda en estos ensayos

19. Luis Cernuda, «Juan Ramón Jiménez», *Hijo Pródigo,* I, núm. 3 (junio, 1943), p. 153.

20. *Ibid.,* p. 154.

21. *Poesía...,* p. 64.

es el mismo que dio origen a la doctrina de Yeats sobre la Máscara y a algunas de las esclarecedoras observaciones de Proust en *Contre Sainte-Beuve*,[22] pero la solución que da Cernuda es peculiarmente suya. Si volvemos a los poemas escritos en este período de los ensayos del cual he extraído su intento de definición de la expresión poética y el «hombre interior», hallamos lo que parece ser una solución al problema de la relación entre la vida como vivida y como interpretada en la poesía. En la Sección IX de *La realidad y el deseo*, «Vivir sin estar viviendo» (1944-49), hallamos una idea que no ha sido expresada anteriormente en los poemas. El poeta habla del «mito de [su] existir aún incompleto».[23] Es decir, el mito va a ser para Cernuda el equivalente al «hombre interior» de Aldana y a la Máscara u otro yo de Yeats. Tal y como el poeta lo ha descrito, este «mito de su existir» tiene como fin indicar

> la trayectoria finalmente mítica que traza una existencia, en la cual no entra, claro, un solo amor, sino varios, juntamente con otras múltiples experiencias de toda clase, que componen el «mito» de la misma.[24]

Por esta razón no hay una sola parte del *opus* literario de Cernuda que no corresponda a un punto particular en la trayectoria de este «mito personal», un ensayo que describe su poética no menos que el libro de poemas en prosa titulado *Ocnos,* y cada obra contiene la semilla de la siguiente. Por eso mismo el crecimiento de *La realidad y el deseo* ha sido un desarrollo orgánico («Su fábula fue escrita como la flor se abre») antes que arquitectónico como las sucesivas ediciones del

22. «Un livre est le produit d'un autre *moi* que celui que nous manifestons dans nos habitudes, dans la société, dans nos vices». (*Contre Sainte-Beuve* [[París, 1954]], p. 137.)

23. *RD,* 391.

24. Carta de Luis Cernuda al autor, con fecha de 30 enero 1961, véase p. 277.

Cántico de Guillén. Y por eso, también, los primeros poemas en prosa de *Ocnos* que tienen por tema la infancia deben leerse como préambulo a los poemas que constituyen *La realidad y el deseo*. Pues aunque la primera edición de *Ocnos* fue escrita casi al mismo tiempo que los primeros poemas de «Como quien espera el alba» (1941-44) incluidos en *La realidad y el deseo,* en realidad muchos de los poemas en prosa se refieren al período anterior a «Primeras poesías» (1924-27). La importancia de *Ocnos* estriba en que contiene el análisis y «mitificación» de la vida del niño que iba a convertirse en poeta.[25] Y sin la mitología de *Ocnos* el lector no está equipado para leer correctamente la visión del mundo implícita en el ensayo que he llamado su poética, ni para comprender la relación de la visión del mundo con la poética.

Lo mismo que su contemporáneo, el poeta escocés Edwin Muir, Luis Cernuda, al estructurar la fábula de su propia existencia, se inspiró considerablemente en los mitos del Edén, la edad de la inocencia y la Caída. Así, la frase fundamental de «Escrito en el agua», citada al principio del presente capítulo, y que es punto de partida del viaje a través de ese mundo de *La realidad y el deseo,* reza: «Pero terminó la niñez y *caí en el mundo*». Sin la inocencia de la infancia antes de la Caída en el mundo, lo que sigue queda privado de gran parte de su sentido, como un libro comenzado *in medias res.* Aunque la idea impregna *Ocnos* en su totalidad, ya únicamente sobre la base del poema en prosa «Escrito en el agua» puede verse que el mundo de la infancia es un mundo de eterno presente, un

25. Que el examen de la infancia implícito en el hecho de escribir los poemas de *Ocnos* fue un paso decisivo en su carrera poética puede colegirse de la siguiente observación que hallamos en «Historial de un libro»: «El otoño, invierno y primavera de 1941 a 1942 fue uno de los períodos de mi vida cuando más requerido me vi por temas y experiencias que buscaban expresión en el verso; a veces, no terminado aún un poema, otro quería surgir» (*Poesía...,* p. 263).

Edén sin relojes donde el cambio queda desmentido. El niño Albanio —ya su nombre es emblema de pureza— vive en unión simbiótica con el mundo natural del que se siente parte integrante, ceñido por los brazos maternales de la naturaleza. Lo mismo que el lactante que siente su ser como parte del de su madre, o mejor dicho, siente a su madre como una mera extensión de su propio ser, el niño que vive en y para la naturaleza no conoce ningún deseo, por indefinido que sea, sin su completa e inmediata satisfacción. Por eso, en «La naturaleza»,[26] Albanio cree que ha obrado un milagro cuando una flor despunta y abre sus pétalos, y por eso se siente como un dios que ha creado la vida. Es la omnipotencia de todos los niños, pues en la infancia la *realidad* puede siempre acomodarse al *deseo*. Pero con la Caída en el mundo se abate sobre el mundo del niño un sentimiento de separación, y con la angustia de hallarse divorciado de la naturaleza nace la conciencia de que el cambio y el tiempo *son,* y que la realidad, en el mejor de los casos, es una materia recalcitrante, hostil al *deseo.* Sin embargo, el sentimiento de omnipotencia subsiste, pues a fin de cuentas es el no-yo, el mundo, el que está sujeto al tiempo. Y el amor, que era el modo en que expresaba el niño su unidad con la creación, continúa siendo, aún después de advenir la separación, el modo pre-racional de ser-en-el-mundo, de tratar de establecer nueva unión con el mundo de «lo otro».[27] En

26. *O,* 2.ª ed., 554.
27. Es ésta la misma visión del mundo que el niño aprende en brazos de su madre en el famoso pasaje de *The Prelude* (Libro II) de Wordsworth. Veamos el comentario que Lionel Trilling hace del mismo: «El niño, se dice en este pasaje, no percibe las cosas meramente como objetos; primero las ve, por ser el amor materno una condición de su percepción, como objetos-y-juicios, como objetos valorados... La seguridad, el calor, el confortante sentimiento de la benevolencia consciente de su madre es una circunstancia de su primer aprendizaje». («The Immortality Ode», en *English Romantic Poets: Modern Essays in Criticism,* ed. M. H. Abrams [A Galaxy Book; New York, 1960] pp. 136-137.)

el mito cernudiano de la infancia, al amor es todo lo que queda del sentimiento de omnipotencia del niño después de la Caída. Así, en «Escrito en el agua», al amor se le llama «el secreto de la eternidad», y el niño caído trata de hacer permanentes a otros mediante el amor y el deseo. «Mas apenas me acercaba a estrechar un cuerpo contra el mío, *cuando con mi deseo creía infundirle permanencia* [el subrayado es mío], huía de mis brazos dejándolos vacíos.» Una vez perdida la sensación de omnipotencia divina propia del niño, la disparidad entre *realidad* y *deseo* se establece por sí misma. Tal es el significado del título bajo el cual publicó Cernuda sus poemas reunidos en 1936.

La realidad y el deseo es nada menos que la biografía espiritual de un anhelo de reconciliación de estos dos modos opuestos, y la tensión entre ambos produce poesía porque el «biógrafo» es poeta. De modo semejante, el solipsismo explícito en la poética es una retirada, en vista de la pérdida de la omnipotencia, al mundo de la imaginación poética, facsímil del mundo edénico del niño, donde la realidad puede ser acomodada a las exigencias del deseo, pueden infundírsele los atributos de la intemporalidad y la permanencia. Y el tema vital, la sed de eternidad, en tanto da forma a la fábula de la existencia del poeta, tiene su origen en el anhelo de volver a integrarse en el intemporal abrazo de la naturaleza madre, haciéndose uno con ella y reconquistando así el paraíso perdido con la Caída.

CAPÍTULO III

Evocación del paraíso: la infancia como presente eterno

> Uno con el mundo que le rodea, el feto es vida pura y en bruto, fluir ignorante de sí. Al nacer, rompemos los lazos que nos unen a la vida ciega que vivimos en el vientre materno, en donde no hay pausa entre deseo y satisfacción.
>
> OCTAVIO PAZ

> Thou over whom thy Immortality
> Broods like the Day, a master o'er a Slave,
> A Presence which is not to be put by;
> Thou little child, yet glorious in the might
> Of heaven-born freedom on thy being's height,
> Why with such earnest pains dost thou provoke
> The years to bring the inevitable yoke,
> Thus blindly with thy blessedness at strife?
> Full soon thy Soul shall have her earthly freight,
> And custom lie upon thee with a weight,
> Heavy as frost, and deep almost as life!
>
> WILLIAM WORDSWORTH

(Tú, sobre quien la Inmortalidad / Se cierne como el Día, tal un Señor sobre un Esclavo / Presencia que nadie puede soslayar; / Tú, parvulillo, y no obstante glorioso en el poderío / De esa libertad de origen celeste que corona tu ser, / ¿Por qué con tan severo empeño provocas / A los años que traen el yugo inevitable, / En lucha ciega con tu propia bienaventuranza? / ¡Muy pronto tu Alma asumirá su carga terrestre / Y la costumbre gravitará sobre ti / Pesada tal escarcha, profunda casi como la vida!)

EN UN sentido profundo, la afirmación de que el niño es
padre del hombre cuadra perfectamente en el caso de Luis
Cernuda. En esto, como en tantos otros aspectos de su vida y
su obra, es casi único en la moderna literatura española. Si
tomamos *Ocnos,* una colección de poemas en prosa que trata
exclusivamente de la infancia, y buscamos una obra similar,
sólo existe una: *Platero y yo* de Juan Ramón Jiménez. Pero
mucho más sorprendentes son las coincidencias en tono y significado entre Cernuda y Unamuno en sus respectivas formas
de abordar el tema de la infancia. Y enlazando a estos dos
poetas aparentemente antitéticos en su enfoque de la infancia,
hay un tercero, William Wordsworth, con cuya obra ambos
poetas españoles estaban especialmente familiarizados. Tanto
en el caso de Cernuda como en el de Unamuno, la afinidad
con Wordsworth se basaba en un «estímulo» pero no en una
influencia, y aunque es probable que Cernuda no leyera mucho a Wordsworth —en realidad, no podía— antes de ir a
Inglaterra, es interesante recordar que con ayuda de un amigo
inglés había traducido algunos sonetos de Wordsworth y los
había publicado en *Hora de España* ya en 1938. Tanto Cernuda como Unamuno —el «Unamuno contemplativo» de Carlos Blanco Aguinaga— comparten el fuerte sentimiento místico de Wordsworth por la Naturaleza y su conexo interés por
la infancia y por el niño: una pieza tan importante de icono-
grafía romántica en Wordsworth como el vagabundo. Los dos
son, en realidad, figuras opuestas. Según David Perkins,
«mientras que el sentimiento de alienación respecto a la naturaleza se representa frecuentemente en la figura simbólica del
vagabundo, el hombre en sus momentos de reconciliación se
vuelve como un niño maternalmente abrazado con el cosmos y
nutrido por él».[1]

1. *The Quest for Permanence: The Symbolism of Wordsworth, Shelley and
Keats* (Cambridge, Mass., 1959), p. 63.

Lo mismo puede decirse en el caso de Cernuda si sustituimos el concepto de vagabundo por el de «amor no correspondido». Como tendremos ocasión de observar en el próximo capítulo, el amor, cuando se realiza, es como un espejo de la eternidad, pero con mayor frecuencia es una meta imposible hacia la cual avanza el poeta, y por consiguiente, cuando no puede realizarse, es emblemático de la alienación y la separación humanas. Puesto que la antítesis entre alienación y reconciliación es tan importante en Cernuda como en Wordsworth, ningún estudio coherente de su obra poética puede desentenderse de este importante tema de la infancia, que es una, tal vez la más radical, de las formas asumidas por el tema unificante de que nos ocupamos en nuestro estudio. Y es una configuración básica del tema central, unificante, por haber tenido su origen en la infancia del poeta, o, al menos, en el tratamiento de esa infancia por parte del poeta. Otra referencia de pasada a Unamuno contribuirá a poner en claro el empleo que hace Cernuda del tema de la infancia. Carlos Blanco Aguinaga señala que

> cada vez que Unamuno se sumerge en las «serenas y nobles visiones de la niñez lejana» (*O.C.*, I, 546), bien sea en sus propios recuerdos o en los de sus personajes, está reviviéndose a sí mismo: la insistencia en recordar la infancia como «lenta», el deleite creador con que lo hace, nos indica ya que estamos frente a un Unamuno muy otro del de las violentas luchas interiores y externas. En este caso recordar es poseer; ser así.[2]

Y esto es igualmente cierto referido al enfoque cernudiano de la infancia, especialmente en *Ocnos* donde imaginativamente vuelve a poseer aquello que nombra y evoca como el Edén de sus primeros años. ¿Y cuáles son los atributos de este Edén

2. Carlos Blanco Aguinaga, *El Unamuno contemplativo* (Méjico, 1959), p. 105.

pastoril de la infancia? Para Cernuda son la intemporalidad,
la inocencia y un sentimiento de unidad con el mundo. Los
dos primeros atributos serán tema de este capítulo. Del tercero hablaré más adelante.

I. LOS ATRIBUTOS DEL EDÉN

No hay mejor introducción al tema de este capítulo en
toda la obra de Cernuda que los poemas en prosa de *Ocnos,*
donde su infancia en Sevilla se nos describe como un período
en que disfrutaba una sensación de permanencia, de un intemporal, eterno presente. En la poesía anterior a *Ocnos,*
«Donde habite el olvido», por ejemplo, la voz es la de un
ángel caído que añora su antigua condición perdida, pero en
estos poemas en prosa de 1942 hallamos la primera recuperación de aquel estado perdido. Con el comienzo de su exilio en
febrero de 1938, la congoja de la guerra civil en España y
luego la Guerra Mundial pasada en Inglaterra, el amor deja de
ser tema casi exclusivo de su poesía. Y como para hacer sopor-
tables el conflicto mundial, el clima británico que no le va en
absoluto, y la falta de amigos, el poeta intenta un imaginario
retorno a la Sevilla de su infancia. Los poemas en prosa son al
mismo tiempo re-creación y definición.

En primer lugar es importante reseñar lo que el poema en
prosa es para Cernuda. Su distinción no se basa en el grado en
que la prosa sea poética, sino en el modo en que el poeta presente el contenido y en la naturaleza de ese contenido. Según
Cernuda, en la poesía propiamente dicha el poeta habla con
voz pura, con lo cual entiende que la poesía no debe ser
anecdóticamente personal en su contenido. No es este el caso,
sin embargo, del poema en prosa. Escribiendo sobre Juan Ramón Jiménez, Cernuda explicaba la diferencia de esta manera:
«En la prosa, por poética que sea, hay algo menos severo, y

permite a lo accidental del personaje humano afirmarse directamente tras las palabras, causando menos enojo».[3] De esto podría inferirse, por lo tanto, que el poema en prosa estaba cortado conforme a las exigencias de la re-creación de su propio pasado, un medio de auto-evocación como el niño-protagonista Albanio.

Comencemos nuestro análisis del tema de la infancia con el atributo de la intemporalidad. El último poema en prosa de la primera edición de *Ocnos* empezaba con estas palabras:

> Desde niño, tan lejos como vaya mi recuerdo, he buscado siempre lo que no cambia, he deseado la eternidad. Todo contribuía alrededor mío, durante mis primeros años, a mantener en mí la ilusión y la creencia en lo permanente: la casa familiar inmutable, los accidentes idénticos de mi vida. Si algo cambiaba, era para volver más tarde a lo acostumbrado, sucediéndose todo como las estaciones en el ciclo del año, y tras la diversidad aparente siempre se traslucía la unidad íntima. (*O, 614-615.*)

Pese al hecho de que la «casa familiar» constituya la ubicación central de estos poemas, observamos que los seres humanos, aun la propincua familia, representan un papel muy exiguo en este mundo, que su marco es el mundo natural, un mundo de cosas más que de personas. De estas últimas, las que aparecen como tema están relacionadas con el mundo natural y a él subordinadas, como en el caso de Francisco el jardinero y su mujer, o tienen que ver con la vocación del poeta: José María Izquierdo y Bécquer. Lo mismo que en Wordsworth, el niño experimenta la naturaleza como una protectora y benigna fuente de bienestar. Pero en Cernuda ese carácter protector aparece realzado en virtud del hecho de que su mundo natural es el del patio andaluz más a menudo que el de fuera. Las dimensiones temporales y espaciales están reducidas

---

3. Cernuda, *Hijo Pródigo*, I, núm. 3, p. 154.

a un mínimo en estos poemas en prosa: un patio, el pie de una escalera, un jardín, un invernadero, la habitación del niño, o su lecho. Como en esta descripción, de «El huerto»:

> Al fondo del huerto estaba el invernadero, túnel de cristales ciegos, en cuyo extremo se abría una puertecilla verde. Dentro era un olor cálido, oscuro, que se subía a la cabeza: el olor de la tierra húmeda mezclado al perfume de las hojas. La piel sentía el roce del aire, apoyándose insistente sobre ella, denso y húmedo... Hoy creo comprender lo que entonces no comprendía: cómo aquel reducido espacio del invernadero, atmósfera lacustre y dudosa donde acaso habitaban criaturas invisibles, era para mí imagen perfecta de un edén, sugerido en aroma, en penumbra y en agua, como en el verso del poeta gongorino: «Verde calle, luz tierna, cristal frío». (O, 557.)

Otra descripción similar de aislamiento y protección es la de «La riada».

> Al llegar la noche, derribados con el temporal los postes y alambres eléctricos, no había luz. A la claridad de las velas, un libro ante sus ojos soñolientos, escuchaba el viento afuera, en el campo inundado, y la lluvia caudalosa caer hora tras hora. Se sentía [Albanio] como en una isla, separado del mundo y de sus aburridas tareas en ilimitada vacación; una isla mecida por las aguas, acunando sus últimos sueños de niño. (O, 574.)

En «El huerto» se describía un invernadero como la «imagen perfecta de un edén». «El tiempo» alude explícitamente a la intemporalidad de la infancia; la conciencia del tiempo viene después y es el primer signo de la Caída desde el Edén, y el castigo por excelencia. «El tiempo» comienza:

> Llega un momento en la vida cuando el tiempo nos alcanza. (No sé si expreso esto bien.) Quiero decir que a partir de tal edad nos vemos sujetos al tiempo y obligados a contar con él,

como si alguna colérica visión con espada centelleante nos arrojara del paraíso primero, donde todo hombre una vez ha vivido libre del aguijón de la muerte. ¡Años de niñez en que el tiempo no existe! Un día, unas horas son entonces cifra de la eternidad. ¿Cúantos siglos caben en las horas de un niño? (O. 559-560.)

Aquí expresa Cernuda lo que para él es atributo primordial de la infancia. El mismo poema en prosa continúa, en los párrafos siguientes, concatenando en una escena única las reducciones espaciales y temporales. La infancia es la experiencia del mundo como un eterno presente:

> Recuerdo aquel rincón del patio en la casa natal, yo a solas y sentado en el primer peldaño de la escalera de mármol... Sonaba el agua al caer con un ritmo igual, adormecedor, y allá en el fondo del agua unos peces escarlata nadaban con inquieto movimiento, centelleando sus escamas en un relámpago de oro. Disuelta en el ambiente había una languidez que lentamente iba invadiendo mi cuerpo.
>
> Allí, en el absoluto silencio estival, subrayado por el rumor del agua, los ojos abiertos a una clara penumbra que realzaba la vida misteriosa de las cosas, he visto cómo las horas quedaban inmóviles, suspensas en el aire, tal la nube que oculta un dios, puras y aéreas sin pasar. (O. 560.)

Nada tiene de extraño que esta experiencia de la infancia, arrullada por el materno e hipnótico son del agua, se convirtiera para el poeta en un ideal de existencia, una existencia concorde con el mundo natural, en la que nada cambiaba y en la que el mundo exterior, humano u otro, no se entrometía.

Si estamos acostumbrados a concebir la eternidad como una extensión infinita en el tiempo y en el espacio, noción opuesta a nuestra experiencia finita de estas dos dimensiones, la descripción que hace Cernuda de la infancia nos parecerá extraña. Por eso he aducido el especial término de Cernuda «eterno presente» para describir su peculiar visión de la eternidad. Característica de todos los pasajes citados es una casi empalagosa reducción del espacio emparejada con la ausencia del tiempo, no la extensión del mismo. El momento es «eterno» en su hondura e intensidad emocional. En el poema en prosa «La eternidad», el poema presenta al niño —tan distinto al de Wordsworth— como presa de agorafobia cuando se enfrenta con la idea de la eternidad cual extensión ilimitada:

> La palabra siempre, aplicada a la conciencia del ser espiritual que en él había, le llenaba de terror, el cual luego se perdía en vago desvanecimiento, como un cuerpo tras la asfixia de las olas se abandona al mar que lo anega. Sentía su vida atacada por dos enemigos, uno frente a él y otro a sus espaldas, sin querer seguir adelante y sin poder volver atrás. Esto, de haber sido posible, es lo que hubiera preferido: volver atrás, regresar a aquella región vaga y sin memoria de donde había venido al mundo. (O, 556.)

Los dos enemigos que amenazan al niño son el no ser detrás de él y la muerte delante. Enfrentado con estas dos alternativas, el niño elegiría lo primero, si ello fuera posible. Como no lo es, el compromiso, en el caso de Cernuda, un *modus vivendi* conseguido para desde él hacer frente al mundo, es su experiencia como eterno presente.

El segundo (y no menos importante) atributo de ese edénico estado que es la infancia —la inocencia— se deriva naturalmente del primero. Esto es así porque la intemporalidad de los primeros años es un período de ensueño. E, inevitablemente, puesto que el niño es padre del hombre, los sueños de la infancia obran sobre el material de un futuro aún no realizado. Pero la tragedia de la vida en *Ocnos* es que no puede ser proyección en el futuro del sueño perfecto que era la infancia. Pues, para Cernuda, como para Unamuno, la infancia es fun-

damentalmente lo que el último de estos dos poetas denominaba «pureza de soñar».[4] Lo que Carlos Blanco Aguinaga dice
de la infancia de Unamuno es igualmente cierto de la de Cernuda. Sobre la «niñez y mocedad» de Unamuno escribe:

> Apenas se ha detenido la crítica en lo que hay en ellas de
> búsqueda intuitiva —y de hallazgo— de esos momentos
> de abandono en que, enajenada el alma, se funden, hasta desa-
> parecer, el mundo objetivo y los posibles mundos del espíritu
> vagamente imaginados.[5]

Para emplear los términos cernudianos, la infancia es ese breve lapso de vida humana durante el cual no existe disparidad
trágica entre *realidad* y *deseo*. En la infancia, como el tiempo
no amenaza todavía la estabilidad del mundo, y dada la limitada esfera de actuación evidente en *Ocnos*, las cosas *(realidad)*
o se acomodan de por sí al sueño de perfección *(deseo)*, o pueden ser compelidas a ello con ayuda de la imaginación. Cernuda halla la imagen de su solitario sueño de vida en un magnolio que crecía, y crece aún, tras una tapia que bordea la
calle de la Judería, cerca del Alcázar de Sevilla:

> Aquel magnolio fue siempre para mí algo más que una
> hermosa realidad: en él se cifraba la imagen de la vida. Aunque
> a veces la deseara de otro modo, más libre, más en la corriente
> de los seres y de las cosas, yo sabía que era precisamente aquel
> apartado vivir del árbol, aquel florecer sin testigos, quienes
> daban a la hermosura tan alta calidad. Su propio ardor lo con-
> sumía, y brotaba en la soledad unas puras flores, como sacrifi-
> cio inaceptado ante el altar de un dios. (*O, 571*.)

La perfección, esa flor que tan fácilmente se marchita, debe
ser procurada en soledad. Pero esto se ve luego, con el tiempo. En «Jardín antiguo», que describe una sección de los

4. Blanco Aguinaga, p. 101.
5. *Ibid.*

jardines del Alcázar, Cernuda da un ejemplo clave de su «pureza de soñar».

> Hay destinos humanos ligados con un lugar o con un paisaje. Allí en aquel jardín, sentado al borde de una fuente, soñaste un día la vida como embeleso inagotable. La amplitud del cielo te acuciaba a la acción; el alentar de las flores, las hojas y las aguas, a gozar sin remordimientos.
> Más tarde habías de comprender que ni la acción ni el goce podrías vivirlos con la perfección que tenían en tus sueños al borde de la fuente. Y el día que comprendiste esa triste verdad, aunque estaba lejos y en tierra extraña, deseaste volver a aquel jardín y sentarte de nuevo al borde de la fuente, para soñar otra vez la juventud pasada. (*O, 568-569*.)

Ningún otro pasaje de *Ocnos* lo resume todo tan perfectamente. El niño sueña el mundo como «embeleso inagotable», y el poeta se vuelve nostálgicamente hacia el mundo que había originado el ensueño. Es el gesto de Adán después de la Caída. El cielo arriba, las flores, las hojas y el son del agua parecen prometer que la vida allende el jardín puede ser continuación del éxtasis de la infancia. Pero la Caída trae como secuela el tiempo, la edad, la corrupción y la pérdida de la inocencia en el amor imperfecto. Aunque el «Jardín» —un patio, los jardines del Alcázar— es cultivado y está enclavado en el interior de la ciudad, no puede ser trasladado allende las tapias, a la Ciudad. El ensueño pastoril es demasiado frágil para la vida de la Metrópoli.

2. LA CAÍDA

La pregunta que ha de hacerse, entonces, es la de Wordsworth: «¿Por qué con tan severo empeño provocas / A los años que traen el yugo inevitable, / En lucha ciega con tu propia bienaventuranza?» Y la respuesta, en el caso de Cernuda, es que por los caprichos del deseo. En el mundo de después de la Caída, los objetos de deseo son mucho más tangibles y, por ello mismo, menos maleables.

Pero el «deseo» atribuido al niño Albanio en *Ocnos* es, como el «deseo» de los poemas de *Perfil del aire* («Primeras poesías»), un vago anhelo todavía, y aún inocente por cuanto permanece sin consumarse en acción. Además, cuando se le contempla retrospectivamente, desde la ventajosa posición de los poemas de amor —especialmente desde los de «Donde habite el olvido» en adelante— este mismo deseo-como-potencialidad, previo a su implicación en la esfera de lo humano, es considerado como su propia perfección, y más apreciado que ninguna posible realización futura (o posterior), lo mismo que a la flor de la magnolia se la consideraba como el más alto ejemplo de belleza porque abría sus pétalos entre cuatro paredes. Pero, como ya se ha reseñado, el poema en prosa tenía por objeto permitir un contenido más personal, más «accidental» que el poema propiamente dicho. Así, en *Ocnos* se da al «deseo» un marco más explícito, y este marco concreto arroja una luz considerable, ya que algunos de estos poemas en prosa se refieren también al mismo período que los poemas de *Perfil del aire.* Por ejemplo, en «El placer», de la segunda edición de *Ocnos,* el mismo deseo que impregna los poemas de *Perfil* se nos aparece en su verdadero contexto. Confrontado con la sexualidad adulta, se descubre su insuficiencia.

> Yo les veía, ellos y ellas, un poco bebidos, serios, la mirada fija y vaga a un tiempo, enlazados como si siguieran el ritmo del espasmo más que el del baile, las manos acariciando enajenadas el hermoso cuerpo humano, triunfante un día para hundirse luego en la muerte...
> Niño aún, mi deseo no tenía forma, y el afán que lo despertaba en nada podía concretarse; y yo pensaba envidioso en

aquellos hombres anónimos que a esa hora se divertían, grose-
ramente quizá, más que eran superiors a mí por el conocimiento del placer, del que yo sólo tenía el deseo. (*0, 2.ª* ed., 570.)

Aquí, como en la descripción del magnolio, tenemos idéntica
reacción ambivalente; allí era el cielo ilimitado que incitaba
al niño a trasladarse allende los confines del jardín; aquí es el
anhelo de concretar el vago deseo en un objeto, aun cuando no
hay ninguno a la vista. La vida mínima del niño en su Edén
pudiera muy bien hallar su símbolo en la existencia vegetativa de un magnolio, pero las exigencias del incipiente deseo
físico no podían. Por eso el poeta se vuelve al mar y encarna
en él su metáfora cuando, en «La música y la noche», desea
describir la fuerza cósmica de este deseo más explícito.

> La voz de la guitarra se iba perdiendo calle arriba, callándo-
> se al doblar la esquina. Tal la ola henchida se alza del mar para
> romperse luego en gotas irisadas, así rompía en llanto mi fer-
> vor; pero no eran lágrimas de tristeza, sino de adoración y de
> plenitud. Ninguna decepción ha podido luego amortiguar
> aquel fervor de donde brotaban (*0, 2.ª* ed., 579.)

Dada la fuerza ineluctable de este deseo, no podía haber
vuelta atrás al tiempo de la primera inocencia. Y aunque en
etapas ulteriores de su vida el amor consumado creara alguna
vez su propio Edén donde el *deseo* y la *realidad* parecieran haberse reconciliado, la nota reiterada en la poesía de madurez
es de nostalgia por el tiempo en que el amor era un ingredien-
te puro y aún no realizado de la ensoñación del niño en el
Jardín, antes de que el deseo hubiera descubierto su forma
terrestre que había de corromperle.

A manera de transición desde el mundo infantil de *Ocnos*
al mundo adulto de los poemas de madurez —una distancia
que se mide por la Caída desde el Edén a la tierra, y desde el
Jardín a la Ciudad— es importante observar cómo una parte

del sueño de la infancia permanece intacta: su soledad. Y sólo teniendo en cuenta la importancia de la soledad en el mundo del niño —soledad humana— puede entenderse su pleno sentido e importancia en la poesía. En soledad el momento sigue siendo un ensueño intemporal, la belleza se mantiene intacta y el deseo vuelve a ser potencialidad inocente, al verse apartado de sus objetos. Además, la soledad puede ser trasladada al mundo adulto, cosa que no ocurre con el «sueño» de infancia. De este modo, pues, pasa a ser parte esencial de toda tentativa de salvar la radical separación entre *realidad* y *deseo*. El hecho de que el sueño edénico de la infancia y la idea de soledad son complementarios lo atestigua el que ambos compartan en *Ocnos* una metáfora común. En «La riada», citado más arriba, la habitación del niño Albanio en una tormentosa noche de verano se describía como «una isla, separado del mundo...» y «una isla mecida por las aguas acunando sus últimos sueños de niño»; en un poema en prosa posterior añadido en la segunda edición de *Ocnos* la «isla» es la propia soledad.

> La soledad está en todo para ti, y todo para ti está en la soledad. Isla feliz adonde tantas veces te acogiste, compenetrado mejor con la vida y con sus designios, trayendo allá, como quien trae del mercado unas flores cuyos pétalos luego abrirán en plenitud recatada, la turbulencia que poco a poco ha de sedimentar las imágenes, las ideas. (*O, 2.ª* 604.)

Prosigue Cernuda describiendo a «quienes necesitan distanciarse de ella [la vida] para verla más y mejor, y son los contempladores», de los cuales él es indudablemente uno. Ahora que el momento no puede ser experimentado ya —salvo en raras ocasiones— como eterno presente, la vida es arrancada de su contexto y reducida a soledad, quedando así separada del continuo del tiempo como la flor de la metáfora.

El presente es demasiado brusco, no pocas veces lleno de incongruencia irónica, y conviene distanciarse de él para comprender su sorpresa y su reiteración.

Entre los otros y tú, entre el amor y tú, entre la vida y tú, está la soledad. Mas esa soledad, que de todo te separa, no te apena. (*O*, 2.ª 604.)

Pero la soledad es una actitud de reposo y no tiene cabida en los primeros poemas amorosos de «Un río, un amor» y «Los placeres prohibidos». En realidad, hasta el magnífico «Soliloquio del farero» de «Invocaciones» (1934-35) no reaparece, una vez que el apasionado frenesí de los poemas surrealistas ha decaído.

En estos poemas («Un río, un amor», 1929; «Los placeres prohibidos», 1931), los objetos («las formas») del deseo del poeta son el niño y el adolescente. Con lo que ya se ha dicho en este capítulo, la fascinación ejercida por el niño como objeto-de-amor debe ser algo perfectamente claro. Si el niño representa la inocencia aun en sus deseos, el amor del poeta por los niños y los adolescentes debe considerarse como un intento de recuperar la inocencia de su propia infancia de segunda mano: es, en el fondo, un anhelo nostálgico. Veamos dos confirmaciones de este punto; la primera es del poema «La sombra», la segunda de *Ocnos*.

> Al despertar de un sueño, buscas
> Tu juventud, como si fuera el cuerpo
> Del camarada que durmiese
> A tu lado y que al alba no encuentras.

RD, 415.

La metáfora es idónea porque el «camarada» no podría ser sino un adolescente. He aquí el fragmento del poema en prosa:

El verles huir así solicita al deseo doblemente, porque a tu admiración de la juventud ajena se une hoy tu nostalgia de la

propia, ya ida, tirando dolida de ti desde las criaturas que ahora la poseen. (*O*, 2.ª ed., 595.)

Los primeros poemas de «Un río, un amor» fueron escritos en París, durante un exilio temporal, mientras que *Ocnos*
fue íntegramente escrito en el exilio verdadero, en Inglaterra.
Ambos fueron tentativas nostálgicas por cuanto uno y otro no
eran sino re-creaciones de Andalucía; *Ocnos,* de Sevilla, y «Un
río, un amor», de la costa malagueña. Mas por ser la antítesis
tanto espiritual como geográfica, huelga decir que el paisaje
de estos poemas no podía ser otro que la costa meridional de
España: el mismo marco del cuento de Cernuda «El indolente». Es lo que llegaremos a reconocer como el Edén del amor:
mar, arena, cielo, sombras, sol y chiquillos jugando juntos en
la playa. Buen ejemplo de este paisaje es el tercer poema de
«Un río», «Sombras blancas», escrito en París. El poema es
difícil de descifrar a menos que sepamos que las «sombras»[6]
del título se refieren a niños jugando en la playa; de ahí las
«sombras blancas», una alusión metafórica combinada con la
restricción —es decir, el convencionalismo— de la forma métrica. Luego, cuando la expresión es más directa, surge una
liberación correspondiente de los convencionalismos de la métrica.
He aquí el poema íntegro, que cito como típico de la sección:

Sombras frágiles, blancas, dormidas en la playa,
Dormidas en su amor, en su flor de universo,
El ardiente color de la vida ignorando
Sobre un lecho de arena y de azar abolido.

Libremente los besos desde sus labios caen
En el mar indomable como perlas inútiles;
Perlas grises o acaso cenicientas estrellas
Ascendiendo hacia el cielo con luz desvanecida.

6. Cf. el poema en prosa «Sombras» (*O*, 2.ª ed., 582-583) y «La
sombra» (*RD*, 415-416).

Bajo la noche el mundo silencioso naufraga;
Bajo la noche rostros fijos, muertos, se pierden.
Sólo esas sombras blancas, oh blancas, sí, tan blancas.
La luz también da sombras, pero sombras azules.

RD, 144.

De especial importancia para lo que me propongo demostrar son los cuatro versos primeros, que podrían parafrasearse de este modo: Los pilluelos de la playa duermen en un ensueño de amor inocente, ajenos a la corruptora violencia de la pasión. Esencial asimismo para este amor inocente es la metáfora de la flor. Las palabras *flor* y *flores* son en todos los poemas surrealistas la metáfora preferida para los adolescentes, preferencia muy natural para quien vio de niño en la flor de la magnolia «la imagen de la vida». La imagen queda mejor explicada todavía si recordamos el importante papel representado por el mundo de la naturaleza en el endénico ensueño de la infancia de Albanio. La flor era símbolo de la belleza, la pasividad y la incorrupta inocencia. Dos ejemplos de la imagen flor-niño, de los poemas de «Un río, un amor», bastarán:

Buscando los vientos piadosos
Que destruyen las arrugas del mundo,
Que bendicen los deseos cortados a raíz
Antes de dar su flor,
Su flor grande como un niño.

RD, 168.

Flores clamando a gritos
Su inocencia anterior a obesidades.

RD, 168.

En ambos fragmentos se halla implícita la nostalgia por la inocencia de la infancia, y tanto en uno como en otro se expresa de modo explícito la esperanza de que la inocencia no sea corrompida, como, según sabemos ya por *Ocnos,* sentía

Cernuda que la suya lo había sido. La inocencia debe ser preservada aun cuando ello signifique la destrucción. Por eso a los vientos del primer fragmento se les llama «piadosos»; hasta la muerte es preferible a la corrupción de la inocencia y la belleza[7].

Esta visión de la infancia y la adolescencia continúa sin cambio importante en los poemas de «Los placeres prohibidos», y se expresa en la forma de un continuo lamento por la corrupta inocencia del niño «caído». He aquí dos pasajes característicos que se explican por sí mismos; el primero de «De qué país», el segundo de «Tu pequeña figura». En ambos el poeta se dirige a un niño.

Otra [mano] dará las rencorosas lágrimas,
Otra el puñal experimentado,
Otra el deseo que se corrompe, formando bajo la vida
La charca de cosas pálidas,
Donde surgen serpientes, nenúfares, insectos, maldades,
Corrompiendo los labios, lo más puro.

No podrás pues besar con inocencia,
Ni vivir aquellas realidades que te gritan con lengua inago-
[table.
Deja, deja, harapiento de estrellas;
Muérete bien a tiempo.

RD, 186.

He aquí el segundo pasaje:

Tristeza sin guarida y sin pantano,
Sales de un frío para entrar en otro;
Abandonas la hierba tan cariñosa
Para pedir que el amor no te olvide.

RD, 187.

7. Cf. el poema «El elegido» (*RD,* 455-456).

Sin embargo, donde el tema se expresa más plenamente es en el poema «Qué ruido tan triste». Aquí, la corrupción del amor propia del adulto es contrastada con el amor inocente de los muchachos. Obsérvese la imagen-corimbo en el último verso de la primera estrofa y en el que inicia la segunda: «flor» - «jardín» - «arena» - «niños» - «hojas»:

Qué ruido tan triste el que hacen dos cuerpos cuando se
[aman,
Parece como el viento que se mece en otroño
Sobre adolescentes mutilados,
Mientras las manos llueven,
Manos ligeras, manos egoístas, manos obscenas,
Cataratas de manos que fueron un día
Flores en el jardín de un diminuto bolsillo.

Las flores son arena y los niños son hojas,
Y su leve ruido es amable al oído
Cuando ríen, cuando aman, cuando besan,
Cuando besan el fondo
De un hombre joven y cansado
Porque antaño soñó mucho día y noche.

RD, 177.

3. NOSTALGIA DE LA INOCENCIA PARADISÍACA

El siguiente libro de poemas, «Donde habite el olvido» (1932-33), consta de una serie de dieciséis poemas seguidos por una coda titulada «Los fantasmas del deseo» que sirve de introducción al siguiente libro (o sección). Como la última serie de «Con las horas contadas», estas dieciséis composiciones son también «poemas para un cuerpo», pero aquí van dedicadas a un «ángel celeste» en lugar del joven designado como «X» en «Historial de un libro». Aunque el «ángel celeste» es una especie de abstracción —debería uno, quizá, decir deificación— esta serie es más personal que ninguno de los poemas anteriores, puesto que ya no hay «sombras» sino una «sombra» sola. Y puesto que la voz habla aquí en primera persona, y habla siempre con referencia a un «ángel celeste», los poemas se extienden sobre la propia infancia del sujeto, más que sobre la infancia y la inocencia objetivas de otras «sombras», contrastando *aquella* inocencia con el presente desamor. La angustia de estos poemas es profunda porque el estado de inocencia se ha perdido sin remisión. A veces el anhelo no es de la pasada inocencia, sino de la muerte, muy poca cosa puesto que la existencia del poeta es ya una vida en la muerte; de ahí el reiterado concepto metafísico, diversamente fraseado, de «Muerte más leve»: «vivo y no vivo, muerto y no muerto». Característica de la mayor parte de estos poemas, pues, es una referencia a la infancia como potencial inocente, pero sin el deseo que anteriormente le acompañaba de volver a ella. Como en el siguiente poema (IV), se da una reiterada lamentación de que el sueño de la infancia —sueño de deseo— no pudiera ser realizado fuera del Jardín, sino que se viera corrompido en el mundo y por el mundo. Las «formas» que halló el deseo resultaron imperfectas. He aquí el poema, sin título:

> Yo fui.
>
> Columna ardiente, luna de primavera,
> Mar dorado, ojos grandes.
>
> Busqué lo que pensaba;
> Pensé, como al amanecer en sueño lánguido,
> Lo que pinta el deseo en días adolescentes.
>
> Canté, subí,

Fui luz un día
Arrastrado en la llama.

Como un golpe de viento
Que deshace la sombra,
Caí en lo negro,
En el mundo insaciable.

He sido.

RD, 203-04.

Dos estrofas del poema VII definen la inocencia:

Adolescente fui en días idénticos a nubes,
Cosa grácil, visible por penumbra y reflejo,
. . . .
Ni gozo ni pena; fui niño
Prisionero entre muros cambiantes;
Historias como cuerpos, cristales como cielos,
Sueño luego, un sueño más alto que la vida.

RD, 205-06.

Ya no es sólo el mundo vicario de la infancia lo que se ha perdido («Historias como cuerpos,[8] cristales como cielos») sino el mediterráneo Edén de amor de los dos libros anteriores: «columna», «luna», «mar», «ojos grandes», «nubes» y «penumbra». La caída se expresa explícitamente en estos poemas («...iba / Como un ángel que arrojan / De aquel edén nativo» [RD, 208]) y por doquier se halla implícita en las imágenes. El anhelo de amor era una ascensión hacia el sol, la luz, las nubes, el aire, el día, y el mundo al cual ha sido arrojado el sujeto es todo fango, oscuridad, noche, vagabundeo solitario y lluvia torrencial.

8. Este símil se explica cuando recordamos el impacto que produjo en el niño Cernuda cierto libro ilustrado de mitología griega.

Hablando de *Ocnos* llamé la atención del lector sobre el poema en prosa «La eternidad». Se recordará que, enfrentado por un lado con el no ser y por el otro con la muerte, el poeta afirmaba que habría preferido volver al primero. Este poema en prosa es esencial para comprender el único poema de la serie mencionada que se refiere a una «infancia» distinta a la del propio poeta. Me refiero al poema XIV titulado «Eras tierno deseo» cuando, por primera vez, apareció en *El Sol* el 26 de mayo de 1933. Como el deseo había conducido a la Caída («Inocencia primera / Abolida en deseo», [*RD*, 210]), ahora hasta sus primeras incitaciones inocentes son sospechosas, y el poeta apostrofa, en el poema XIV, a una fase del deseo aún más pura, una inocencia aún más absoluta que la suya propia. Aunque no hay referencia más explícita que la dedicatoria —rara en Cernuda— a Concha Méndez y Manuel Altolaguirre, dicho poema conmemora la vida —unos minutos, quizá— de un hijo que les nació a estos amigos del poeta.[9] Juan Altolaguirre había cruzado apenas el umbral de la vida cuando murió, ejemplificando para el poeta una especie de pureza absoluta, inocencia y virtualidad que su propia infancia, contemplada después de la Caída, no podía ejemplificar. Esto es lo que da al poema su lugar y conexión en la serie. El niño se sostuvo delicadamente en equilibrio entre la vida y la muerte por espacio de unas horas, realizando lo que a Cernuda le parecía un ideal de existencia.

> Eras tierno deseo, nube insinuante,
> Vivías con el aire entre cuerpos amigos,
> Alentabas sin forma, sonreías sin voz,
> Dejo inspirado de invisible espíritu

> *RD*, 212.

9. En una copia mecanografiada de este poema que se conserva en la biblioteca Juan Guerrero Ruiz vemos la siguiente anotación: «Escrita a 17 de marzo de 1933, fecha del nacimiento y muerte de Juan Altolaguirre». La letra es del difunto Juan Guerrero Ruiz.

En las siguientes estrofas se comparan con la del niño las vidas de los «caídos»:

> Nuestra impotencia, lenta espina,
> Quizá en ti hubiera sido fuerza adolescente;
> No dolor irrisorio ni placer egoísta,
> No sueño de una vida ni maldad triunfante.
>
> Como nube feliz que pasa sin la lluvia,
> Como un ave olvidada de la rama nativa,
> A un tiempo poseíste muerte y vida,
> Sin haber muerto, sin haber vivido.

RD, 212-213.

El poeta había solicitado antes «la muerte más leve», pero el niño es una «leve ausencia».

> Tu leve ausencia, eco sin nota, tiempo sin historia,
> Pasando igual que un ala,
> Deja una verdad transparente;
> Verdad que supo y no sintió,
> Verdad que vio y no quiso.

RD, 213.

«Donde habite el olvido» termina con un cambio de perspectiva anunciado en «Los fantasmas del deseo».

> Nimbos de juventud, cabellos rubios o sombríos,
> Rizosos o lánguidos como una primavera,
> Sobre cuerpos cobrizos, sobre radiantes cuerpos
> Que tanto he amado inútilmente,
> No es en vosotros donde la vida está, sino en la tierra,
> En la tierra que aguarda, aguarda siempre
> Con sus labios tendidos, con sus brazos abiertos.

RD, 217.

El libro siguiente, «Invocaciones», originalmente «Invocaciones a las gracias del mundo», despliega nueva búsqueda de un objeto del deseo menos devastador: «Tierra, tierra y deseo. / Una forma perdida» (RD, 218). Pero la «tierra» no es un paisaje sin figuras. No obstante, la actitud del poeta ante estas figuras es de adoración y no de amor físico. Por otra parte, las figuras son emanaciones del mundo natural, dioses y espíritus de la tierra y del mar. Con todo, incluso aquí aparece el niño metafóricamente de cuando en cuando.

> Y entonces la vida abrió los ojos sin malicia,
> Con absorta delicadeza, como niño reciente.
>
> _RD, 229._

> Blasfemando lleno de dicha ignorante,
> Igual que un niño cuando entona su plegaria...
>
> _RD, 230._

> Reclamando un abrigo para el niñito encadenado bajo el sol
> [divino...
> _RD, 232._

Pero hasta «Como quien espera el alba», que contiene poemas contemporáneos de _Ocnos,_ no vuelve a los poemas el tema de la infancia. El hecho de que la infancia fuera el preludio de la Caída no oscurece ya la visión que de ella tiene el poeta. A través de una serie de tentativas interrogaciones, como en «Juventud», el poeta evoca el Edén de su infancia y a sí mismo como único inquilino de aquel Edén: un mundo de inocencia virgen, aún no puesta a prueba.

> ¿Es más bella la hoja
> Verde, que su deseo?
> ¿Luz estival de oro,
> O nimbo de embeleso?

Mejor que la palabra,
El silencio en que duerme.
No la pasión: el sueño
Adonde está latente.

Al ser irreductible,
La nube primitiva
Prefiere; las futuras
Criaturas divinas.

Esa indecisa gracia
Tan pura es la fuente,
No el mar; y esa sonrisa
Que al amor antecede.

No el arco triunfante
De meta conseguida:
La iniciativa misteriosa
Y eterna de la vida.

RD, 326-337.

Cada una de estas estrofas va considerando una «realización» distinta y rechazándola por la serena virtualidad de donde procede como de su semilla. El efecto contrapuntístico es el utilizado en los poemas en prosa de *Ocnos*. En «Tierra nativa», como en tantos de los poemas en prosa, el murmullo del agua y la pureza de la luz constituyen los núcleos para una evocación de los fragmentos del Jardín que ha hecho añicos el tiempo.

El susurro del agua alimentando,
Con su música insomne en el silencio,
Los sueños que la vida aún no corrompe,
El futuro que espera como página blanca.

RD, 330.

Así como en la infancia éste era en exclusiva su mundo («Sentía como si él mismo hubiese obrado el milagro de dar vida... tal un dios...» [*O, 554*], ahora que es poeta, empleando el mecanismo de la memoria y la evocación activa, es posible de nuevo la posesión, a despecho esta vez de la acción destructiva del tiempo. Esto es lo que sugiere la siguiente proposición retórica en la segunda edición de *Ocnos:* «La misma palabra recuerdo, ¿designa toda la emoción intemporal de un evocar que sustituye lo presente en el tiempo con un presente suyo sin tiempo?» (*O* 2.ª ed., 606). «Primavera vieja» es otra de estas memorias o evocaciones, en la que el poeta («un fantasma / Que vuelve») retorna a un compás sevillano, evidencia él mismo de que el sueño del niño no podía ser realizado.

En relación con lo que antes dijimos sobre la soledad como contrapartida en el adulto del ensueño o embelesamiento del niño, a este mecanismo de la memoria —lo que Cernuda llama *mirada interior*— podemos verle representar un papel supremo en el mundo del poeta. La soledad era la defensa del poeta contra las esperanzas del amor; ahora, con el progreso de la edad y cara a cara con la muerte, la memoria representa un papel comparable, y la soledad ya no es una defensa, sino una condición inherente de la existencia. Dentro de este contexto, el poema «El retraído» desarrolla la idea del poema en prosa «La soledad» donde Cernuda indirectamente se clasificaba a sí mismo con los *contempladores*. El poeta con sus recuerdos es como un niño jugando.

> Como el niño jugando
> Con desechos del hombre,
> Un harapo brillante,
> Papel coloreado o pedazo de vidrio,
> A los que su imaginación da vida mágica,
> Y goza y canta y sueña
> A lo largo de días que las horas no miden,
> Así con tus recuerdos.

RD, 399.

Como la proteica imaginación del niño rige su mundo, así los recuerdos, elementos los menos tangibles de la vida, son menos corrompidos por ser más interiores, y por lo tanto más fácilmente controlados también por el adulto. Así, de un modo casi literal, la mente asume la función controladora que ejercía el medio circundante del Jardín en la infancia. La interioridad de los recurdos asegura su perfección.

> Sólo tienen la forma prestada por tu mente,
> Existiendo invisibles para el mundo
> Aun cuando el mundo para ti lo integran.
>
> *RD,* 399.

Sólo el amor físico («aquel ángel terrible») era capaz en otro tiempo de destruir esta interioridad solipsista, y en «Como quien espera el alba» (1941-44) y «Vivir sin estar viviendo» (1944-49), parece ya una cosa del pasado. El hedonista se ha convertido en un anacoreta.

> Esperan tus recuerdos
> El sosiego exterior de los sentidos
> Para llamarte o para ser llamados,
> Como esperan las cuerdas en vihuela
> La mano de su dueño, la caricia
> Diestra, que evoca los sonidos
> Diáfanos, haciendo dulcemente
> De su poder latente, temblor, canto.
>
> *RD,* 400.

En estas condiciones, la brecha entre *realidad* y *deseo* puede curarse, aproximándonos al estado extático de la infancia, aun cuando el poeta no es un soñador, sino más bien un «morador de entresuelos». Hasta la misma muerte, en estas condiciones, no sería más que embeleso extático y evocación.

Si morir fuera esto,
Un recordar tranquilo de la vida,
Un contemplar sereno de las cosas,
Cuán dichosa la muerte,
Rescatando el pasado
Para soñarlo a solas cuando libre,
Para pensarlo tal presente eterno,
Como si un pensamiento valiese más que el mundo.

RD, 400.

Supremo entre los atributos de la memoria es el de experimentar cualquier fragmento del pasado como presente eterno, posible porque un pensamiento —y Cernuda halló base para esta idea en Blake y en San Juan de la Cruz— vale más que el mundo.[10]

En «Escultura inacabada», también de «Vivir sin estar viviendo», y basado en el David de Miguel Ángel (el David Apolo), Cernuda torna de nuevo a un tratamiento directo de la infancia y la adolescencia como pura virtualidad. El interés de Cernuda en esta particular estatua es doble; primero, representa una hermosa figura de adolescente desnudo; y segundo, la figura está sin acabar, es decir, no liberada por entero de su estado latente en el bloque de mármol. En términos cernudianos, todavía tiene ambos pies en el Edén. Y es contrapartida artística del niño muerto, Juan Altolaguirre, que inspiró la elegía de «Donde habite el olvido». Uno y otro nacieron y sin embargo fueron milagrosamente salvados de la corrupción. Ni que decir tiene que la adolescencia de la estatua, realizada a medias, está en consonancia con la nostalgia que Cernuda siente por la pureza de su propia juventud. En otro nivel, la estatua puede considerarse también como un símbolo del quehacer poético del poeta, que preserva la belleza

10. Luis Cernuda, *Pensamiento poético en la lírica inglesa (siglo XIX)* (Méjico, 1958), p. 33.

de la adolescencia, como en «El águila» y «El elegido», antes
de que pueda ser corroída por la edad.

> Sorprendido, ah, sorprendido
> Desnudo, en una pausa,
> Por la selva remota,
> Traspuesto el tiempo.
>
> Adherido a la tierra
> Todavía, al tronco
> Y a la roca, en la frontera
> De infancia a mocedades.
>
> Es el instante, el alba
> Pura del cuerpo,
> En el secreto absorto
> De lo que es virgen.
>
> Reposo y movimiento
> Coinciden, ya en los brazos,
> El sexo, flor no abierta,
> O los muslos, arco de lira.
>
> Por el dintel suspenso
> De su propia existencia,
> Se mira ensimismado
> Y a sí se desconoce.
>
> Dentro, en el pensamiento,
> Escucha a su destino,
> Caída la cabeza,
> Entornados los ojos.
>
> Calla. Que no despierte,
> Cuando cae en el tiempo,
> Ya sus eternidades
> Perdidas hoy.

RD, 424-425.

La estatua sirve a Cernuda como símbolo perfecto del total complejo de sus ideas, sentimientos e instituciones acerca de su propia inocencia infantil e inmaculada adolescencia. Y como el poema es recapitulación de los temas inherentes a la visión cernudiana del niño, vale la pena arriesgarse a una paráfrasis, por más que nos parezca una herejía, ya que será un modo de echar una ojeada retrospectiva y general sobre el presente capítulo. En la primera estrofa se considera al David como sorprendido en la temprana adolescencia e inmovilizado en ese período de su vida. El tiempo es traspuesto, ya que la belleza de David nunca será corroída por el envejecimiento. La segunda estrofa desarrolla la idea de la «selva remota». El David, en la frontera entre la infancia y la juventud, forma parte todavía del mundo natural (roca y tronco). Los atributos fundamentales, pureza e inocencia, de este alba del cuerpo, constituyen el tema de la estrofa tercera. Hasta aquí, la liberación del tiempo, el ser morador del Edén y la virginidad son las cualidades del David. La sexualidad humana, evocando la flor metafórica de los poemas surrealistas, es una flor no abierta: tal es el asunto de la estrofa siguiente. La estrofa quinta alude a lo que hemos denominado embelesamiento de soledad, que aquí no carece de insinuaciones de auto-erotismo, o al menos de auto-complacencia de Narciso. También en esta estrofa se halla la idea de ignorancia de la futura corrupción a que está sujeto el amor («Se mira ensimismado / Y a sí se desconoce»). Y, en la última estrofa citada, la exhortación a que no se despierte a la estatua del sueño de pureza paradisíaca, porque entonces caería en el tiempo, perdiendo su relación con la eternidad. Finalmente, hay un *stasis* en todo el poema que es propio tanto de la estatua en sí como del Edén de la infancia.

Queda por analizar un poema sobre la infancia de «Vivir sin estar viviendo». Mas para su comprensión será preciso volver, brevemente, a nuestro estudio de los poemas de amor de las secciones surrealistas. Indicaba yo allí que la atracción que el adolescente ejerce sobre el poeta era en realidad un anhelo de reconquistar su propia juventud física y pureza espiritual. Era también, a un nivel más profundo, el deseo de volver a ser uno y total, de recuperar la unidad del ser inherente al embelesamiento del niño. Ahora, en los diversos poemas de la sección que nos ocupa, en plena edad madura y en soledad, y sin la representación objetiva de su propia juventud en adolescentes dóciles a los deseos del poeta, la imagen objetiva de la juventud es sustituida por el recuerdo del propio ser del poeta como adolescente. Así, en «Viendo volver», existe un efecto de contrafigura, cuando el poeta provecto se acerca, como alejándose, a su antiguo ser juvenil. En este poema la pérdida de la juventud y del expectante arrobo de la infancia se dramatiza como irreparable.

> Así, con pasmo indiferente,
> Como llevado de una mano,
> Llegarías al mundo
> Que fue tuyo otro tiempo,
> Y allí le encontrarías,
> Al tú de ayer, que es otro hoy.
>
> Impotente, extasiado
> Y solo, como un árbol,
> Le verías, el futuro
> Soñando, sin presente,
> A espera del amigo,
> Cuando el amigo es él y en él le espera.

RD, 431.

La siguiente y penúltima sección de *La realidad y el deseo* debe ser considerada en relación con el descubrimiento de Méjico por parte de Cernuda. Esta sección, «Con las horas contadas», data de 1950-56, pero ya en 1949 había empezado el poeta a pasar en Méjico sus vacaciones de verano de Mount Holyoke. La experiencia de Méjico fue especialmente profunda por su carácter de re-descubrimiento del clima subtropical de sus primeros años en Andalucía, pues el exilio del poeta era no sólo político, sino climático. Mientras que para su amigo Emilio Prados el exilio había significado pasar de un país subtropical, católico e hispánico a otro, Cernuda había pasado los primeros diez años de su exilio en países nórdicos protestantes: Escocia, Inglaterra y Nueva Inglaterra. El clima —físico y emocional— de Méjico era tan semejante al de su Andalucía natal, que el poeta parecía haber hallado de nuevo una realidad externa, fiel reflejo de la imagen de España meridional que había llevado en su recuerdo durante el exilio. Así en el poema «El viajero»:

> Mira
>
> Desde una palma oscura
> Gotear las estrellas.
> Lo que ves, ¿es tu sueño
> O tu verdad? El mundo
>
> Mágico que llevabas
> Dentro de ti, esperando
> Tan largamente, afuera
> Surge a la luz. Si ahora
>
> Tu sueño al fin coincide
> Con tu verdad, no pienses
> Que esta verdad es frágil,
> Más aún que aquel sueño.

RD, 457-458.

En Méjico ahora, la fragancia de un cidro en flor evoca la fragancia de otras flores que le habían deleitado de niño en

Sevilla. Sólo la pura fragancia subsiste del sueño de inocencia de la infancia, así el título: «Lo más frágil es lo que dura».

> aroma
> Único y sin memoria
>
> De todo, sea la sangre,
> Amores o amistades
>
> En tu existir primero,
> Cuando cualquier deseo
>
> El tiempo pronto iba
> a realizarlo un día
>
> De aquel futuro...

RD, 468.

El poema de *alter ego* «Viendo volver» al que antes me refería sirve como preludio y contraste a la serie de dieciséis composiciones titulada «Poemas para un cuerpo». Allí, lejos ya del amor y en soledad, el poeta no tenía juventud a que volverse si no era la suya propia. «Poemas para un cuerpo», sin embargo, celebra el descubrimiento (y la pérdida) de otro objeto real de deseo que sustituye los recuerdos de amores anteriores, y atempera la nostalgia del poeta por su infancia. Aunque me ocuparé de estos poemas con más detalle en el capítulo sobre el amor, debido a la esencial y peculiar interrelación del amor y la infancia en la poesía de Cernuda, esta serie sirve también para ilustrar el presente capítulo. Pues el amor de «X», objeto de dichos poemas, no es en sentido profundo sino ese anhelo de objetivación de una prístina imagen del propio ser del poeta en su infancia, más el deseo de fusionarse con él, y una recuperación de todos los atributos concedidos a ese ser. En una palabra, este amor es un supremo ejemplo de esa nostalgia de la infancia que venimos observando a lo largo del presente capítulo. Sólo en este contexto pueden comprenderse los siguientes versos del cuarto poema:

> Bien sé yo que esta imagen
> Fija siempre en la mente
> No eres tú, sino sombra
> Del amor que en mí existe
> Antes que el tiempo acabe.
>
> *RD,* 472.

El resultado final y el provecho para el poeta, además de depararle inapreciables momentos de eternidad, ha sido un nuevo nacimiento que es asimismo un retorno a la inocencia de la infancia.

> Pero si deshiciste
> Todo lo en mí prestado,
> Me das así otra vida;
> Y como ser primero
> Inocente, estoy solo
> Con mí mismo y contigo.
>
> *RD,* 481-482.

En la última sección de *La realidad y el deseo* hay un canto a la infancia que casi podría considerarse una glosa poética sobre los textos centrales de *Ocnos.* Aquí, una vez más, la infancia es personal antes que objetiva. Las primeras estrofas descriptivas sitúan al niño, solitario y contemplativo, en los protectores confines de su cuarto. Ha terminado sus deberes para el siguiente día de escuela, y ahora se entrega a sus meditaciones.

> El colegio se aleja. Es ahora
> La tregua, con el libro
> De historias y de estampas
> Bajo la lámpara, la noche,
> El sueño, las horas sin medida.

Vive en el seno de su fuerza tierna,
Todavía sin deseo, sin memoria,
El niño, y sin presagio
Que afuera el tiempo aguarda
Con la vida, al acecho.

En su sombra la perla ya se forma.

RD, 3.ª ed., 492.

Como la estatua de David, el niño vive en un presente eterno, una *tabula rasa* sin pasado ni futuro. La aptitud para gozarse en el momento presente y plasmarlo en la poesía está ya sembrada en la perla, en el poeta como niño. Pues como la magnolia,[11] la perla es símbolo de la contemplación interior de la belleza, más hermosa por su aislamiento dentro de la concha.

4. EL EDÉN RECONQUISTADO

Este capítulo debe terminar como empezó, con los poemas en prosa, pues en *Variaciones sobre tema mexicano* (1952), como en los poemas de «Con las horas contadas», una parte no despreciable del impulso creador dimana del descubrimiento emocional e intelectual de una imagen de Andalucía reflejada en el paisaje de Méjico. Tanto coinciden las dos imágenes que el poeta no está seguro de si el mundo en que se goza es real o simplemente una continuación del ensueño de su infancia. Tal era el tema de «El viajero» de «Con las horas contadas»; y éste es también el tema del poema en prosa «Ocio»:

Veamos. El mundo sensual, marino, soleado, donde por unas horas crees vivir, ¿es real? ¿No es un sueño

11. Véase «El magnolio» (*O, 571*).

inconcluso de tu juventud, que todavía persigues a lo largo de la vida? Aunque ese mundo fuera real, ¿sería el tuyo propio? Bien está hacer el amor, nadar, solearse, pero ¿podrías vivir así el resto del tiempo? Sé lo que vas a decir: ese mundo, sea o no real, es bastante. No hacer nada es para ti actividad bastante. (*VTM, 638.*)

En Méjico, como en la Andalucía de la infancia, vuelve a ser posible la experiencia del momento como presente eterno, y nuevamente el símbolo de esta perfección es la perla. Aparece en el poema en prosa «Alborada en el golfo».

La mañana crece, y nadie todavía. El mundo es esto: sol, arena, agua. Soledad y tiempo lo habitan, y nada más. ¿Tú? Tú eres su pensamiento circunstancial, hijo de esa soledad bien hallada y ese tiempo demorado. Pausa.

Vivir siempre así. Que nada, ni el alba, ni la playa, ni la soledad fuesen tránsito para otra hora, otro sitio, otro ser. ¿La muerte? No. La vida todavía, con un más acá y un mas allá, pero sin remordimientos ni afanes.

Y entre antes y luego, como entre sus dos valvas la perla, este momento irisado y perfecto. Ahora. (*VTM, 649.*)

En Méjico, el anhelo de volver a fusionarse con la perdida imagen de sí mismo —de hacerse uno y total— que era el tema de los poemas en «Vivir sin estar viviendo», puede satisfacerse porque otra vez, como en la infancia, no existe disparidad entre satisfacción y apetencia, entre *realidad* y *deseo*. Con el poema en prosa «El patio» termina este capítulo y la búsqueda de la imagen perdida de la infancia. En «El patio», «en tierra bien distante, pasados los mares», el poeta errante encuentra «un rinconcillo andaluz». Es el Paraíso de antes de la Caída reconquistado, donde el viajero retorna, pródigo, a abrazar al niño en el Edén, y a volver a ser ese niño. El Edén es al mismo tiempo evocado y reconquistado.

Viendo este rincón, respirando este aire, hallas que lo que afuera ves y respiras también está dentro de ti; que allá en el fondo de tu alma, en su círculo oscuro, como luna reflejada en agua profunda, está la imagen misma de lo que en torno tienes: y que desde tu infancia se alza, intacta y límpida, esa imagen fundamental, sosteniendo, ella tan leve, el peso de tu vida y de su afán secreto.

El hombre que tú eres se conoce así, al abrazar ahora al niño que fue, y el existir único de los dos halla su raíz en un rinconcillo secreto y callado del mundo. Comprendes entonces que al vivir esta otra mitad de la vida acaso no haces otra cosa que recobrar al fin, en lo presente, la infancia perdida, cuando el niño, por gracia, era ya dueño de lo que el hombre luego, tras no pocas vacilaciones, errores y extravíos, tiene que recobrar con esfuerzo. (*VTM*, 648-49.)

CAPÍTULO IV
Los cambios del amor: un espejo de la eternidad

> Al amor no hay que pedirle sino unos instantes, que en verdad equivalen a la eternidad, aquella eternidad profunda a que se refirió Nietzsche.[1]
>
> Luis CERNUDA

> Ésa es la monstruosidad del amor, señora, que la voluntad es infinita, y la obra esclava de lo finito.
>
> SHAKESPEARE
> *Troilo y Crésida.*
> (Trad. de CERNUDA)

EN SU LIBRO sobre la poesía española contemporánea, Luis Cernuda lamenta el hecho de que los críticos literarios hayan prestado insuficiente atención a «las mutaciones del sentimiento amoroso, o del deseo diferenciado del amor, en las distintas épocas literarias». Aparece esta observación en el capítulo sobre Salvador Rueda, un poeta que, según Cernuda, no fue especialmente importante salvo en una cosa: su concepción del amor:

> Para Rueda el amor o el deseo son una urgencia de todo el ser, la cual reivindica su derecho a realizarse, como forma suprema que para él es de la vida; más aún: el deseo, el sexo, es la vida. Sólo por esa franqueza, por haber dicho lo que aún tratan de silenciar siglos de hipocresía, merece algún recuerdo.[2]

1. *Poesía...*, p. 279.
2. *Estudios...*, p. 78.

Es evidente que aquí Cernuda habla de un espíritu afín al suyo, y que el parentesco se basa en una similitud entre las actitudes de ambos poetas hacia el amor y la correspondiente importancia del mismo en su poesía. Conviene observar, sin embargo, que este parentesco es quizá menos real que imaginario, puesto que Cernuda comienza el pasaje anterior hablando de «el amor o el deseo» pero concluye descartando totalmente el amor a favor de un término más afín con su sentir personal, a saber, «deseo». Y este cambio en el énfasis semántico no es sino una faceta de la singularidad de los poemas de amor que constituyen el tema de este capítulo. Cuando Cernuda condena la miopía de los críticos al tratar de «las mutaciones del sentimiento amoroso», facilita una clave importante para la comprensión de sus propios poemas de amor, pues inmediatamente añade: «a lo más se habla de 'petrarquismo' al referirse al amor entre los poetas renacentistas, y eso es todo».[3] A mi juicio, la inferencia es clara. Para entender los poemas amorosos de Cernuda deben considerarse, no en el contexto de la poesía contemporánea —muchísimo menos la escrita por la generación española del 27— sino más bien sobre el telón de fondo de la poesía de amor platonizante del Renacimiento. Como una lectura de los poemas de amor de *La realidad y el deseo* pone de relieve, no son Salinas, Guillén ni Lorca los verdaderos contemporáneos de Cernuda, sino más bien Shakespeare en los Sonetos y «The Phoenix and the Turtle», Miguel Ángel en sus Sonetos, y los metafísicos ingleses, especialmente el John Donne de «A Valediction» y «The Extasie», y Marvell, cuya «Definition of Love» ha traducido Cernuda.

En realidad, parece decir Cernuda, Petrarca no basta; y lo mismo que Donne —ese gran antipetrarquista—, ha rehuido el sentimentalismo del amor y ha pasado directamente por la

3. *Ibid.*, pp. 77-78.

carne, sin rodeos. Tal es la razón de que hable más de deseo que de amor; lo mismo que para Rueda («el deseo, el sexo, es la vida»), rige para Cernuda. En ninguna otra parte se expone más inequívocamente la idea que en el siguiente pasaje del poema en prosa «El acorde»: «En otra ocasión lo has dicho: nada puedes percibir, querer ni entender si no entra en ti primero por el sexo, de ahí al corazón y luego a la mente».[4] Por supuesto, Cernuda emplea el término «amor», y con frecuencia, como haré yo en este capítulo, pero poniendo el acento en el «deseo» pretende despojar al amor de sus acostumbradas connotaciones románticas, reduciéndolo a su naturaleza puramente erótica a fin de exaltarlo luego y volverlo a definir a su manera. Por consiguiente, en toda *La realidad y el deseo* el significado del concepto «deseo», su cáracter, es una constante, y es el término «amor», el que cambia y asume sentidos más profundos conforme la experiencia que de él tiene el poeta va siendo más claramente enunciada.

Escrita en el transcurso de treinta años, la poesía de amor de Cernuda pasa a ser, cuando se la considera como un todo, un registro infinitamente humano de su progresiva «definición del amor». Más que una serie de efusiones para con el ser amado, constituye una serie de meditaciones sobre el sentido y la importancia del amor. Y como mi propósito es examinar la poesía de amor en función del tema central, la abordaré analizando los puntos más destacados del recorrido del poeta hacia su definición final del amor. Por esta razón tanto la primera como la segunda sección de *La realidad y el deseo,* «Primeras poesías» y «Égloga, elegía, oda», las pasaré por alto con sólo un breve comentario. No obstante, son importantes, especialmente la «Oda», porque anticipan la manera característicamente cernudiana de considerar al Amado. Pero

---

4. Luis Cernuda, *Caracola,* núm. 67 (mayo, 1958). I. en *Ocnos,* 3.ª edición aumentada, p. 193.

nuestro análisis propiamente dicho de la poesía de amor comienza con los poemas surrealistas que señalan la primera
confrontación poética de Cernuda con objetos de su poesía
de amor en sentido convencional. Pero con las declaraciones de
su «amor prohibido» en «Un río, un amor», «Los placeres
prohibidos» y «Donde habite el olvido» vienen también sus
primeras aserciones acerca de la índole metafísica de ese
amor. Es de vital importancia tener en cuenta estas primeras
«aserciones» porque muestran que lo que Cernuda leyera de
Shakespeare y los metafísicos ingleses después de trasladarse a
Inglaterra en 1938 confirmaba más que iniciaba su interés en
la tradición de la poesía de amor platónico. También es probable que su enseñanza universitaria en Gran Bretaña renovara y ahondara su relación con la poesía de amor platónica y
metafísica de Francisco de Aldana, al mismo tiempo sagrada
y profana. «Invocaciones», el último libro del período español de Cernuda, es importante para nuestro estudio porque
recapitula las intuiciones sobre el amor que aparecen en la
«Oda» y al mismo tiempo apunta hacia las maduras meditaciones sobre el amor que tanto abundan en las restantes secciones
de *La realidad y el deseo*. Una vez que hayamos trazado el
desarrollo de la definición cernudiana del amor, será fácil
situarle en la tradición a que propiamente pertenece.

Ya se ha hecho mención en el capítulo precedente del
modo en que aplica Cernuda el Edén, la edad de la inocencia y
la Caída al configurar el «mito de su existencia». Pero estos
eran elementos de la fábula de la infancia, construcciones artísticas sobrepuestas a sus primeros años desde la ventajosa
posición de 1942. Cuando empezó Cernuda a escribir sobre
el amor es dudoso que conociera ninguna tradición particular
que se acomodase a su amor homosexual. Lo único que tenía a
mano era, como hemos visto, la mitología griega. Y de esta
tradición, tan infaliblemente como si hubiera previsto la evolución completa de su poesía de amor, seleccionó —tal vez se

vio compelido a ello— dos «personajes» mitológicos: Narciso[5] y Venus.

Como dos estrellas en conjunción, ambas figuras aparecen en el primer libro de poemas de Cernuda, *Perfil del aire*. Juntamente, alternando en importancia, proporcionan símbolos para las dos facetas, independientes y no obstante relacionadas, de la poesía de amor de Cernuda. Esto es exacto si hacemos una sola puntualización: que cuando el poema de *Perfil del aire* en que Venus aparece fue reelaborado para la primera edición de *La realidad y el deseo,* Venus la diosa se transformó en Eros el dios.

Antes de proseguir con los poemas examinemos las razones que han podido conducir a la espontánea elección de estas dos deidades. Dos de las razones más importantes ya se apuntaron en los capítulos II y III, pero como también atañen al presente capítulo no estará de más una ojeada retrospectiva. Primero, por su importancia, estaba el tema de la separación que resultaba de la Caída en el mundo —tras el destierro del Edén que es la infancia—: un modo de ser que describía yo como la experiencia de la soledad ontológica, de haber sido arrancado y separado de la Unidad de la Creación. Además, como vimos en nuestro análisis de la poética, esta separación era aún más radical de lo que al principio parecía, puesto que acarreaba no la simple soledad, sino un angustioso sentimiento de ser incompleto, mejor explicado con la referencia al mito platónico de los medios-seres, que a fin de lograr la felicidad fueron condenados por Zeus a buscar por todas partes sus perdidas mitades y a juntarse con ellas. En segundo

5. No hay por qué insistir sobre ésta o la otra fuente particular en cuanto a la utilización del mito de Narciso, aunque tanto Mallarmé como Gide, a quienes Cernuda había leído ya en 1927, deben ser mencionados. Aún más pertinente es la mención de Garcilaso: su «Égloga II» suministra un prototipo para el Narciso de Cernuda en la figura de Albanio, cuyo nombre adopta Cernuda como propio en *Ocnos.*

lugar, también apunté en el capítulo sobre la infancia que la atracción que el adolescente ejercía sobre Cernuda se daba fundamentalmente en función de la nostalgia del poeta por su propia infancia y juventud: esta última, uno de los valores supremos en el mundo de los poemas.

Ahora, en el modo que atañen al presente capítulo, ambas ideas tienen su común fundamento en la verdad poética de la fábula de Narciso. Veamos qué luz arroja esta fábula sobre la naturaleza del amor cernudiano. Primero tenemos la indubitable analogía entre el ser incompleto —el ser a medias— del ego en los poemas de Cernuda y el hecho de que Narciso sea, en realidad, dos personas, o al menos eso cree él al descubrir su imagen en un remanso de aguas. Y el deseo de Narciso por su imagen —el anhelo de hacerse uno con ella— tiene su contrapartida directa en el deseo de Cernuda por los adolescentes («Cuando tenemos afecto a una criatura, queremos ser como esa criatura, queremos *ser* esa criatura»). A este fenómeno se refiere Cernuda cuando Don Míster, en su cuento «El indolente», explica su amor por el chiquillo, Aire. Don Míster dice al narrador:

> Es curioso. Aire me hacía el efecto de un cristal, un cristal donde yo mismo me viese reflejado. Pero en aquel reflejo era yo más joven, más fuerte, más sereno, como si mi imagen se hubiese fijado al fin, haciéndola definitiva la eternidad.[6]

Así, como ya hemos visto a propósito de la infancia, uno de los más altos valores del amor es que constituye un medio para lograr la unión con la propia juventud perdida. En el acto del amor queda mitigada la angustia de ser sólo mitad; Narciso se hace uno con su propia juventud eterna (Narciso es el *puer aeternus* por excelencia), con un reflejo de lo que él

6. *Tres...*, p. 51.

siente como su propio ser: la imagen en el remanso. El otro supremo valor del amor para Cernuda es que el amor es el más importante vehículo de eternidad, humanamente accesible. El amor es no solamente, debido al carácter del amor cernudiano, una negación de la edad; es asimismo una experiencia que, en su más intensa manifestación, libera universalmente al hombre, no sólo de sí mismo *(ekstasis),* sino del mundo en tanto que limitado por el espacio y el tiempo. Es un espejo de la eternidad, aunque imperfecto. Y esto es así porque, como Troilo dice a Crésida en la obra de Shakespeare: «el deseo es infinito y el acto esclavo del límite».

A pesar del supremo valor del amor, o más bien por su causa, Cernuda es el poeta del amor incompleto y angustiado, especialmente en los poemas centrales. Nunca puede Narciso, sino es momentáneamente, hacerse uno con su propio ser reflejado, como tampoco puede existir el amor ordinario donde el ser amado, el objeto del amor, no es más que una proyección del amante. Aun cuando el amor es el único medio de penetrar la soledad ontológica, es tan sólo un vislumbre de la eternidad, y ningún mortal objeto de ese amor puede corresponder nunca plenamente a la magnitud del deseo del poeta. Por esta razón, el efecto acumulativo de los poemas de amor en *La realidad y el deseo* es que va trazando la búsqueda espiritual de un amor perfecto y un «amigo perfecto» conforme al arquetípico *Fair Youth* de los sonetos de Shakespeare. Además, esa misma búsqueda define también una concepción cada vez más metafísica del amor, una concepción que acerca progresivamente a Cernuda a los metafísicos ingleses y a los platónicos florentinos que tanto influyeron en Aldana. Y aquí es más estrecho su parentesco con Donne y con Aldana, su predecesor español. No fue la casualidad la que indujo a Cernuda a traducir *Troilus and Cressida* de Shakespeare, pues cuando no es una mera labor mercenaria, la traducción siempre revela afinidad. «El querer es infinito», y «el querer» *(will)* para el isabelino significa

«deseo sexual». Troilo y Cernuda comparten la misma ambición quijotesca,[7] como veremos.

I. LA BÚSQUEDA DEL AMADO

Por extraño que parezca, el primer libro de poemas de
Cernuda, *Perfil del aire,* ha dejado de existir. Aunque aparece
en *La realidad y el deseo* como «Primeras poesías», no hay un
poema que no haya sido alterado; son muchos los poemas
excluidos, y por lo menos uno importante ha sido añadido.[8]
Nueve de los poemas originales han sido descartados porque o
bien el poeta los juzgara flojos o por su demasiada semejanza
con los poemas de Guillén. El hecho es que *Perfil del aire* fue
reelaborado por el poeta desde la ventajosa posición de 1935-
36 cuando preparaba toda su poesía para publicarla bajo su
título actual. Así, «Primeras poesías» es el resultado de una
poda y un arreglo de *Perfil del aire* para adaptarlo al nuevo
título. En general se conserva la misma temática, pero la importancia del libro se centra ahora en torno al advenimiento
del deseo. Su principal enfoque es la conciencia cada vez más
clara de las limitaciones impuestas al Edén de la infancia: el
Jardín de los poemas en prosa de *Ocnos* se ha convertido en
prisión. Para ilustrar la reelaboración de estos poemas a fin de
adaptarlos a la concepción de *La realidad y el deseo,* compare-
mos un poema tal como aparece en ambos libros:

7. Franklin M. Dickey emplea la expresión «Quixotic ambition» hablando de Troilo (*Not Wisely But Too Well: Shakespeare's Love Tragedies,* San
Marino, California, 1957, p. 126).
8. *Perfil del aire* (1927) contenía 29 poemas, de los cuales sólo 23 se
incluyen en «Primeras poesías», primera sección de *La realidad y el deseo.*
Por lo demás, uno de los 23 poemas (VII; *RD,* p. 111-12) se publicó
antes en *La invitación a la poesía* (1933).

A

El divorcio indolente.
Ya la quietud se brinda.
Mullendo está la sombra
la blancura inaudita.

Si los sentidos nuevos
al presente se abren,
temprano es para el gozo:
que no amanece nadie.

Y las músicas van
a endulzar el antaño.
¿Qué mano detendría
el sonido acordado?

La almohada no abre
los espacios risueños,
pero da la certeza
de que existen más lejos.

El tiempo en las estrellas,
desterrada la historia.
Los sentidos se duermen
aguardando sus bodas.[9]

B

Desengaño indolente
Y una calma vacía,
Como flor en la sombra,
El sueño fiel nos brinda.

Los sentidos *tan jóvenes*
Frente a un mundo se abren
Sin goces ni sonrisas,
Que no amanece nadie.

El afán, entre muros
Debatiéndose aislado,
Sin ayer ni mañana
Yace en un limbo extático.

La almohada no abre
Los espacios risueños;
Dice sólo, voz triste,
Que alientan allá lejos

El tiempo en las estrellas.
Desterrada la historia.
El cuerpo se adormece
Aguardando *su aurora.*

RD, 108-09.

En ambas versiones, el escenario es una alcoba al rayar el día
cuando el poeta abre los ojos y el mundo empieza a imponerse
a su conciencia despierta sólo a medias. En A el acontecimiento se describe en términos de una mañana concreta, pero en B
el hecho es también simbólico de la adolescencia del poeta,
que despierta. La tercera estrofa, donde se ha introducido el
cambio más importante, describe el momento de la adolescencia anterior a la Caída, de que tratamos en el capítulo III,

9. *Perfil del aire* (Málaga, 1927), pp. 12-13.

cuando el deseo no tenía objeto ni conciencia de su potencialidad. En la estrofa final «sentidos» se ha sustituido por
«cuerpo», físico y concreto, aguardando su aurora. No el
nuevo día de A meramente, sino el día de su auto-realiza-
ción como deseo oculto. En esta primera sección el poeta
languidece en un embelesamiento solipsista mientras la Naturaleza llama a sus sentidos como las ninfas a Narciso:
«Existo, bien lo sé, / Porque le transparenta / El mundo a
mis sentidos / Su amorosa presencia» (*RD*, 111). La Naturaleza ofrece un «acorde total», pero el poeta ya no es parte de
este acorde. Así, como ya observamos a propósito de la poética, la primera actividad del deseo naciente es un ansia de
reconciliarse con la naturaleza de la infancia, con el cosmos
materno de la Creación. Sin embargo, su desprendimiento
de la Creación es ya completo: «¿Qué ausencia, qué desvarío
/ A la belleza hizo ajena?» (*RD*, 122), y el poeta se encuentra solitario: «En soledad. No se siente / El mundo, que un
muro sella...;» (*RD*, 122). El poeta es ya como Narciso,
que ha descubierto su propia imagen y se ha enamorado,
suspendido entre «el acorde total» del niño en la naturaleza
y el despertar del deseo adolescente: «Se goza en sueño en-
cantado, / Tras espacio infranqueable, / Su belleza irreparable / El Narciso enamorado» (*RD*, 115). Además, ahora que
el poeta ya no es uno con la creación, no experimenta ya el
mundo como presente eterno. Al adquirir conciencia de sí
mismo como separado de la naturaleza también la adquiere
de que la naturaleza está sujeta a la fuerza destructora del
Tiempo. El mundo de las «Primeras poesías» es, por tanto,
un mundo que corre hacia su destrucción. Sólo el deseo del
poeta (y el poeta mismo) parece fuera del alcance del tiempo. Hay un poema en particular que lamenta la pérdida del
momento como presente eterno y señala un modo característico de luchar contra el Tiempo. Presentamos de nuevo ambas versiones, la de 1927 y la definitiva, del mismo poema:

A (1927)	B (1958)
¡Instante! Como pasado	*Eras,* instante, *tan claro.*
solemnemente se aleja.	*Perdidamente te alejas,*
Sólo el tiempo permanece	*Dejando erguido al deseo*
en distintas primaveras	*Con sus vagas ansias tercas*
. . . .	. . . .
Inasible todo. Ausentes	*Cuán lejano* todo. *Muertas*
las rosas que Ayer abriera.	*Las rosas que ayer abrieran,*
Pero queda su secreto	*Aunque aliente su secreto*
en las verdes alamedas.	*Por las verdes alamedas.*
Al sol tenderá la playa	*Bajo tormentas la playa*
sus soledades de arena.	*Será soledad de arena*
Venus, no nacida, yace.	*Donde el amor yazca en sueños.*
La tierra y el mar la esperan.[10]	*La tierra y el mar lo esperan.*

RD, 114-115.

La respuesta al Tiempo, característica como veremos, es más evidente en la versión A. El instante, y el mundo («las rosas que Ayer abriera») esperan el advenimiento de Venus para liberarse del Tiempo. La sugerencia es que, con la realización del deseo en el amor, el mundo puede volver a ser redimido como presente eterno, antes que como una sucesión de momentos fugaces y pasajeros. Pero, como Venus no ha aparecido todavía, la nota final de estos poemas es de soledad y constreñimiento; el poeta, que ya no es un niño, sino un adolescente que despierta a la realidad de la vida, empieza a preguntarse por el mundo de allende el Paraíso. En el poema sobre Narciso, que compendia toda la primera sección, Narciso se inclina sobre el remanso de agua espejeante: «Ya diamante azogado / O agua helada, allá desata / Humanas rosas, dilata / tanto inmóvil paroxismo. / Mas queda sólo en su abismo / Fugaz memoria de plata» (*RD,* 115-16).

En «Égloga, elegía, oda», escrito en 1927 y 1928, el poeta

10. *Ibid.,* pp. 29-30.

marca el paso en un limbo mitológico, pues el mundo real y el amor físico no entran en el universo de los poemas hasta la sección siguiente. En estos tres poemas, también métricamente convencionales, el poeta se limita a refundir y elaborar, con gran maestría técnica, temas ya tratados en «Primeras poesías». Específicamente, los tres ingredientes del poema «¡Instante! Como pasado» —el deseo de inmovilizar el instante fugaz, la representación simbólica del momento en la Naturaleza («las rosas que Ayer abriera»), y el esperado advenimiento de Venus— son tratados ahora en diversas combinaciones. «Égloga» describe el mundo natural, que esta vez es un paisaje compuesto de la semireal, semi-imaginaria decoración de «L'Après-midi d'un Faune» de Mallarmé y del panorama andaluz en el mes de mayo. «Elegía» presenta el advenimiento no de Venus, sino de un dios mítico (Eros) humanamente deseable, y «Oda», plenamente orquestada, contiene los tres elementos y muestra el fracaso, en términos humanos y naturales, del tan esperado advenimiento de Venus, ahora Eros.

En «Égloga» no hay presencia mítica ni humana en absoluto. Sólo el agua narcisista y una rosa, que recuerda las «humanas rosas» de la décima de *Perfil del aire,* sugieren que la escena descrita pudiera ser un teatro de amor. Luego en «Elegía», aunque describe una visitación en sueños, el foco erótico del poema asume forma humana, inmiscuyéndose en el ensueño del poeta. En «Oda», la carrera hacia una figura tangible alcanza su culminación, pues aquí el dios que desciende *se torna* humano. La escena vuelve a ser un caluroso día de verano, como en la «Égloga», y el dios desciende del sol.

> Desde la luz, el más puro camino,
> Con el fulgor que pisa compitiendo,
> Vivo, bello y divino,
> Un joven dios avanza sonriendo.

RD, 135-136.

Luego el dios se transforma en un mortal, y en esta visitación y este desprendimiento de su divinidad, intensifica la belleza del mundo y la percepción que de la misma goza el poeta. El dios de luz aniquila el tiempo, expulsa las sombras: en una palabra, eterniza la naturaleza como el advenimiento de Venus había de hacer.

> La hermosura diáfana no vela
> Ya la atracción humana ante el sentido;
> Y su forma revela
> Un mundo eternamente presentido.

> *RD,* 137.

Luego, en un amoroso encuentro que recuerda el de Leda con el cisne, el dios se libera y no consiente ser retenido por el amor mortal («A su vigor tan pleno / La libertad conviene solamente...» [*RD,* 138]). En vez de ello, el dios en forma mortal se mete en el río cercano. Cuando el dios sale del río, «La luz, esplendor puro, / Cálida envuelve al cuerpo como amante» (*RD,* 139). La divinidad, transformada en mortal, sólo condesciende a aceptar las caricias del mundo natural: el agua del río y la luz del sol. Este poema termina, como la «Égloga», con la caída de la tarde, cuando el dios («Oh nuevo dios») retorna a sus dominios («la delicia purpúrea del cielo»). El mundo natural vuelve a su anterior estado de insensibilidad.

Al analizar los poemas de «Invocaciones» (1934-35), escritos muy poco antes de la publicación de la primera edición completa de la poesía de Cernuda, veremos una mitologización más acabada y total de las ideas expresadas en estos tres poemas, como en el anterior «Eras, instante, tan claro». Considerados juntamente, estos cuatro primeros poemas contienen en miniatura muchos de los temas «hölderlinescos» del último libro. El mundo natural de la «Oda» es prestada divinidad por la visitación de un dios inmortal que desciende de un cielo divino e inmutable. Esta figura que encarna la esencia divina es sensualmente atractiva, dando lugar a la amorosa descripción con que la favorece el poeta. Con arreglo a los símbolos mitológicos de estos poemas, el amor es ya, pues, de naturaleza trascendental, y está más allá de las aspiraciones de cualquier mortal. Además, las figuras semidivinas de «Invocaciones» —«El muchachillo andaluz» y «El joven marino»— están ya prefiguradas en las divinas criaturas de estos primeros poemas mitológicos.

2. LA CONFRONTACIÓN

En las tres secciones siguientes de *La realidad y el deseo* se da un brusco cambio de estilo, tono y contenido temático. De los poemas «Égloga», «Elegía» y «Oda» ha dicho Cernuda: «Unas palabras de Paul Éluard, "y sin embargo nunca he encontrado lo que escribo en lo que amo", aunque al revés, "y sin embargo nunca he encontrado lo que amo en lo que escribo", cifraban mi decepción frente a aquellas tres composiciones».[11] Y el efecto acumulativo de los dos primeros libros surrealistas es que explican exactamente lo que el poeta quiso decir con aquella declaración. El modo indirecto del poema surrealista permite a Cernuda tratar cada vez más abiertamente el conflicto entre el amor homosexual y el orden establecido de la sociedad. Los objetos de su amor, no disfrazados ya de dioses olímpicos, comienzan a mostrarse como lo que en realidad son: adolescentes, no distintos al «Aire» del cuento «El indolente» ya mencionado. La razón de la importancia temática del adolescente como objeto-de-amor ya se ha dado en el capítulo precedente. Para los propósitos del presente capítulo, no obstante, quisiera añadir únicamente que no hay individualidad alguna en las descripciones de estos objetos de la

11. *Poesía...*, p. 241.

admiración y el deseo del poeta. No se da nunca más que una descripción genérica de la juventud con sus acostumbrados atributos de elasticidad, piel morena, pelo rizado, gracia, vigor y ojos relampagueantes. No se debe esto a ninguna reserva por parte del poeta. La razón de esta ausencia de definición es simplemente que el poeta está enamorado de la Juventud, de configuraciones objetivas de sí mismo como adolescente, es decir, como eternamente joven. Por eso los poemas surrealistas describen no tanto un afecto particular del corazón como la propia angustia del poeta ante la pérdida del amor, así como ante su corrupción por y en el mundo. Y esto se hace contrastando el semi-real, semi-mítico Edén del amor, que ofrece una marcada semejanza con la costa malagueña, con una aterradora imagen de la Ciudad moderna. El mundo de los poemas precedentes era un mundo pastoril, y ahora en los poemas surrealistas el ideal bucólico primitivo es ampliado hasta incluir en su ámbito el paisaje del Amor. El Jardín, demasiado restrictivo para el poeta y el despertar de su deseo, es transformado en un Edén que incluye el amor «inocente» —un paisaje de sol, mar y arena— y que el poeta llama Sansueña. Sansueña, el nuevo ideal pastoril, es la antítesis de la Ciudad moderna con sus instituciones corruptoras y su sociedad corrompida, donde el amor, en opinión del poeta, es imposible.

Sin embargo en estos poemas hasta el amor es un don inconveniente. El título del primer libro, «Un río, un amor», [12] resume la fuerza destructora del amor. El amor es una fuerza violenta, anti-social que no tiene cabida en la Ciudad moderna. Por esta razón el amor es proyectado con frecuencia sobre lugares lejanos. El poema «Daytona» termina

12. El título de esta sección acusa una marcada semejanza con el de Éluard *L'Amour la poésie* (París, 1929). Cernuda tradujo seis poemas del libro de Éluard, publicados en *Litoral* (núm. 9 [junio, 1929], pp. 24-30) junto con un ensayo sobre el surrealista francés.

con el verso: «Mirad cómo sonríe hacia el amor Daytona». En
«La canción del oeste» se han desglosado los ingredientes de
un *western* norteamericano recomponiéndolos espontáneamente conforme a los dictados de un sentimiento de tristeza y
abandono que constituye el eje del poema. Pero al final, el
«tema básico» del poema, el correlato objetivo aparentemente
idóneo, queda descartado, y el lector se entera de que la imaginaria visión del Indómito Oeste no ha sido sino una imagen
de distancia que muestra la extranjería del amor, como en
«Daytona». He aquí la última estrofa:

> Olvidemos pues todo, incluso al mismo oeste;
> Olvidemos que un día las miradas de ahora
> Lucirán a la noche, como tantos amantes,
> Sobre el lejano oeste,
> Sobre el amor más lejano.

RD, 166.

En otros momentos un elemento natural como el mar simboliza la fuerza agresiva del amor con la cual se identifica
el poeta. El mar, con toda la inquietud de la adolescencia,
anhela penetrar en la Ciudad, pero no puede: su fuerza elemental no tiene sitio allí. Así en «No intentemos el amor
nunca»:

> Mas el mar se cansaba de esperar las ciudades.
> Allí su amor tan sólo era un pretexto vago
> Con sonrisa de antaño,
> Ignorado de todos.
>
> Y con sueño de nuevo se volvió lentamente
> Adonde nadie
> Sabe nada de nadie.
> Adonde acaba el mundo.

RD, 157.

Sobre este fondo conflictivo («Mas este amor cerrado por ver sólo su forma, / Su forma entre las brumas escarlata, / Quiere imponer la vida...» [*RD, 160*]) comienzan a surgir más referencias personales a la experiencia del amor en algún momento pretérito. Así, «No sé qué nombre darle en mis sueños» comienza con los versos: «Ante mi forma encontré aquella forma / En tiempo de crepúsculo, / ...Cuando el último amor / Busca el cuerpo postrero» (*RD, 160-161*). Y también en «Carne de mar», que lamenta la pérdida de un amado, pero reconoce que el amor continúa existiendo en otras formas. El amado es ahora «Carne de mar».

Sí, los cuerpos estrechamente enlazados,
Los labios en la llave más íntima,
¿Qué dirá él, hecho piel de naufragio
O dolor con la puerta cerrada,
Dolor frente a dolor,
Sin esperar amor tampoco?

El amor viene y va, mira;
El amor viene y va,
Sin dar limosna a nubes mutiladas,
Por vestidos harapos de tierra,
Y él no sabe, nunca sabrá más nada.

RD, 164.

Como si las referencias específicas a un particular amor perdido hubieran servido para sacar al poeta del anónimo, defínense ahora más claramente el cuadro de un mundo sin amor y el lugar del poeta en él. Vemos que con el amado «ahogado» vivir es estar a solas con la muerte». La Ciudad es la destructora de la inocencia y el libro termina con una nota plañidera por su destrucción.

3. LA DEFINICIÓN DEL AMOR

No hay mucha diferencia entre los últimos poemas de «Un río, un amor» y los de «Los placeres prohibidos» (1931). Sin embargo, el título proclama abiertamente que el amor que propugna el poeta es una amenaza para la sociedad, casi un acto de violencia política. El poeta acepta ahora resueltamente el título de *poète maudit*. En el primer poema del libro, «Diré cómo nacisteis», el poeta («Ya declaran tu espíritu impuro») reconoce su «amor prohibido» pero halla su justificación en la violencia y la destrucción ya inherentes a la sociedad. El contraste entre Sansueña —donde el amor del poeta era posible— y la Ciudad continúa sin alteración en «Los placeres prohibidos». Así, «Los marineros son las alas del amor»:

> Si un marinero es mar,
> Rubio mar amoroso cuya presencia es cántico,
> No quiero la ciudad hecha de sueños grises;
> Quiero sólo ir al mar donde me anegue,
> Barca sin norte,
> Cuerpo sin norte hundirme en su luz rubia.
>
> *RD*, 182.

Pero si el contraste entre los diversos climas del amor sigue siendo el mismo, no ocurre igual con la visión del amor, y el efecto del amor sobre el poeta se examina y define con filosófico distanciamiento.

En este punto el lector hará bien en recordar lo que anteriormente se dijo sobre la angustia de la separación y cómo, amputado de la Creación por la Caída, el sentimiento del poeta era de ser incompleto, de «ser a medias» («El deseo me llevaba hacia la realidad que se ofrecía ante mis ojos como si sólo con su posesión pudiera alcanzar certeza de mi propia vida»). En la experiencia del amor, tanto tiempo esperada, la posesión se ha logrado, si bien muy brevemente, pero ahora con el paso del amor («Ha pasado el huracán de amor...») la falta de totalidad es aún más agudamente sentida que antes. Tal es el significado de los dos versos siguientes de «Telarañas cuelgan de la razón». El mundo se describe como despojado de la vida:

> Porque alguien, cruel como un día de sol en primavera,
> Con su sola presencia ha dividido en dos un cuerpo.

RD, 175.

La experiencia del amor ha sido divisiva y así el poeta se aconseja a sí mismo empezar de nuevo:

> Ahora hace falta recoger los trozos de prudencia,
> Aunque siempre nos falte alguno;
> Recoger la vida vacía
> Y caminar esperando que lentamente se llene,
> Si es posible, otra vez, como antes,
> De sueños desconocidos y deseos invisibles.

RD, 175.

De nuevo el poeta es segregado de la Creación y la palabra «muro» reaparece tres veces en tres versos. Pocos poemas más adelante, en «No decía palabras», se afirma la infinita magnitud del deseo; el deseo «es una pregunta / Cuya respuesta no existe...», y se recuerda al lector que la búsqueda de que es testigo es una búsqueda imposible de un perfecto amor y un amado perfecto, el perfecto doble del poeta, su otra mitad:

> Una mirada fugaz entre las sombras,
> Bastan para que el cuerpo se abra en dos,
> Ávido de recibir en sí mismo
> Otro cuerpo que sueñe;
> Mitad y mitad, sueño y sueño, carne y carne,
> Iguales en figura, iguales en amor, iguales en deseo.

Aunque sólo sea una esperanza,
Porque el deseo es una pregunta cuya respuesta nadie sabe.

RD, 178.

El mundo es un valle de sombras y la existencia del poeta, una media existencia. Sin la unión con su otra mitad y posesión de ella es un prisionero en el mundo de sombras y sueños. El éxtasis del amor le hace completo y le levanta sobre el mundo temporalmente limitado.

Libertad no conozco sino la libertad de estar preso en alguien
Cuyo nombre no puedo oír sin escalofrío;
Alguien por quien me olvido de esta existencia mezquina,
Por quien el día y la noche son para mí lo que quiera,
Y mi cuerpo y espíritu flotan en su cuerpo y espíritu
Como leños perdidos que el mar anega o levanta
Libremente, con la libertad del amor...

RD, 180.

La experiencia del amor es re-creada y revivida en «Quisiera saber por qué esta muerte». El primer encuentro con su amado se describe en los mismos términos que la visitación celestial en la «Oda». El amado («Huracán ignorante, / Estrella que roza mi mano abandonada su eternidad») renunciaba a su inmortalidad y descendía a la tierra a redimir al poeta y al mundo de la oscuridad y del Tiempo.

Miraba los animalillos gozando bajo el sol verdeante,
Despreocupado de los árboles iracundos,
Cuando sentí una herida que abrió la luz en mí;
. . . .
Tan luminosa,
Que mis horas perdidas, yo mismo,
Quedamos redimidos de la sombra
Para no ser ya más
Que memoria de luz...

RD, 183-184.

La existencia presente del poeta no es más que un recuerdo de la visitación, pero eso basta para iluminar la oscuridad en que se mueve.

> Tu recuerdo, como el de ambos astros,
> Basta para iluminar, tú ausente, toda esta niebla que me
> [envuelve.
>
> *RD,* 188.

En el penúltimo poema de «Los placeres prohibidos», «Veía sentado», el poeta contempla el mundo con calma y distanciamiento; no sólo la experiencia del amor le ha dejado incompleto, también le ha privado de su identidad y ha tornado extraño para él su propio cuerpo. El poeta es literalmente un espíritu desencarnado que debe aguardar el retorno del amante ausente a fin de volverlo a integrar con su propio cuerpo. Hasta entonces el poeta debe ser al mismo tiempo el amor de ambos y su única configuración: su imagen.

> Veía al inclinarme sobre la verdad
> Un cuerpo que no era el cuerpo mío.
>
> Subiendo hasta mí mismo
> Aquí vive desde entonces,
> Mientras aguardo que tu propia presencia
> Haga inútil ese triste trabajo
> De ser yo solo el amor y su imagen.
>
> *RD,* 194.

La sección siguiente, «Donde habite el olvido», es una síntesis de los cuatro libros precedentes. En conjunto, los poemas de «Donde habite el olvido» son una valoración de la experiencia amorosa del poeta hasta el momento en que los escribe: cada una de las facetas de esa experiencia es examinada retrospectivamente. Como ya se observó en el capítulo sobre la infancia, esta sección compara la inocencia de la infancia y el no realizado ni experimentado ensueño de amor con los tristes y destructivos resultados del amor realizado en el mundo. El poeta anhela una existencia mínima donde la necesidad existencial de amor deje de atormentarle:

> Allá donde termine este afán que exige un dueño a ima-
> [gen suya,
> Sometiendo a otra vida su vida,
> Sin más horizonte que otros ojos frente a frente.
>
> *RD,* 201.

La soledad ontológica del poeta, su ser incompleto resultante de la caída del Edén, sólo puede aliviarse en la unión amorosa («Libertad no conozco sino la libertad de estar preso en alguien...» *RD,* 180]), pero como la experiencia efectiva nunca realiza plenamente la expectación, el poeta, a impulso del deseo, se ve arrastrado a amoríos que no tienen nada de ideales. Esto nos recuerda el «joven dios» de la «Oda».

> Esperé un dios en mis días
> Para crear mi vida a su imagen,
> Mas el amor, como un agua,
> Arrastra afanes al paso.
>
> *RD,* 202.

El poeta advierte que no está con respecto al amor en la misma posición que antes del advenimiento de Eros, el joven dios, y aparece la sugerencia de que debido a su magnitud trascendental el deseo no puede nunca ser satisfecho en esta vida terrena.

> Cuando la muerte quiera
> Una verdad quitar de entre mis manos,
> Las hallará vacías, como en la adolescencia
> Ardientes de deseo, tendidas hacia el aire.
>
> *RD,* 206.

Al amor se le reconoce ahora como un principio trascendental:

> No es el amor quien muere,
> Somos nosotros mismos.

RD, 210.

El poeta, caído desde el amor en el «mundo insaciable», existe en un limbo que no es ni vida ni muerte.

> Ya no es vida ni muerte
> El tormento sin nombre,
> Es un mundo caído
> Donde silba la ira.

RD, 207.

El símbolo del «muro» está presente en los cuatro libros de poesía analizados hasta el momento. Ha simbolizado, de diversos modos, el Jardín con sus límites, la llegada de las tinieblas y las restricciones impuestas por una sociedad hostil. En «Donde habite el olvido», sin embargo, la palabra tiene aún otro significado. Ya hemos visto cómo el amor perfecto debería ser al mismo tiempo de la carne y del espíritu. En el poema «El invisible muro», el muro es el propio cuerpo. La naturaleza metafísica del amor ideal se considera aquí como una unión de espíritu puro —la unión neoplatónica, alma-con-alma, de Aldana y los poetas metafísicos ingleses— para la que la carne constituye un impedimento. Así, la estrofa final:

> Un deseo inmenso,
> Afán de una verdad,
> Bate contra los muros,
> Bate contra la carne
> Como un mar entre hierros.

RD, 214.

Este aspecto metafísico es lo que el poeta sugiere con «la verdad de su amor» y con los siguientes versos del poema II de «Donde habite el olvido»:

> Sintiendo todavía los pulsos de ese afán,
> Yo, el más enamorado,
> En las orillas del amor,
> . . . .
> Deseando perdidamente
> Descender, como los ángeles aquellos por la escala de es-
> [puma,
> Hasta el fondo del mismo amor que ningún hombre ha visto.
>
> *RD*, 202.

Y tal es la razón de la angustia de amor. El abismo ontológico que separa a los amantes aun en el acto mismo del amor sólo puede salvarse haciéndose ambos literalmente uno, cosa que la dualidad física de sus cuerpos hace imposible. Ni siquiera el acto físico del amor puede borrar la sensación de «alteridad», de ser otro.[13] Por eso, como se ha llegado a un callejón sin salida y se ha reconocido como tal, «Donde habite el olvido» termina con una renunciación que sirve asimismo de transición para la sección siguiente. He aquí el último poema, «Los fantasmas del deseo», del que cito sólo la parte central.

---

13. De esta trágica experiencia de «la dualidad» hace Cernuda el tema de una extensa descripción en su cuento «El sarao», dos fragmentos del cual son especialmente esclarecedores: «Podían yacer juntos abrazados, y sin embargo ése era sólo un momento pasajero: ella quedaba siempre fuera de él, llevando consigo prendido, tal una flor o una joya, el amor de Lotario, y éste sentía el dolor vivo que le ocasionaba el desgarramiento constante de su persona, siendo él todo el amor, y la cosa amada estando fuera de él, no fundida para siempre con su existencia» (*Tres...*, p. 100). «Aunque enlazados continuaban siendo extraños entre sí, y oscuramente deseaban que el alma del uno palpitara dentro del cuerpo del otro, y sólo con esa visitación les parecía posible calmar aquel frenesí de enajenarse que les poseía» (*Tres...*, p. 106).

El amor no tiene esta o aquella forma,
No puede detenerse en criatura alguna;
Todas son por igual viles y soñadoras.
Placer que nunca muere,
Beso que nunca muere,
Sólo en ti misma encuentro, tierra mía.

Nimbos de juventud, cabellos rubios o sombríos,
Rizosos o lánguidos como una primavera,
Sobre cuerpos cobrizos, sobre radiantes cuerpos
Que tanto he amado inútilmente,
No es en vosotros donde la vida está, sino en la tierra,
En la tierra que aguarda, aguarda siempre
Con sus labios tendidos, con sus brazos abiertos.

RD, 217.

El título completo de la sección siguiente fue, hasta la edición de 1958 de *La realidad y el deseo,* «Invocaciones a las gracias del mundo», y se escribió en los años 1934-35. Como se verá claramente, la renunciación a los «cuerpos cobrizos» en favor de la «tierra» («Tierra, tierra y deseo. / Una forma perdida») es una renunciación relativa, señalando más bien un cambio de perspectiva que un enfoque enteramente nuevo. Ello es así porque «Invocaciones» es realmente un retorno a la idea central de la «Oda» de 1928. Recordará el lector que en este poema temprano, oda de amor al joven dios y al mismo tiempo «invocación a la belleza del mundo», el mundo natural recibía su sublimada significación merced a la visitación de un ser celestial —aunque humanamente deseable—. En las «Invocaciones», especialmente «A un muchacho andaluz», «Por unos tulipanes amarillos» y «El joven marino», repítese la misma suerte de visitación, pero en dos de los tres poemas citados el visitante celestial es descrito más como un ser humano que como un dios. En la «Oda» el dios se convierte en hombre; en estos poemas el «dios» es un ser humano deificado: un muchacho andaluz en el primero y un joven marino en el tercero. En el segundo de estos tres poemas, el visitante vuelve a ser, como en la «Oda», divino. No deja de ser interesante el hecho de que Cernuda debiese a su descubrimiento de Hölderlin el ser capaz de ordenar y articular las intuiciones y sentimientos que había tenido sobre mitología griega desde la infancia, cuando un libro de texto elemental e ilustrado le abrió por primera vez las puertas de ese mundo. En el poema en prosa inédito «El poeta y los mitos» ha descrito Cernuda el impacto de aquel primer encuentro. Después de leer aquel libro tuvo «el presentimiento de una alegría ausente» en el Cristianismo. Y preguntábase: «¿Por qué se te enseñaba a doblegar la cabeza ante el sufrimiento divinizado, cuando en otro tiempo los hombres fueron tan felices como para adorar, en su plenitud trágica, la hermosura?» El descubrimiento de la poesía de Hölderlin le brindó una base articulada en su búsqueda de los dioses. Esto se evidencia perfectamente en el breve ensayo que Cernuda publicó junto con sus traducciones de Hölderlin en un número de *Cruz y Raya* en el año 1935. El ensayo comienza con estas palabras:

> Siempre extrañará a alguno la hermosa diversidad de la Naturaleza y la horrible vulgaridad del hombre. Y siempre la Naturaleza, a pesar de esto, parece reclamar la presencia de un ser hermoso y distinto entre sus perennes gracias inconscientes. De ahí la recóndita eternidad de los mitos paganos, que de manera tan perfecta respondieron a este tácito deseo de la tierra con sus símbolos religiosos, divinos y humanizados a un mismo tiempo. El amor, la poesía, la fuerza, la belleza, todos estos remotos impulsos que mueven al mundo son algo que aquella religión supo simbolizar eternamente a través de criaturas ideales, cuyo recuerdo aún puede estremecer la imaginación humana.[14]

14. Luis Cernuda. «Traducción y nota a la "Canción al destino de Hiperión" de Hölderlin», *Cruz y Raya*, núm. 32 (noviembre, 1935), p. 115.

Puesto que los poemas de «Invocaciones» fueron escritos después de un segundo viaje a Málaga, la Sansueña de Cernuda, en 1933, las «divinidades» de esos poemas pueden considerarse como configuraciones tangibles de la misma clase que los dioses mitológicos de la «Elegía» y la «Oda». La experiencia del poeta no ha sido distinta a la del Don Míster de «El indolente», que había ido a Sansueña en busca de una estatua griega «sumergida» pero que halló en cambio una estatua «viva»: el muchacho Aire. Don Míster, que antes había sido arqueólogo, cuenta al narrador:

> Vine yo aquí en busca de una supuesta estatua helenística... Las gentes de Sansueña consideran a la isla como maléfica y huyen de ella. Tal vez con razón, como luego verá. Porque yo encontré la estatua, no en mármol corroído, sino en carne viva y animada, con más suerte que Pigmalión, aunque fue mayor mi castigo.[15]

El poeta halla en el muchacho andaluz, y en el joven marino, dioses humanos que responden al deseo de la tierra de una personificación de sus bellezas. El «muchacho andaluz»[16] es la

> Expresión armoniosa de aquel mismo paraje,
> Entre los ateridos fantasmas que habitan nuestro mundo,

15. *Tres...*, pp. 44-45.
16. La similitud en la descripción del «muchacho andaluz» y del carácter de Aire confirma su común significado para el poeta. Veamos la presentación de Aire al lector en «El indolente» (*Tres...*, p. 50): «Entonces surgió una aparición. Al menos por tal la tuve, porque no parecía criatura de las que vemos a diario, sino emanación o encarnación viva de la tierra que yo estaba contemplando». Y aquí están los primeros versos de «El muchacho andaluz»: «Te hubiera dado el mundo, / Muchacho que surgiste / Al caer de la luz por tu Conquero, / Tras la colina ocre, / Entre pinos antiguos de perenne alegría. / ¿Eras emanación del mar cercano?» (*RD*, 221).

Eras tú una verdad,
Sola verdad que busco,
Más que verdad de amor, verdad de vida...

RD, 222.

Cuando el poeta rinde homenaje a su dios bañándose en el mar, adora a un dios de *este* mundo, no al muerto Dios cristiano. En «Por unos tulipanes», el visitante es luz intangible en figura humana («La figura del etéreo visitante»), y desciende hasta el lecho del poeta. Pero lo mismo que en la «Elegía», no puede ser retenido por el amor mortal. En «La gloria del poeta» se invoca al demonio como hermano del poeta porque con el diablo, un ángel caído, comparte aquél un amor por las efímeras bellezas del mundo. Y en «Dans ma péniche» el poeta ridiculiza el amor romántico, proclamando la superioridad del deseo erótico que nunca muere mientras haya «hermosos cuerpos / Que vivifican el mundo un solo instante» *(RD, 236).*

El extenso poema «El joven marino» merece ser considerado mucho más detalladamente que los anteriores poemas de «Invocaciones». No sólo es uno de los más extensos poemas de Cernuda; es asimismo su más clara y distinta exposición hasta el momento —magníficamente orquestada por cierto— de su visión de la naturaleza metafísica del amor. En suma, el argumento del poema es el siguiente: Un joven marino que había sido objeto del idolátrico amor del poeta y que encarnaba todos los atributos del muchacho andaluz, se ahoga en el mar y el poeta imagina y celebra la muerte ritualista, única que guarda ahora la gloria mortal y la hermosura del marino. El poeta termina su elegía pidiendo la muerte, ya que el marino que había iluminado el mundo del poeta —como el dios de la «Oda», el amado de los libros surrealistas, el Arcángel de «Donde habite el olvido» y el muchacho andaluz— ha entrado en la muerte. Pero el significado o importancia del poema es que dramatiza la perfecta consumación del amor que el poeta ha venido buscando en sus amores temporales. El mar es un dios y la muerte del marino ahogándose es un acto ritual de amor físico en que el hombre y el dios se hacen un solo cuerpo y un solo espíritu. Se nos describe entonces el mar como el único maestro posible del marino:

> Al único maestro respondías:
> El mar, única criatura
> Que pudiera asumir tu vida poseyéndote.
>
> *RD, 237.*
> . . . .
> ...la gran criatura enigmática, el mar inexpresable,
> Sin deseo ni pena, igual a un dios,
> Que sin embargo hubiera conocido, a semejanza del hombre,
> Nuestros deseos estériles, nuestras penas perdidas.
>
> *RD, 238.*

El ahogamiento que es al mismo tiempo un acto de amor simboliza además una reintegración del marino en el cuerpo de la naturaleza. El marino no estaba satisfecho con las bellezas del mundo natural («No te bastaba / El sol de lengua ardiente sobre el negro diamante de tu piel») ni la amorosa contemplación del agua («Cuántas veces te vi, / ...Anegarte frente al mar en una contemplación / Más honda que la del hombre frente al cuerpo que ama»). Anhela en cambio hacerse uno con el cuerpo de la creación, con el mar. Hay, no obstante, una distancia insalvable entre el amor del poeta por el marino y el de éste por el mar.

> Yo te adoraba como cifra de todo cuerpo bello,
> Sin velos que mudaran la recóndita imagen del amor;
> Más que el mismo amor, más, ¿me oyes?,
> . . . .

Aun sabiendo que el mar era el único ser de la creación
[digno de ti
Y tu cuerpo el único digno de su inhumana soberbia.

RD, 240.

El acto ritual de la muerte y el amor ocurre al amanecer cuando el joven marino («Desnudo como una flor») bajaba por la playa al encuentro del mar.

Y entonces es cuando debías amarle, cuando el mar debía
[poseerte,
Cuerpo a cuerpo,
Hasta confundir su vida con la tuya
Y despertar en ti su inmenso amor
El breve espasmo de tu placer sometido,
Desposados el uno con el otro,
Vida con vida, muerte con muerte.

RD, 241.

El sentido de esta conmovedora elegía es asimismo que, como vimos en relación con los poemas de «Donde habite el olvido», el abismo ontológico que separa a los seres humanos es insalvable en términos humanos. Y profundamente, para el poeta, significa también que el anhelo de un amor perfecto y unitivo es imposible de satisfacer en vida. Tal es la razón de la ambivalencia del poeta hacia el amor humano. El amor en sí es ajeno al cambio, casi una Idea Platónica, divina y eterna, de la que los «cuerpos hermosos» son pálidas sombras. Esto es lo que sugieren los versos siguientes de «El joven marino»:

Cambiantes sentimientos nos enlazan con este o aquel cuerpo,
Y todos ellos no son sino sombras que velan
La forma suprema del amor, que por sí mismo late,
Ciego ante las mudanzas de los cuerpos,
Iluminado por el ardor de su propia llama invencible.

RD, 240.

Así, el deseo, vago e indefinido en los primeros poemas, y al cual vuelve el poeta cuando la ausencia de amor deja a ese deseo sin ninguna forma externa en que configurarse, es realmente un deseo de amor permanente, un amor que no pase como debe ocurrirle al amor mortal. Ésta es por supuesto la razón de que las configuraciones de ese amor trascendental sean descritas en los poemas como inmortales dioses mitológicos. La analogía, que indudablemente no es inconsciente, se establece con la permanencia del amor de Dios hacia el hombre.[17] Sin embargo, como el amor que anhela Cernuda no puede ser una abstracción exangüe, rechaza la idea cristiana del intangible Amor Divino («el exangüe dios cristiano»), prefiriendo uno que pueda imaginarse en términos directos y sensuales. Sus atributos son, no obstante, los del Amor Divino. Es (o sería) un amor trascendente, no afectado por la muerte ni la destrucción. En un mundo de muerte e insaciable deseo es el único principio supremo y no sujeto al cambio. Así, las formas en que este amor se aparece al poeta son figuras epifanales, extensiones o proyecciones tangibles de una divinidad que, en el mundo cernudiano, es el amor.

Este mismo amor eterno es el que Cernuda desea para su amigo muerto, Federico García Lorca, en «A un poeta muerto» de la sección «Las nubes». No distinta en el tema a «El joven marino», esta elegía define al poeta como «aquel que ilumina las palabras opacas / Por el oculto fuego originario», es decir, el amor. Después de varias estrofas introductorias, Cernuda describe el mundo que Lorca ha dejado tras de sí, donde el deseo tiene sólo efímeros objetos con que unirse.

17. Véase «Nochebuena cincuenta y una» (*RD,* p. 467), que comienza: «Amor, dios oscuro, / Que a nosotros viene / Otra vez, probando / Su esperanza siempre».

> Aquí la primavera luce ahora.
> Mira los radiantes mancebos
> Que vivo tanto amaste
> Efímeros pasar juntos al fulgor del mar.
> Desnudos cuerpos bellos que se llevan
> Tras de sí los deseos
> Con su exquisita forma, y sólo encierran
> Amargo zumo...
>
> RD, 255-256.

A esta exposición del fracaso del amor terreno sigue un retorno al tema y la metáfora de «El joven marino»:

> Mas un inmenso afán oculto advierte
> Que su ignoto aguijón tan sólo puede
> Aplacarse en nosotros con la muerte,
> Como el afán del agua,
> A quien no basta esculpirse en las olas,
> Sino perderse anónima
> En los limbos del mar.
>
> RD, 256.

El «inmenso afán», el deseo, lleva al poeta por la vida en busca del amor, pero sólo en la muerte, como ahora es el caso de Lorca, puede saciarse el deseo. Cernuda ansía para su amigo muerto el amor eterno que él por su parte debe continuar buscando en la vida:

> Halle tu gran afán enajenado
> El puro amor de un dios adolescente
> Entre el verdor de las rosas eternas;
> Porque este ansia divina, perdida aquí en la tierra,
> Tras de tanto dolor y dejamiento,
> Con su propia grandeza nos advierte
> De alguna mente creadora inmensa,
> Que concibe al poeta cual lengua de su gloria
> Y luego le consuela a través de la muerte.
>
> RD, 257-258.

El *ansia divina,* una frase de Bécquer, es una chispa del divino fuego de amor que el poeta trajo al mundo y que no halló otra chispa correspondiente con la que unirse en la tierra.

La crisis de la guerra civil española, durante la cual fueron escritos los primeros poemas de «Las nubes», indujo a Cernuda a moderar su actitud violentamente anticristiana de «Invocaciones». Así pues, en algunos de estos poemas el Dios cristiano aparece como una figura epifanal a la que se dirige el poeta. Pero su concepto de Dios es una noción híbrida, elaborada en los propios términos del poeta, como en la elegía por Lorca. El *ansia divina* vuelve a mencionarse en «La visita de Dios».

> Todo se ha dado al hombre
> Tal distracción efímera de la existencia;
> A nada puede unir este ansia suya que reclama
> Una pausa de amor entre la fuga de las cosas.

RD, 274.

El poeta ve a Dios como su «amor perdido», pero su concepción de Dios resulta singularmente parecida al Zeus olímpico, ya que el poeta dice:

> No golpees airado mi cuerpo con tu rayo;
> Si el amor no eres tú, ¿quién lo será en tu mundo?

RD, 276.

Casi al mismo tiempo que los poemas religiosos de «Las nubes» fue compuesto el poema en prosa «Escrito en el agua» donde, como el lector recordará, se expresaba el mismo anhelo de un amor eterno en Dios.

En «Las nubes» hallamos una importante adición al vocabulario de Cernuda. Como si de su nueva consideración del Dios cristiano se desprendiera, empieza a surgir la palabra «alma» con insistente frecuencia. Primeramente, en «Los

placeres prohibidos», el poeta había dado en hablar de «cuerpo y
espíritu»; pero ahora el dualismo —el amor en dos niveles—
que progresivamente se ha ido afirmando en sus poemas
de amor es aludido en términos de «cuerpo y alma». Y en la
restante poesía de amor de *La realidad y el deseo,* el poeta
se refiere a sí mismo cada vez más como un alma incorpórea.
El alma de que habla Cernuda no es un alma inmortal, sin
embargo. Es más bien la designación de esa parte de sí mismo
que él entiende como «hombre interior» —definición tomada
de Aldana[18]—, esa parte de sí mismo que aspira a un amor
perfecto. Esta entidad, el «alma», es la que anhela unirse con
la divina «llama invencible» de amor. Una parte integrante
de este mismo concepto del yo ha sido ya observada al hablar
de «Los placeres prohibidos», bien que en diferentes términos. En «Veía sentado», tras haber perdido a su amado, al
poeta se le hizo extraño su propio cuerpo; ahora, de acuerdo
con la nueva terminología, esta «incorporeidad», este ser sin
otro cuerpo o amado en el que existir corporalmente, se convierte en el modo de existencia del poeta en el mundo. Por
complicado que pueda parecer, esto es meramente una descripción distinta de lo que ya ha sido anotado. La unión con
otra persona en el acto del amor es indispensable para comple-
tarse, para existir. Pero al mismo tiempo esta unión de la
carne nunca satisface el anhelo de amor perfecto e inmutable:
el anhelo del alma. En efecto, lo físicamente necesario inhibe
las aspiraciones platónicas del alma. Para Cernuda, el becque-
riano puñal de amor es un arma de dos filos. Tal es el significado de las siguientes estrofas de «Cordura». El «sueño»[19]
mencionado es el del amor perfecto, y la «cruz sin nadie» es la

18. «Este amigo incomparable, que sentimos diferente e idéntico a
nosotros, que nos dicta nuestros gestos más puros...» (*Poesía...,* p. 64).
19. Cf. la primera estrofa de «Tarde oscura» (*RD,* p. 337): «Lo
mismo que un sueño / Al cuerpo separa / Del alma, esta niebla / Tierra y
luz aparta».

agonía del deseo en conflicto con el sueño. La voz que habla en el poema es la del «hombre interior».

> Todo ha sido creado,
> Como yo, de la sombra:
> Esta tierra a mí ajena,
> Estos cuerpos ajenos.
>
> Un sueño, que conmigo
> Él puso para siempre,
> Me aísla. Así está el chopo
> Entre encinas robustas.
>
> Duro es hallarse solo
> En medio de los cuerpos.
> Pero esa forma tiene
> Su amor: la cruz sin nadie.

RD, 286.

Los versos del siguiente poema, «Tristeza del recuerdo», que evoca al amado de los primeros días, ilustra mejor si cabe la visión casi cátara del mundo a la que Cernuda se adhiere en este momento de crisis. He aquí la estrofa decisiva de «Tristeza del recuerdo»:

> Tal jugador febril ante una carta,
> Un alma solitaria fue la apuesta
> Arriesgada y perdida en nuestro encuentro;
> El cuerpo entre los hombres quedó en pena.

RD, 287.

Puesto que, si bien es necesario, el amor físico corrompe, el puro deseo del mismo y en sí mismo («la cruz sin nadie») es una ofrenda a los dioses del amor puro. Así, estas dos estrofas finales de «Ofrenda», de «Como quien espera el alba» (1941-44):

> Cuando el invierno venga, ¿dónde
> Tu mano ha de encontrar las hojas,
> Tus ojos una luz sin sombras,
> Tu amor su forma en cuerpo joven?
>
> Esa pobreza es grata al cielo:
> Deja a los dioses en ofrenda,
> Tal grano vivo que se siembra,
> La desnudez de tu deseo.
>
> RD, 327.

El poema «Ofrenda» es típico de una variedad de poemas: los que celebran el deseo, que es de la carne, es vida, y por ello cada vez más importante para el poeta a medida que envejece y la muerte se va haciendo realidad para él. Este tipo de poemas asocia la llegada de la primavera con el renacimiento del deseo al modo de «Ofrenda». De distinto carácter es el poema «Elegía anticipada» en que el poeta anhela volver después de la muerte adonde hasta el momento se consumó en su vida la única experiencia perfecta de amor. Retrospectivamente, aun cuando fue este amor el que le separó de la unidad del ser y despertó en él la dualidad alma-cuerpo, dicho amor —que ha de ser conmemorado como lo fue el de Don Míster por Aire— [20] es considerado ahora como su más íntima experiencia de la eternidad en la tierra. Si lo que se anhelaba era un amor eterno, ese amor mortal es evocado como un espejo de la eternidad al menos. Y aun en su breve lapso el cosmos entero se hizo uno, la «realidad» se conformó al «deseo», la noche y el día se reconciliaron en el amor («Cuando su cetro el día pasa luego / A su amada la noche...»), y el espacio y el tiempo

---

20. Es decir, el poeta volverá en espíritu al teatro del amor una vez que su cuerpo haya sido quemado en una pira y reintegrado al cosmos, lo mismo que Don Míster había quemado el cuerpo ahogado de su querido Aire en una hoguera ritual.

fueron trascendidos. El alma se unió al alma y el cuerpo al cuerpo en perfecta armonía.

> Al alba el mar pulía vuestros cuerpos,
> Puros aún, como la piedra oscura;
> La música a la noche acariciaba
> Vuestras almas debajo de aquel chopo.
>
> No fue breve esa dicha. ¿Quién pretende
> Que la dicha se mida por el tiempo?
> Libres vosotros del espacio humano,
> Del tiempo quebrantasteis las prisiones.
>
> *RD, 359-360.*

4. LA IMAGEN EN EL REMANSO

El extenso poema con que termina «Como quien espera el alba» es, lo mismo que «Soliloquio del farero», una meditación retrospectiva sobre el amor y su significado de día en día más metafísico para el poeta. Este poema, «Vereda del cuco», sigue la doble evolución del amor en la vida del poeta en términos de un metafórico manantial. El deseo de amor, mortal y divino, del poeta es una «sed de eternidad», y el amor es, por consiguiente, una fuente que a la vez sacia y excita esa sed. Pero como el ensueño de amor afectó por primera vez al poeta en un embelesamiento narcisista al encontrarse con su propia imagen reflejada en el remanso, en «Vereda del cuco» lo primero que ve el poeta al asomarse a la fuente del amor es también una imagen reflejada:

> Mirando con asombro mudo
> Cómo allá, entre la hondura,
> Con gesto semejante aunque remoto,
> Surgía otra apariencia

> De encanto ineludible,
> Propicia y enemiga,
> Y tú la contemplabas,
> Como aquel que contempla
> Revelarse el destino
> Sobre la arena en signos inconstantes.

RD, 375.

Luego en la estrofa siguiente el poeta reconoce que su amor por los adolescentes era nostalgia de su propia juventud. Vuelve a la fuente:

> Niño ya no, ni hombre todavía,
> Con nostalgia y pereza
> De la primera edad lenta en huirnos;
> E indeciso tu paso se detuvo,
> . . . .
> Mientras por esa pausa tímida aprendías
> A conocer tu sed aún inexperta,
> Antes de que los labios la aplacaran
> En extraño dulzor y en amargura.

RD, 375-376.

La tercera estrofa alude a la naturaleza dual del amor y la agonía que le acompaña: el deseo de ir más allá de la carne y la tiniebla del amor mortal.

> Vencido el niño, el hombre que ya eras
> Fue al venero, cuyo fondo insidioso
> Recela la agonía,
> La lucha con la sombra profunda de la tierra
> Para alcanzar la luz, y bebiste del agua,
> Tornándose tu sed luego más viva...

RD, 376.

La cuarta estrofa termina con el verso: «Que el amor es lo eterno y no lo amado», idea ya expresada en «Donde habite el olvido» (XII) en términos ligeramente distintos. En la quinta estrofa, la fuente o venero se hace metáfora explícita («Es el amor fuente de todo»), terminando con una alabanza del amor que emplea el lenguaje extático de San Juan de la Cruz.

> Extático en su orilla,
> Oh tormento divino,
> Oh divino deleite,
> Bebías de tu sed y de la fuente a un tiempo,
> Sabiendo a eternidad tu sed y el agua.

RD, 377.

La sexta estrofa reconoce la deuda del poeta con el cuerpo y la parte del cuerpo en el amor, y acepta el amor físico como el paso primero y necesario para un amor más elevado. Lo mismo que la ceniza es testimonio del fuego, el cuerpo consumido en la muerte tórnase testimonio del amor.

> Que si el cuerpo de un día
> Es ceniza de siempre,
> Sin ceniza no hay llama,
> Ni sin muerte es el cuerpo
> Testigo del amor, fe del amor eterno,
> Razón del mundo que rige las estrellas.

RD, 378.

El poeta y aquellos a quienes amó («los idos») bebiendo en el venero del amor hiciéronse parte de él, renacidos en cada caminante que llegaba a la fuente, tal el fénix de los bestiarios medievales:

> Eres tú, y son los idos,
> Quienes por estos cuerpos nuevos vuelven
> A la vereda oscura,
> Y ante el tránsito ciego de la noche
> Huyen hacia el oriente,
> Dueños del sortilegio,
> Conocedores del fuego originario,
> La pira donde el fénix muere y nace.

RD, 379.

La serie de poemas que comienza «Vivir sin estar viviendo» (1944-49) es una nueva meditación sobre el amor y una remembranza del amor pasado a que ya se refería la «Elegía anticipada». En poemas anteriores —«Oda», «El muchacho andaluz», etc.— el amor había revelado el mundo al poeta *sub specie aeternitatis.* Este aspecto del amor es objeto de su expresión más acabada en el primer poema, «La ventana», de la serie «Cuatro poemas a una sombra». El amor, llevado a los límites de su perfección mortal, borraba el abismo ontológico entre el poeta y el mundo, haciéndole uno con la Creación en una experiencia místicoprofana no reconocida en la tradición occidental de misticismo religioso. Esta experiencia era mencionada, no obstante, en Occidente, en tiempos precristianos, especialmente en el *Banquete* de Platón, pero es una experiencia más propia de los místicos orientales. En un comentario sobre el particular, Joseph Campbell escribe lo siguiente:

> Conforme a este misticismo del amor sexual, la experiencia última del amor es un conocimiento directo de que bajo la ilusión de la dualidad reside la identidad: «cada uno es los dos». Este conocimiento puede llevarnos a descubrir que bajo la múltiple individuación del universo circundante —humano, animal, vegetal y aun mineral— reside la identidad; por lo que la

experiencia de amor se hace cósmica, y el amado que originó la visión es ensalzado como espejo de creación.[21]

En términos similares a éstos, evoca Cernuda el advenimiento del amor en «La ventana». La presencia del amado detiene el tiempo y le une con el mundo.

> cuando el tiempo,
> Lleno de la presencia y la figura amada,
> Sobre la eternidad un ala inmóvil,
> Hace ya de tu vida
> Centro cordial del mundo,
> De ti puesto en olvido,
> Enajenado entre las cosas.
>
> *RD, 383.*

El amor empieza con una mirada; descubre en otros esa divina chispa de amor («Y el amor quien percibe, / Dentro del hombre oscuro, el ser divino») y satisface juntamente al cuerpo y al alma, permitiendo al alma deseante hallar la paz en el cuerpo terrenal:

21. Joseph Campbell, *The Hero with a Thousand Faces* (A Meridian Book; New York, 1960), p. 280. Que la experiencia cernudiana del amor apunta a una intuición similar puede colegirse por dos pasajes de su ensayo sobre *Don Quijote:* «Y cuando un ser despierta en otro la llama amorosa, no se le ve tal como es, sino levantado en la luz, bajo especie de eternidad, no como criatura efímera; convirtiéndose así, sólo para quien le ama, en héroe, rodeado de ese halo luminoso de interés incomparable que sólo ven los ojos enamorados ...Pobres héroes novelescos son los que no consiguen enamorarnos, porque ellos necesitan, como las criaturas vivas, atravesar una dura superficie de indiferencia y soledad para herirnos en lo más hondo de nuestro ser, prendiendo allí la chispa divina del amor, que nos une al fin con las criaturas, y a través de ellas con la creación toda» (Luis Cernuda, «Cervantes», *Bulletin of Spanish Studies*, XX, núm. 4 [octubre, 1943], p. 183).

en los cuerpos,
Con soledad heridos,
Las almas sosegando,
Que a una y a otra cifra, dos mitades
Tributarias del odio,
A la unidad las restituye.

RD, 385.

El amado de otro tiempo ha pasado a ser, por obra y gracia de la memoria —ese medio siempre poderoso, en Cernuda, de recrear la realidad de modo que se acomode al deseo—, parte integrante del poeta y parte también de su biografía espiritual.

No le busques afuera. Él ya no puede
Ser distinto de ti, ni tú tampoco
Ser distinto de él: unidos vais,
Formando un solo ser de dos impulsos,
Como al pájaro solo hacen dos alas.

RD, 387.

Pero en la sección siguiente, «La escarcha» (III), el poeta vuelve a su anhelante búsqueda del perfecto amor; el amor de «Cuatro poemas para una sombra», cuya evocación vivificaba al poeta, no era ese perfecto amor. Cada amor señala únicamente a algún futuro amor desconocido y el poeta sabe siempre que

«No era en esos oídos
Adonde tu palabra
Debía resonar, ni era en esos lugares
Donde debías hallar el centro de tu alma.

»Sigue por las regiones del aspirar oscuro,
No buscando sosiego a tu deseo,
Confiando en lo inestable,
Enamorado en lo enemigo.»

> Contra el tiempo, en el tiempo,
> Así el presagio loco: «espera, espera».

RD, 389.

Los amores que satisfacen al deseo son todos realmente el mismo; sólo en la mente, no en un Edén terrestre, puede hallarse la satisfacción final del deseo.

> Junto al agua, en la hierba, ya no busques,
> Que no hallarás figura, sino allá en la mente
> Continuarse el mito de tu existir aún incompleto,
> Creando otro deseo, dando asombro a la vida,
> Sueño de alguno donde tú no sabes.

RD, 391.

La vida es un sueño a través del cual se mueve el poeta, incorpóreo (sin figura) y sin objeto externo para su deseo.

En el importantísimo poema «El éxtasis», que toma título y tema de «The Extasie», de Donne, el poeta anhela una vida ultraterrena similar a la que había deseado para su amigo muerto, Lorca, en «A un poeta muerto». Sin embargo, aquí el perfecto amor ha de realizarse no con un joven dios, sino con su propio ser adolescente, un amor posible sólo en la muerte. El poeta ve que los objetos de su amor físico han sido meros reflejos externos de la imagen en el remanso de que un día se enamoró, es decir su propio ser adolescente. Así, «El éxtasis» es la unión definitiva después de la muerte, la definitiva fusión con su juventud y la juventud de los demás: la cesación del deseo y el fin de la búsqueda anhelante.

> Miraré ese que yo sea,
> Para hallarle a la imagen de aquel mozo
> A quien dijera adiós en tiempos
> Idos, su juventud intacta
> De nuevo, esperando, creyendo, amando.

La hermosura que el haber vivido
Pudo ser, unirá al alma
La muerte así, en un presente inmóvil
Como el fauno en su mármol extasiado
Es uno con la música.

E iremos por el prado a las aguas, donde olvido,
Sin gesto el gozo, muda la palabra,
Vendrá desde tu labio hasta mi labio,
Fundirá en una sombra nuestras sombras.

RD, 406.

El paisaje idílico es un Edén después de la muerte, un paraíso modelado según el mundo platónico-pastoril de Garcilaso. Es un poema de amor como Narciso pudiese haberlo escrito si hubiera sido tan magistral poeta como Cernuda. Y, sin embargo, el poema es un *tour de force* de pensamiento deseante *(wishful thinking).*[22] Descubre y realiza lo que sólo puede actualizarse en la muerte, no en la vida. Y el poeta debe continuar su búsqueda, tal un alma sin cuerpo, muriendo lentamente, viviendo menos cada año. Pues sin el amor físico, el tiempo es su destructor. Así, en «Pasatiempo» de «Con las horas contadas» (1950-56) el poeta se pregunta:

22. «"El éxtasis" (el título viene de 'The Extasie' de Donne) es un ejemplo flagrante de *wishful thinking:* muerte y resurrección; tras la muerte, resucitar y encontrarse uno y desdoblado, ¿en quién? En uno mismo y su amor, o en uno mismo y en su doble juvenil, o en uno mismo y su otro yo —como quiera—. Algo vago y confuso, según creo y creía al tiempo de escribir esos versos. La reunión y el paraje de la misma recuerdan deliberadamente el final de una égloga de Garcilaso: "Busquemos otros montes y otros ríos, / Otros valles floridos y sombríos,..." etc. [Égloga I]. Rectifico lo de confuso: creo que al escribir esos versos, intentaba resolver la dificultad del desdoblamiento dejándolo misteriosamente vago.» (Carta de Cernuda al autor, con fecha 21 febrero 1961, véase p. 279).

¿Qué hacer entonces, dices,
Cuando nada te asiste
Y el tiempo te desvive?

Y su respuesta, como tantas otras veces, es:

De algún azar espera
Que un cuerpo joven sea
Pretexto en tu existencia.

RD, 460.

El estado existencial, el modo de ser a que se alude en el poema anterior es el mismo ya implícito en el título de la sección precedente, «Vivir sin estar viviendo», el que el poeta, en «Historial de un libro», ha definido como el de la gente que vio (o creyó ver) Don Quijote en la cueva de Montesinos. Escribe Cernuda: «…me movía suspendido en un estado ilusorio que no era de vigilia ni tampoco de sueño».[23] Nada se interponía entre él y la muerte sino unas pocas «horas contadas» (el título de esta sección es «Con las horas contadas»). Luego, como el poeta refería en el ensayo antes mencionado, se enamoró, y la preocupación por la muerte fue sustituida en su vida por el nuevo amor, «con su ocupación absoluta y tiránica». El amor que tantas veces le había apartado ya de la fuerza destructora del tiempo, sirviéndole como espejo de la eternidad, volvía en una nueva «forma». Resultado del nuevo amor es otra serie de composiciones amorosas titulada «Poemas para un cuerpo». Como el título indica, revisten el carácter de una recompensa: el pago de una deuda con la figura humana que permitió o, en las palabras del poeta, proporcionó un pretexto para su existencia. El amado es una realización finita del «pensamiento deseante» de «El éxtasis»: una joven imagen del ser adolescente del poeta. En esta unión con una imagen de sí mismo el

23. *Poesía…,* p. 274.

poeta se completó: él, el espíritu, y Salvador,[24] el cuerpo. Así, la primera composición titulada «Salvador» reza en parte:

> Si eres salvador, sálvale
> De ti y de él; la violencia
> De no ser uno en ti, aquiétala.

RD, 469.

En el segundo poema, dirigiéndose ahora a sí mismo en segunda persona, el poeta escribe:

> Eras tú quien partía,
> Fuiste primero tú el que rompiste,
> Así el ánima rompe sola,
> Con terror a ser libre.
>
> Y entró la noche en ti, materia tuya
> Su vastedad desierta,
> Desnudo ya del cuerpo tan amigo
> Que contigo uno era.

RD, 470.

El poeta ve que no es la «alteridad» de su amado lo importante, sino más bien el hecho de que su amado fuera pretexto de una confrontación del poeta con su otro yo: su ser adolescente. He aquí parte del poema titulado «Sombra de mí».

> Bien sé yo que esta imagen
> Fija siempre en la mente
> No eres tú, sino sombra
> Del amor que en mí existe
> Antes que el tiempo acabe.
>
> Mi amor así visible me pareces,

---

24. La forma de dirigirse esta composición sugiere que el objeto de estos poemas es Salvador, tanto figurativa como nominalmente.

Por mí dotado de esa gracia misma
Que me hace sufrir, llorar, desesperarme
De todo a veces, mientras otras
Me levanta hasta el cielo en nuestra vida,
Sintiendo las dulzuras que se guardan
Sólo a los elegidos tras el mundo.

R.D, 472.

«Salvador» es una «sombra» del amor del poeta en tanto y cuanto es un reflejo de aquel amor, y también una sombra del mismo en el sentido de que no es enteramente ese dios luminoso al que el poeta aspira; «Salvador» es más bien una mezcla de tiniebla y luz —un semidiós en la Gran Cadena del Ser— como se explica en la segunda estrofa: unas veces arroja al poeta en la tiniebla de la desesperación y otras lo levanta hacia la luz de un amor celestial en la medida más alta en que es posible a un ser humano. Por eso, lo que «Salvador» presagia es la recompensa más allá de la muerte cuya descripción hemos visto ya en «A un poeta muerto» y «El éxtasis». Así, pues, «Salvador» presagia la totalidad última, mas con idéntica importancia es también el amado que anulará el tiempo para el poeta, para quien el tiempo es la muerte. Así, en el poema VII el poeta exhorta al amor —el espejo de la eternidad— con este par de versos: «Fuerza las puertas del tiempo, / Amor que tan tarde llamas». Pero estas poesías, revivir imaginario de un idilio, están escritas con posterioridad al mismo, y el poeta ha visto irse a su amor, dejándole una vez más en las tinieblas.

Pero también tú te pones
Lo mismo que el sol, y crecen
En torno mío las sombras
De soledad, vejez, muerte.

RD, 481.

Y al marcharse el amado deja al poeta otra vez sin cuerpo,

despojado de todo cuanto había sido excepto de su deseo
(«...el centro inmóvil / Del existir: la hondura / Fatal e insobornable») y su doble búsqueda de un objeto físico de amor y
su perfecta pareja celestial. El cuerpo del poeta está sujeto al
tiempo. Por eso busca su otra mitad en el amor, para unirse
en amor con ella y alcanzar la eternidad del amor.

> Los cuatro elementos primarios
>   Dan forma a mi existir:
> Un cuerpo sometido al tiempo,
>   Siempre ansioso de ti.
>
> Porque el tiempo de amor nos vale
>   Toda una eternidad
> Donde ya el hombre no va solo
>   Y Dios celoso está.
>
> *RD,* 483-484.

La deuda contraída con el cuerpo del amado se paga en la
única moneda del poeta, su poesía, y su «Salvador» pasa a
formar parte del mito de la existencia del poeta, un mito
espiritual que sólo puede realizarse con la aquiescencia de
configuraciones físicas. He aquí la última estrofa de «Poemas
para un cuerpo».

> Mas mi amor nada puede
> Sin que tu cuerpo acceda:
> Él sólo informa un mito
> En tu hermosa materia.
>
> *RD,* 485.

5. CONCLUSIÓN

Con las dieciséis composiciones de «Poemas para un
cuerpo» termina este análisis de los poemas de amor de

La realidad y el deseo. Constituyen la anotación final en el cuaderno de bitácora de una búsqueda amorosa que empezó con la Caída del Paraíso de la infancia. Lo que en este capítulo hemos presenciado es la trayectoria mítica de una existencia, la biografía poética de un amor preter-natural trascendido y trasmutado hasta darle validez universal. Tal y como se nos presenta la biografía espiritual, puede considerarse como un viaje de auto-descubrimiento y auto-expresión cuyo curso fue parcialmente intuido al comienzo. Pero si se lee como fábula, como el poeta quiere que se lea, resulta evidente su universalidad. Por ejemplo, son patentes las similitudes entre su evolución y las sucesivas fases o etapas en la doctrina mística de la elevación contemplativa del alma en que Diotima instruía a Sócrates.[25] Y lo que Sócrates describe en el *Banquete* es también paradigma del viaje espiritual de los místicos cristianos: la trayectoria del alma desde la temporalidad a la eternidad.[26] Lo que a nosotros nos interesa, sin embargo, es la particularidad de este mito personal.

Comenzó dicho mito con el despertar del deseo en un determinado punto en el tiempo cuando el poeta dejó de ser el niño que experimentaba el mundo como presente eterno. Como ya hice observar en el capítulo anterior, en esa experiencia del mundo no existía disparidad alguna entre el deseo

25. Que el poeta tiene conciencia de esta similitud puede discernirse, a mi juicio, considerando el poema «Urania» (*RD,* pp. 328), que incluye estos versos: «Musa la más divina de las nueve, / ...A cuyo influjo las almas se levantan / De abandono mortal en un batir de alas». Y éstos: «Si en otros días di curso enajenado / A la pasión inútil, ... / Hoy busco tu sagrado, tu amor, ...». El poema se aclara más aún si tenemos en cuenta la nota siguiente sobre la traducción que hizo Shelley del *Banquete:* «Shelley convierte el amor a los efebos, simbolizado por Platón en la Venus de Urania, en el amor a la 'mujer refinada'» (Cernuda, *Pensamiento poético...,* p. 93n).

26. Véase A. E. Taylor, *Plato: The Man and His Works* (A Meridian Book; New York, 1956), p. 225.

y su satisfacción, entre realidad y deseo. Pero en el universo de los poemas de amor la disparidad es necesariamente extrema, y el poeta descubre que en la vida el fin último del deseo, la reintegración definitiva del yo (el amante) y su imagen del espejo objetivada en eterna juventud (el amado), es imposible. Así, en un nivel, el deseo fracasa, y el anhelo de esta reintegración es una constante a lo largo de toda la obra poética («el centro inmóvil / Del existir: la hondura / Fatal e insobornable»); ello es, en efecto, la fuerza que alienta en la vida del poeta. Pero si la búsqueda del amor eterno no puede terminar antes de la muerte, cada amor imperfecto y mortal es sin embargo un augurio del mismo, tanto como una fugaz experiencia de la eternidad. Cada experiencia de amor une momentáneamente a Narciso con su imagen reflejada, completando su ser y haciéndole uno con la Creación, con lo que quedan reconciliados los polos antitéticos de la realidad y el deseo.

La integración prefigurada en los poemas de amor de Cernuda, puesto que no puede ser totalmente realizada en términos de unión física, halla cada vez más su modo de expresión característico en términos que uno asocia con los poetas metafísicos, especialmente aquellos que como Donne y Aldana no desprecian el cuerpo ni los sentidos. Como la mejor poesía metafísica, lo que entrañan los poemas de Cernuda no es una descripción del amado, sino más bien una meditación sobre su propia experiencia del amor. Así, los objetos de sus poemas de amor pueden agruparse todos ellos bajo el arquetipo de la Hermosa Juventud.[27] Y aunque Cernuda evita el ejemplo más extremado de sutileza metafísica, sus poemas de amor se nutren en grado considerable de imágenes

---

27. Como en el Soneto 19 de Shakespeare (*«Him in thy course untainted do allow / For beauty's pattern to succeeding men»*), así en los poemas de Cernuda «El águila» y «El joven marino».

metafísicas.[28] ¿Qué otro lenguaje que no fuera el de la paradoja podría describir un amor basado en misticismo sexual y al mismo tiempo dedicado a Urania, un amor que aplaca a la par que aviva la sed de eternidad?

28. Sobre las «coincidencias» de Cernuda con la literatura inglesa podría muy bien efectuarse un estudio por separado, mas se hallaría que la mayor parte giran, como ocurre con la poesía de amor, en torno a Shakespeare y a los metafísicos. Desde luego el Fénix, la descripción del alma unida como alada, el amado como móvil en la poética, y como un Sol, así como la primordial importancia de las «miradas» es allí donde hay que buscarlos, por no mencionar la liberación de un dios en el amor, que hallamos en «The Extasie» de Donne.

CAPÍTULO V

Naturaleza del Edén y Edén de la naturaleza

Vive el andaluz en una tierra grata, ubérrima, que con mínimo esfuerzo da espléndidos frutos. Pero además el clima es tan suave, que el hombre necesita muy pocos de estos frutos para sostenerse sobre el haz de la tierra. Como la planta sólo en parte se nutre de la tierra y recibe el resto del aire cálido y la luz benéfica.

ORTEGA Y GASSET

Ser uno con todo: ésa es la vida divina, ése el cielo del hombre.

Ser uno con todo lo que vive, volver en bienaventurado olvido de sí mismo al Todo de la Naturaleza, tal es la cumbre de pensamientos y alegrías, tal es la cima de la montaña sagrada, el lugar de eterno descanso, donde el mediodía pierde su calor opresivo y el trueno es voz y el mar hirviente es como el ondulante campo de mies.

HÖLDERLIN,
Hyperión, I, 2.

PUESTO que el Edén es Alfa y Omega del mundo cernudiano, la consideración de las tres principales configuraciones de nuestro tema unificante debe terminar como empezó, con un análisis de la naturaleza del Edén. En mi exposición del

tema de la infancia ya fueron objeto de especial atención
dos de los tres atributos del Edén: la intemporalidad y la
inocencia. Queda por estudiar el tercero, un sentimiento de
unidad con el mundo. Es este tercer atributo, junto con los ya
examinados, el que proporciona la clave para el tema del presente capítulo: el tema de la naturaleza en la poesía de Luis
Cernuda.

En el capítulo sobre la infancia nuestra visión del Edén
fue necesariamente parcial y el término sirvió para unificar
aquellos valores que, desde el punto de vista de Cernuda y
debido a su personal experiencia de la infancia, son inherentes
al niño; es decir la experiencia del mundo como eterno
presente —una especial manera de intemporalidad— y la
inocencia que asiste a la pura virtualidad del niño. Vimos
entonces cómo, para Cernuda, la infancia fue una especie de
jardín paradisíaco —tanto como un jardín literal— que las
exigencias del incipiente deseo hacían más cárcel y freno que
abrigo contra las inclemencias del mundo, por más que luego, al contemplarlo retrospectivamente, este mismo jardín
siguiera siendo un Edén al que el poeta anhelaba retornar.
Empujado fuera del Edén por el deseo, el poeta experimentó
por vez primera esa soledad ontológica, ese «ser sólo a medias» que únicamente podía hallar alivio, en el mundo de
después de la Caída, mediante la experiencia del amor. Y en
nuestra exposición del tema del amor en la poesía de Cernuda
vimos cómo el amor era un espejo de la eternidad a la par que
entrañaba una disminución momentánea de la separación, por
lo que el poeta volvía a ser uno con el mundo: el amado era
el otro yo perdido del poeta y también «un espejo de la
creación».

Hay una simetría emocional en los temas de la infancia y
el amor que viene a completar el tema de la naturaleza. Irrevocablemente perdidas la infancia y la experiencia infantil del
mundo, y al no ser la experiencia del amor en la tierra sino un

angustiado y temporal respiro, la propia naturaleza —el mismo mundo natural que constituía el paisaje del Edén— pasa a ser, como la figura del niño, una encarnación objetiva, siempre presente en el caído mundo del insaciable deseo, de la inocencia, la pureza y la intemporalidad características del modo de existencia del niño. Pero como la noción del tiempo, la edad y la muerte es la consecuencia menos grata y aceptable de esta Caída desde la infancia, y como por otra parte la inocencia y la pureza son necesariamente sacrificadas en el amor, es su desmemoria del tiempo lo que hace del mundo natural un ideal existencial para el poeta. La naturaleza encarna un tranquilo, casi insensible y cenobítico ideal de existencia en agudo contraste con la experiencia que el propio poeta alcanza del mundo adulto con su amor físico, experiencia ésta sujeta al tiempo y condicionada por el tiempo. Sin embargo, el que la naturaleza *sea* este ideal es sólo en parte resultado de racionalización y reflexión. También es, y ello reviste mayor importancia, resultado de la evasiva actitud ante el mundo propio del poeta, efecto a su vez de una particular experiencia de la infancia: el sentimiento de identificación y comunión con el mundo natural. Tal es la experiencia que subyace bajo los profundos sentimientos de Cernuda respecto al orbe natural, como opuesto al mundo humano. La naturaleza es en sí misma un Edén con el que el poeta-niño vive en armonía. Pero la Caída en el mundo trae aparejado el conocimiento de que el poeta ya no es uno con la Creación, y la naturaleza pasa a ser «aquel vasto cuerpo de la creación» del cual se halla separado por un abismo ontológico, un inconsciente y eterno Edén al que el poeta anhela reintegrarse. Así, como veremos, el tema de la naturaleza en la poesía de Cernuda presenta dos aspectos fundamentales y relacionados entre sí. Es al mismo tiempo «el otro», un eterno dominio con el que ahela unirse al poeta —y como tal ofrece un ideal existencial en su inconsciencia del tiempo— y, más convencionalmente, por ser «mortal» él mismo aunque sin conciencia de ello, un espejo de la propia mortalidad del poeta. Como los temas de la infancia y el amor, el de la naturaleza entraña un anhelo de reconquistar parte del Edén perdido y, por lo tanto, no es sino otra expresión de la sed de eternidad.

A diferencia de los temas de la infancia y el amor, la naturaleza como tema importante por propio derecho no hace su aparición hasta el exilio de Cernuda en Inglaterra. La razón es obvia. Hasta entonces el amor y la crisis de la guerra habían sido sus inquietudes primordiales. Pero en el exilio y lejos del amor, en el aparente nadir de su existencia, Cernuda empezó a escribir los poemas en prosa de *Ocnos,* como si deseara fijar para siempre en la memoria una experiencia —la infancia— y un ambiente al que nunca podría volver. *Ocnos* es un nuevo comienzo. La importancia de la niñez queda así santificada, y un ideal de existencia derivado del marco natural de la infancia, canonizado. Un ideal de retraimiento y huida del mundo que será puerto de refugio frente a un orbe angustiado de conflicto y deseo físico.

La trayectoria creativa enfocada en este capítulo es, por lo tanto, más corta que la referente a los temas anteriores, empezando como empieza con el exilio. Examinaremos en primer lugar el tercer atributo del Edén y la consiguiente visión de la naturaleza tal como aparece en *Ocnos.* A continuación analizaremos aquella poesía que corre paralela con *Ocnos,* los poemas sobre la naturaleza que figuran aproximadamente en la segunda mitad de *La realidad y el deseo.* Y, finalmente, examinaremos los últimos poemas de *La realidad* junto con algunos poemas en prosa de *Variaciones sobre tema mexicano,* poemas que señalan el descubrimiento de Méjico por parte de Cernuda, con lo que la tensión inherente a su visión de la naturaleza comienza a disminuir.

1. EL IDEAL DE *VITA MINIMA*

Tanto si aceptamos como si no la «teoría de Andalucía» de Ortega, no vemos mejor denominación para el ideal existencial de Cernuda que los términos *vita minima* e «ideal vegetativo» que el filósofo español aduce para describir la actitud del andaluz ante el mundo.[1] La experiencia que tiene el niño del benévolo mundo natural conduce, en el caso de Cernuda, a una idealización reflexiva de la existencia mínima de esa naturaleza. Pero la idealización reflexiva que primero encontramos en *Ocnos* es, natural consecuencia, la casi simbiótica unión de Albanio con el mundo natural, y esto constituye la importancia de Albanio en los poemas de *Ocnos*. Como protagonista-niño, es un principio de continuidad en los poemas en prosa, pero es también el instrumento con que el poeta, exiliado en Inglaterra, explora *y* define el sentido de la naturaleza tanto para el poeta como para el poeta-niño. Con ayuda de Albanio, Cernuda hace retroceder al lector hasta el Edén de suerte que nos es dado presenciar el nacimiento de la fábula. Así goza el lector de una doble perspectiva, no distinta a la de la novela picaresca del Barroco, en que Albanio experimenta y ejemplifica el ideal existencial y Cernuda lo certifica y lo define. Sin Albanio el cuadro del Edén quedaría incompleto, porque el Edén no fue precisamente un lugar en el espacio sino un punto en el tiempo cuando el niño (Albanio-Cernuda) experimentaba de una cierta manera el mundo. En *La realidad y el deseo* hay muchos poemas que encarnan el ideal de *vita minima,* como veremos. Pero estos poemas no empiezan a aparecer hasta la canonización de dicho

1. Hemos de reconocer aquí que Luis Felipe Vivanco fue el primero en aplicar a Cernuda la teoría y la terminología de Ortega, aunque no explora a fondo las implicaciones de lo que hace dichos términos aplicables. Véase su *Introducción a la poesía española contemporánea* (Madrid, 1957), p. 315. Por lo demás, tal y como conviene a Cernuda, el ideal de *vita minima* es dinámico, y pasivo solamente por comparación con la cinética animal.

ideal en *Ocnos,* cuya primera edición vio la luz en 1942. Así pues, por cuanto a las características del ideal de *vita minima* se refiere, debemos remitirnos a *Ocnos.*

Antes de volver al mundo edénico de *Ocnos,* sin embargo, permítaseme facilitar una ilustración de nuestro tercer atributo del Edén que fundamenta el ideal de *vita minima* cernudiano. Existe, en la poesía de William Wordsworth,[2] una notable y aleccionadora similitud de concepto con relación al sentimiento de unidad del niño con el mundo y la consiguiente representación de la naturaleza. La famosa «Ode: Intimations of Immortality from Recollections of Early Childhood» del poeta inglés es buen ejemplo de ello, ya que entraña una meditación sobre la infancia que puede parangonarse perfectamente con la de Cernuda. Lo que Wordsworth hace en ese poema, como ha demostrado Lionel Trilling, es envolver en términos platónicos —el «visionario resplandor» del niño como reminiscencia de una existencia anterior— una personal al par que universal experiencia de la infancia.[3] No por «the simple creed / of Childhood» [«la fe sencilla / de la Niñez»] eleva Wordsworth «The song of thanks and praise», [El canto de gracias y alabanza»].

> But for those obstinate questionings
> Of sense and outward things,
> Fallings from us, vanishings;
> Blank misgivings of a Creature
> Moving about in worlds not realized.

2. Pese a la gran familiaridad de Cernuda con la poesía de Wordsworth, sería erróneo ver en el «wordsworthianismo» cernudiano algo más que una mera coincidencia.

3. En cuanto a mis observaciones sobre la «Oda» debo bastante al ensayo de Lionel Trilling (véase Capítulo II, n. 27), y en cuanto a Wordsworth en general, a *The Limits of Mortality* (Middletown, Conn, 1959) de David Ferry. Mis citas, a menos que se haga constar otra procedencia, son del ensayo de Lionel Trilling.

[Sino por esas obstinadas dudas
Del sentido y las cosas exteriores
Que de nosotros se desprenden, se desvanecen;
Perplejidades de una Criatura
Que anda por mundos no verificados.]

Indica Mr. Trilling que aquí «worlds not realized» significa mundos que todavía no tienen realidad, y que la luz y la gloria de la infancia que aún son para el adulto «a master light of all our seeing» [«luz señera de todo nuestro ver»] tienen su origen en las experiencias tan indirectamente descritas en el pasaje anterior. A fin de aclarar más los cinco versos, cita luego de la nota de Wordsworth sobre la Oda:

> ...Yo era a menudo incapaz de pensar en las cosas exteriores como dotadas de existencia externa, y me identificaba con todo cuanto veía como algo no aparte de mi propia naturaleza material, sino inherente a ella. Muchas veces yendo al colegio me he aferrado a un muro o a un árbol para sacarme de esa sima de idealismo y devolverme a la realidad. En aquel tiempo estaba asustado de tales procesos.

Esta experiencia, nos dice Mr. Trilling, Wordsworth «la relacionaba en sus pensamientos con una fuerza del espíritu que le hacía creer que no podía morir». Prosigue Mr. Trilling relacionando ese afortunado ejemplo de auto-observación con «la renuencia del niño a distinguir entre sí mismo y el mundo y el lento desarrollo de la objetividad que diferencia al yo de las cosas exteriores» que ha estudiado el psicoanalista Ferenzi. Por cuanto atañe tanto a Wordsworth como a Cernuda, es importante observar que esa es también la experiencia que, según R. C. Zaehner,[4] comparten aquellos hombres

---

4. *Mysticism Sacred and Profane* (A Galax Book; London, 1961), pp. 30-41.

calificados como «místicos de la naturaleza», es decir, la experiencia, en las cimas del éxtasis, de ser uno con la creación, o en realidad, de *ser* creación. Elaborando su argumentación sobre Wordsworth, recurre luego Mr. Trilling a una idea de *La civilización y sus descontentos* de Freud. Se extiende Freud sobre «la "oceánica" sensación de "ser uno con el universo", que según suposición de un amigo literato sería el origen de todas las emociones religiosas»:

> Originalmente el ego lo incluye todo; más tarde segrega de sí el mundo exterior. La noción del yo de que ahora tenemos conciencia es así únicamente reducido vestigio de una noción más dilatada: noción que abarcaba el universo y expresaba un vínculo inseparable del ego con el mundo externo. Si nos es permitido suponer que esta primaria noción del ego ha sido preservada en la mente de muchos individuos —en mayor o menor grado—, coexistiría entonces como una especie de contrapartida con la más estrecha y netamente delimitada noción del yo de la madurez, y el contenido ideal correspondiente a la misma sería precisamente la noción de extensión ilimitada y unidad con el universo: la misma sensación que mi amigo describe como "oceánica".

Otro tanto puede decirse en cuanto a la experiencia en sí. Volvamos ahora a su lugar dentro de la Oda. El tema de Wordsworth es la pérdida de la visión del mundo propia del niño y su sustitución por la «mente filosófica»: visión adulta. Es el mismo cambio de perspectiva que concurre en el caso de la Caída desde el Edén que ya hemos observado en la «mitificación» de la propia experiencia de Cernuda. Y no sólo eso, sino que la perspectiva posterior a la Caída —la «mente filosófica»— conduce a idéntica conclusión en ambos casos, el de Wordsworth y el de Cernuda. La Oda termina con una declaración que muy bien pudiera haber sido del poeta español:

To me the meanest flower that blows can give
Thoughts that do often lie too deep for tears.

[La más humilde flor que alienta puede inspirarme
Pensamientos demasiado hondos a veces para el llanto.]

Veamos a continuación el comentario de Mr. Trilling sobre estos versos:

> La más humilde flor es ahora significante no sólo porque, como la menuda celidonia, habla de edad, sufrimiento y muerte, sino porque para un hombre que tiene conciencia de la mortalidad humana tórnase el mundo significante y precioso. El conocimiento de la mortalidad humana —y esto debe observarse cuidadosamente en un poema que con toda evidencia versa sobre la inmortalidad— sustituye ahora a la "gloria" como agente que hace a las cosas significantes y preciosas.

Pero aquí Mr. Trilling deja su explicación a medias. No explica por qué la «más humilde flor que alienta» llega a ser tan significante y preciosa. El conocimiento de su mortalidad por parte del hombre no basta desde luego. Antes bien, la naturaleza es ahora significante porque para Wordsworth el mundo natural es «el depósito de los símbolos [y] el único medio que le queda, a un hombre que ha perdido sus aptitudes místicas, para tener una experiencia de lo eterno».[5] Y en este punto Cernuda y Wordsworth divergen, pues Cernuda no ha perdido sus «aptitudes místicas». Ya he mencionado su misticismo sexual que entrañaba una visión del amado como espejo de la creación y ahora pasaré a examinar su misticismo de la naturaleza, no sin relación con aquel otro. Con todo, Wordsworth y Cernuda comparten una propensión platonizante y una correspondiente doble-visión de la naturaleza. Ambos

5. David Ferry, *The Limits...*, p. 46.

suscriben la idea poéticamente defendible de un mundo o dominio eterno y objetivo, de difícil acceso o experiencia. Según
Cernuda, es misión del poeta penetrar en este dominio. La
siguiente no es sino una de las diversas y similares exposiciones que hallamos en sus escritos:

> La esencia del problema poético, a mi entender, la
> constituye el conflicto entre realidad y deseo, entre apa-
> riencia y verdad, permitiéndonos alcanzar alguna vislum-
> bre de la imagen completa del mundo que ignoramos, de
> la «idea divina del mundo que yace al fondo de la aparien-
> cia», según la frase de Fichte.[6]

Además, merced a su doble-visión, el poeta está facultado
para unir los dos mundos, revelando la «Idea» eterna que yace
tras el particular objeto de su atención poética:

> Gracias a ella [la poesía] lo sobrenatural y lo humano se
> unen en bodas espirituales, engendrando celestes criatu-
> ras, como en los mitos griegos del amor de un dios hacia
> un mortal nacieron seres semidivinos.[7]

Pero, en sentido literal, y ello reza tanto para Wordsworth
como para Cernuda, aunque un objeto particular cualquiera
—el narciso de Wordsworth, la violeta de Cernuda— puede
convertirse en símbolo del mundo eterno a instancia del poeta, en su individualidad, su objetiva individualidad, es indis-
cutiblemente efímero: un símbolo de «barro», en realidad.
Aquí vuelven a coincidir ambos poetas en sus soluciones, ya
que Cernuda recurre al «ojo interior» de Wordsworth.[8] Los
narcisos del «I wandered lonely as a cloud» [«Erraba yo

6. *Poesia...*, pp. 196-197.
7. *Ibid.*, p. 199.
8. Fue Leopoldo Panero (*Cuadernos Hispanoamericanos*, núm. 12,
julio-agosto, 1949, pp. 183-187) quien señaló este préstamo.

solitario tal una nube»] de Wordsworth son «mortales» cuando
se les observa directamente, pero este aspecto el poeta lo considera meramente un «show»; se trata sólo de su aspecto ilusorio, irreal. En cambio, cuando se «evocan en calma», su
danza se convierte en un símbolo de la divina organización
del universo, visto en su aspecto de eternidad. He aquí la
última estrofa del poema de Wordsworth:

> For oft, when on my couch I lie,
> In vacant or in pensive mood,
> They flash upon that inward eye
> Which is the bliss of solitude;
> And then my heart with pleasure fills,
> And dances with the daffodils.

> [Pues a veces cuando en mi lecho yazgo,
> Pensativa u ociosa el alma mía,
> Fulguran ante aquel ojo interior
> Que es venturanza de la soledad;
> Y se me llena el alma de deleite,
> Y danza el corazón con los narcisos.]

En el poema de Cernuda «Violetas» se da un ejemplo muy
similar de las operaciones del «ojo interior». Sirva este poema
como paradigma de las *bodas espirituales* entre lo sobrenatural
y lo humano (mortal) que, según Cernuda, promueve la poesía. He aquí la estrofa:

> Leves, mojadas, melodiosas,
> Su oscura luz morada insinuándose
> Tal perla vegetal tras verdes valvas,
> Son un grito de marzo, un sortilegio
> De alas nacientes por el aire tibio.

> *RD,* 311.

Más que cualquier declaración manifiesta, es la conjunción de varios términos descriptivos clave lo que señala la percepción de una dimensión sobrenatural en el paisaje por parte del poeta. El «sortilegio / De alas nacientes por el aire tibio» y el hecho de que las violetas sean «leves» y «melodiosas» indican que estas flores forman parte de la «belleza oculta» que es misión del poeta percibir.[9] Las violetas son, en su individualidad, mortales, pero el singular descubrimiento del poeta queda con él como el «show» de los narcisos de Wordsworth:

> Al marchar victoriosas a la muerte
> Sostienen un momento, ellas tan frágiles,
> El tiempo entre sus pétalos. Así su instante alcanza,
> Norma para lo efímero que es bello,
> A ser vivo embeleso en la memoria.
>
> *RD,* 311-312.

La salvación de las violetas está en la memoria del poeta donde permanecen al margen del tiempo, visibles únicamente para la mirada interior.

Para designar el inmutable mundo de la eternidad Wordsworth recurre a aquellos elementos del mundo natural que son menos transitorios. Por ejemplo, en «A Night-Piece» [«Nocturno»], la luna y las estrellas («how fast they wheel away, / Yet vanish not!» [«cuán raudamente giran y se van, / Y sin embargo no se desvanecen»]) son contrastadas con el perecedero paisaje terrestre. Cernuda consigue lo mismo demorándose en los Cuatro Elementos —especialmente el agua y el fuego— o en un plátano bicentenario, o en esas

---

9. Cf. el poema en prosa «Belleza oculta»: «Como en una intuición, más que en una percepción, por primera vez en su vida, adivinó la hermosura de todo aquello que sus ojos contemplaban. Y con la visión de esa hermosura oculta se deslizaba agudamente en su alma, clavándose en ella, un sentimiento de soledad hasta entonces para él desconocido» (*O,* 566).

presencias sobrenaturales de las que las «alas nacientes» en «Violetas» son un ejemplo característico.[10] Sea cual sea su expresión, ambos se atienen a una doble visión del mundo natural. En el caso de Wordsworth esta doble visión tuvo su origen en la experiencia infantil de perfecta unión con el mundo indirectamente descrita en la Oda. El añorado «resplandor visionario» de ese poema «se refiere al tiempo de la propia vida en que uno experimenta una perfecta unión con el universo, de suerte que el mundo exterior al yo se aparece como totalmente desprovisto de realidad en sí».[11] Wordsworth atribuye a una pre-existencia celestial lo que sin duda era el modo peculiar de estar el niño en el mundo. Esta atribución significa, pues, que como Wordsworth adulto no experimenta ya la misma armonía con el mundo circundante, coloca una esfera platónica e inmutable por encima y allende la naturaleza temporal, facsímile del mundo eterno de la infancia, a la que aspira con místico anhelo. Dicho de otro modo, el mundo eterno y objetivo allende el «show» de la naturaleza temporal es una proyección imaginaria —una sublimación— del perdido Edén de la niñez. Y lo mismo es esencialmente cierto, entiendo yo, en el caso de Cernuda. Haya lo que haya de platónico en su poética, debe atribuirse a su particular experiencia de ese fenómeno que hemos examinado en relación con Wordsworth. Que esta atribución no sea del propio Cernuda, pero que lo explique, en cambio, lo mismo que Wordsworth, en términos «platónicos», no hace más que confirmar mi aserto. No obstante, como hemos observado ya, Cernuda avanza un paso más. Niega la posibilidad de

10. Cf. esta frase de «La poesía» (O, 553): «Entreví entonces la existencia de una realidad diferente de la percibida a diario, y ya oscuramente sentía cómo no bastaba a esa otra realidad el ser diferente, sino que algo alado y divino debía acompañarla y aureolarla, tal el nimbo trémulo que rodea un punto luminoso».

11. Ferry, *The Limits...*, p. 44.

conocer el mundo real («...concluyo que la realidad exterior
es un espejismo y lo único cierto mi propio deseo de po-
seerla»). Nos hallamos ahora en una posición capaz de arro-
jar nueva luz sobre la solipsista visión del mundo de Cernuda. Puesto que el mundo exterior, con su trágica disparidad
entre *realidad y deseo,* corresponde tan escasamente a la representación mental del Edén, el poeta decide moverse dentro
del mundo de la imaginación donde puede hacerse que los
objetos se acomoden a dicha imagen.[12] Hasta que al fin el
poeta tuvo ocasión de contemplar un brezal inglés no pudo
creer

> que el brezal fuese sino como tú lo creaste, con aquella
> mirada interior que puebla a la soledad, visto así definiti-
> vamente.
>
> . . . .
>
> Y te decías que cuando la realidad visible parece más
> bella que la imaginada es porque la miran ojos enamora-
> dos, y los tuyos no lo eran ya, o al menos no en aquel
> momento. La creación imaginaria vencía a la real, aunque
> ello nada significara respecto a la hermosura del brezal
> mismo, sino sólo que en la visión infantil hubo más amor
> que en la contemplación razonable del hombre... (*O,* 2.ª
> ed., 596-597.)

Si consideramos esto como un ejemplo máximo del modo cernudiano de afrontar el mundo (o de no afrontarlo), compren-
deremos por qué la naturaleza es tan a menudo, como para
Wordsworth, un mero «show» de apariencia. Ninguna realidad externa puede compararse a lo visto con la «visión infantil» —el «visionary gleam» de Cernuda— a menos que «la
contemplación razonable del hombre» —equivalente en Cernuda de la «philosophic mind»— sea secundada por el amor.

12. Cf. el importante poema «El retraído» (*RD,* 399-400)

2. *OCNOS* Y LO IDEAL

Sin olvidar este análisis del tercer atributo del Edén ni las experiencias similares de los dos poetas, pasemos ahora a *Ocnos* donde Cernuda explora y define su ideal existencial —la *vita minima*— de ello resultante.

Albanio, como ya indiqué en el capítulo sobre la infancia, es un Adán solitario cuyo Edén preferido es el apartado mundo vegetal de un invernadero o un patio andaluz. Por todas partes aparecen vestigios, en estos poemas en prosa, de aquella «primal sympathy» [afinidad originaria] con la naturaleza de que Wordsworth habla en la Oda; o lo que también llama un «filial bond» [vínculo filial] en el Libro II de *The Prelude*. Albanio es como el niño wordsworthiano:

> No outcast he, bewildered and depressed:
> Along his infant veins are interfused
> The gravitation and the filial bond
> Of nature that connects him with the world.

> [No es ningún desterrado, turbado y abatido:
> Por sus venas de niño circulan juntamente
> La gravitación y el vínculo filial
> De la naturaleza que le une con el mundo.]

Y como la relación del niño Albanio con la naturaleza no es sino una extensión de la existencia infantil en el abrazo materno en una forma disminuida —Wordsworth llama a la Tierra «the homely Nurse»— es todavía mágicamente omnipotente. Así, en el poema en prosa «La naturaleza» se nos recuerda que una característica de la naturaleza es su conformidad con los deseos del niño:

> Qué alegría cuando veía las hojas romper al fin, y su color tierno, que a fuerza de transparencia casi parecía

luminoso, acusando en relieve las venas, oscurecerse poco a poco con la savia más fuerte. Sentía como si él mismo hubiese obrado el milagro de dar vida, de despertar sobre la tierra fundamental, tal un dios, la forma antes dormida en el sueño de lo inexistente. (*O*, 554.)

La aptitud de Albanio para experimentar transportes de contemplación extática del mundo se explica asimismo por la pervivencia de ciertos vestigios del «vínculo filial» del niño con la naturaleza. Para el niño es posible sentirse en armonía con el «otro», cosa que no será factible para el adulto fuera de la infrecuente experiencia mística. En el poema en prosa «Mañanas de verano», evoca Cernuda tal experiencia de armonía con un panorama de mercado dominguero, allá en su infancia. Para Cernuda, como para Wordsworth, el niño es un místico natural, que inconscientemente y sin esfuerzo logra lo que sólo será una rara experiencia para el adulto. He aquí los dos últimos párrafos de «Mañanas de verano»:

> Pero siempre sobre todo aquello, color, movimiento, calor, luminosidad, flotaba un aire limpio y como no respirado por otros todavía, trayendo consigo también algo de aquella misma sensación de lo inusitado, de la sorpresa, que embargaba el alma del niño y despertaba en él un gozo callado, desinteresado y hondo. Un gozo que ni los de la inteligencia luego, ni siquiera los del sexo, pudieron igualar ni recordárselo.
>
> Parecía como si sus sentidos, y a través de ellos su cuerpo, fueran instrumento tenso y propicio para que el mundo pulsara su melodía rara vez percibida. Pero al niño no se le antojaba extraño, aunque sí desusado, aquel don precioso de sentirse en acorde con la vida y que por eso mismo ésta le desbordara, transportándole y transmutándole. Estaba borracho de vida, y no lo sabía;

estaba vivo como pocos, como sólo el poeta puede y sabe estarlo.[13]

Para Albanio es el mundo humano, no el natural, el que ofrece un abrupto y desagradable espectáculo. Dos poemas en prosa especialmente, «El vicio» y «El escándalo», que describen los primeros encuentros con la prostitución y la perversión, simbolizan los valores negativos de ese otro mundo que se extiende tras los confines de la edénica infancia. Estos dos poemas constituyen como una visión anticipada de lo que traerá aparejada la Caída. Pero Albanio, que no posee la sabiduría de la tardía percepción de Cernuda, no puede darse plena cuenta de lo que le aguarda. Sin embargo, instintivamente se retira, prefiriendo su embelesamiento solitario en un mundo natural afín y concorde que refuerza su visión de la vida como continuación de una existencia pura, inocente y no sometida al cambio. Esa visión es el tema de los poemas en prosa «El magnolio» («en él se cifraba la imagen de la vida») y «Jardín antiguo» como ya hemos visto. Pero en su limitada experiencia del mundo humano, ni siquiera éste parece hallarse más sujeto al cambio que el mundo natural. Dice Cernuda en «Escrito en el agua»:

> Si algo cambiaba, era para volver más tarde a lo acostumbrado, sucediéndose todo como las estaciones en el ciclo del año, y tras la diversidad aparente siempre se traslucía la unidad íntima. (O, 614-615.)

Con la Caída —y el advenimiento de la «philosophic mind»— vendrá la comprobación de que el hombre y el mundo natural pertenecen a diferentes órdenes de existencia. El «filial bond» con la naturaleza será completamente cortado y

13. *Caracola*, núm. 88 (febrero, 1960). Y en *Ocnos*, 3.ª ed. aumentada, 564.

la experiencia de la soledad ontológica comenzará. Mas para el niño, por ser la naturaleza el medio que le acoge en su seno protector, esa naturaleza se convierte en ideal perfecto de su modo pasivo de existencia. ¿Qué otro ideal podría convenir al niño que, al enfrentarse con la idea de lo infinito en el poema en prosa «La eternidad», anhelaba volver a ese estado de no ser del que había venido? ¿Y qué otro ideal se aproxima más a la liminal existencia del niño descrita en los siguientes pasajes, de «El otoño» y «La ciudad a distancia» respectivamente?

> De las hojas mojadas, de la tierra húmeda, brotaba entonces un aroma delicioso, y el agua de la lluvia recogida en el hueco de tu mano tenía el sabor de aquel aroma, siendo como la sustancia de donde aquél emanaba, oscuro y penetrante, como el de un pétalo ajado de magnolia... Y por la noche, ya en la cama, encogías tu cuerpo, sintiéndolo joven, ligero y puro, en torno de tu alma, fundido con ella, hecho alma también él mismo. (*O, 555.*)

> Cantaban las cigarras desde las márgenes, entre las ramas de álamos y castaños, y el agua, de un turbio color rosáceo de arcilla, se cerraba perezosa sobre la estela irisada. En la pesadez ardiente del aire, era grato sentir el leve vaivén con que el agua mecía la embarcación, llevándonos con ella, sin un deseo el cuerpo, sin un cuidado el alma. (*O, 571-572.*)

Sólo en la infancia puede el hombre aproximarse a la *vita minima* de la naturaleza, sólo entonces puede lograrse la perfecta armonía del cuerpo y el alma, pues una vez que el cuerpo se hace esclavo del deseo, raras veces puede volver a acercarse a la pureza del alma. Por eso para Cernuda es el cuerpo, sujeto al tiempo y al deseo, el que aparta al hombre del «ideal vegetativo». La naturaleza y las criaturas no humanas pertenecen a un orden distinto que el hombre porque para ellas el cambio no acarrea muerte individual en el sentido humano. No tienen conciencia de la muerte y de aquí que puedan ser para el hombre un símbolo de intemporalidad y eternidad, de la ausencia de muerte. Un símbolo de esta clase es para Cernuda el mirlo europeo, no menos que el magnolio. He aquí parte del poema en prosa «El mirlo»:

> Para él la luz del poniente es idéntica a la del oriente, su sosiego de plumas tibias ovilladas en el nido, idéntico a su vuelo de cruz loca por el aire, donde halla materia de tantas coplas silbadas.
>
> Desde el aire trae a la tierra alguna semilla divina, un poco de luz mojada de rocío, con las cuales parece nutrir su existencia, no de pájaro, sino de flor, y a las cuales debe esas notas claras, líquidas, traspasando su garganta. Igual que la violeta llena con su olor el aire de marzo, el mirlo llena con su voz la tierra de marzo. Y equivalente oposición dialéctica, primaveral e inverniza, a la que expresa el tiempo en esos días, es la de pasión y burla que expresa el pájaro en esas notas.
>
> Como si la muerte existiera, ¿qué puede importarle al mirlo la muerte? Como si ella con su flecha pesada y dura no pudiera pasarle, silba el pájaro alegre, libre de toda razón humana. Y su alegría contagiosa prende en el espíritu de quien oscuramente le escucha, formando con este espíritu y aquel cantar, tal la luz con el agua, un solo volumen etéreo. (*O, 2.ª* ed., 596.)

El mundo natural, tanto la naturaleza como las criaturas no humanas, encarna un ideal humanamente inaccesible. Mirlo, violeta, magnolia y copo de nieve son ejemplos todos ellos de la *vita minima* puesto que todos están igualmente «libre de toda razón humana». Son mortales como los hombres, pero a diferencia de los hombres son inconscientes de esa mortalidad.

El ideal de *vita minima* es una función importante de la profunda empatía de Cernuda con la naturaleza, pero en *Ocnos* hay también otra visión de la naturaleza relacionada con esto. Si ha de realizarse en condiciones humanas, la *vita minima* entraña la negación del deseo. Y en toda la obra de Cernuda no hay mejor ejemplo de realización del ideal vegetativo que Don Míster en el cuento «El indolente». Don Míster vive en un Edén andaluz que Cernuda ha bautizado Sansueña.

> En Sansueña los ojos se abren a una luz pura y el pecho respira un aire oloroso. Ningún deseo duele al corazón, porque el deseo ha muerto en la beatitud de vivir, de vivir como las cosas: con silencio apasionado.[14]

Una vez que descubre su Edén andaluz, Don Míster, inglés, renuncia a su profesión de arqueólogo y no hace nada ya sino «vegetar», negándose a volver al mundo anglosajón, de actividad insensata.

> Había en su gesto aspirando luego el aire lleno de perfume de los jazmines y de las magnolias, al encoger y dilatar el pecho en aquella ancha respiración, una especie de reto, como si dijera: ¿Quién me puede quitar este gozo elemental y sutil de no ser nada, de no saber nada de no esperar nada?[15]

En Don Míster muestra Cernuda lo que el ideal de *vita minima* puede significar en condiciones humanas; es la suya la más plena y acabada experiencia humana de aquellos valores a que Cernuda se refiere repetidamente en su poesía con palabras tales como indolencia, ocio, beatitud y embeleso.

La otra y conexa visión de la naturaleza presente en *Ocnos* va directamente por debajo del mundo natural de aves, árboles y flores a una concepción más elemental del mundo natural. La naturaleza como encarnación del ideal de *vita minima*

14. *Tres...*, p. 37.
15. *Ibid.*, p. 40.

es objeto de contemplación extática. Existir en grado tan mínimo como humanamente sea posible es acercarse al ideal de la naturaleza y simular la «intemporalidad». Es el nirvana de la vida retirada posible en la humana existencia. No obstante el objeto de la contemplación es aquí la naturaleza temporal. También hallamos en *Ocnos* intuiciones de la visión presocrática del mundo, en que el agua, el fuego, la tierra y el aire se consideran los elementos inmutables constituyentes del universo. En «El destino» escribe Cernuda:

> Cuántas cosas no te ha dicho a lo largo de la vida el rumor del agua. Podrías pasarte las horas escuchándola, lo mismo que podrías pasarlas contemplando el fuego. ¡Hermosa hermandad la del agua y la llama! (*O*, 2.ª ed., 581.)

Pero si el ideal de vida retirada puede lograrse en la existencia del hombre, ese otro ideal expansivo, contrapartida suya, es de imposible realización. La naturaleza es importante para Cernuda porque es el «otro» con quien anhela unirse, hacerse uno. La realización de la *vita minima,* minimizando en el hombre lo que le separa de la existencia vegetativa, sirve para salvar el abismo ontológico y hacer al hombre «uno» con la naturaleza. Pero llegar a ser uno para siempre con la eterna naturaleza —ideal expansivo— es posible sólo en la muerte cuando el cuerpo pasa de nuevo a ser parte del intercambio cósmico del fuego, el aire, la tierra y el agua. El poema en prosa «El amante» describe una experiencia que presagia la reabsorción en el universo, reconociendo al mismo tiempo que la experiencia completa sólo puede realizarse en la muerte. El «amante» del título es también el mar.

> Al fin me lancé al agua, que apenas agitada por el oleaje, con movimiento tranquilo me fue llevando mar adentro. Vi a lo lejos la línea grisácea de la playa, y en ella la mancha blanca de mis ropas caídas. Cuando ellos volvieron,

llamando mi nombre entre la noche, buscándome junto a
la envoltura, inerte como cuerpo vacío, yo les contempla-
ba invisibles en la oscuridad, tal desde otro mundo y otra
vida pudiéramos contemplar, ya sin nosotros, el lugar y
los cuerpos que amábamos. (*O*, 588-589.)

La muerte por ahogamiento, que traería al recuerdo esa importante palabra cernudiana, *anegarse,* es un medio de alcanzar el eterno dominio, pero un medio que Cernuda no haría
nunca más que tener presente en la imaginación.

Si el ideal de vida retirada, la *vita minima* y la reabsorción
expansiva en la muerte describen los dos extremos de la confrontación de Cernuda con el mundo natural, hay también
una tercera experiencia entremedias que incorpora algo de los
valores de ambos.

Esta tercera experiencia es la de la mística de la naturaleza[16] a la cual me refería antes. Para Cernuda, el misticismo
natural proporciona la sustentadora si bien infrecuente experiencia que junto con la del amor suprime la «alteridad» y le
libera de esa soledad ontológica que es su modo característico
de ser en el mundo. Dicha experiencia, rara aproximación al
sentimiento de unidad con el mundo propio del niño, constituye el tema manifiesto de sólo un poema en prosa, y de los
más recientes. Pero cuando este poema lo consideramos junto
con otros de *Ocnos* sirve para aclarar lo que ahora sólo con
dificultad puede conjeturarse. Como ocurre con todos los
místicos, la experiencia en sí es extraliteraria, o tal vez su-
perliteraria, pero debe interesarnos aquí porque sin conocimiento de ella el lector de los poemas de Cernuda sale con una
sensación de desconcierto, de un mundo privado sólo fugazmente entrevisto. El que Cernuda hubiera de esperar hasta

---

16. R. C. Zaehner (*Mysticism...,* pp. 30-49) aduce este término para
distinguir el misticismo no teísta de hombres como Tennyson, Forrest
Reid, Richard Jeffries y Rimbaud del de los místicos cristianos.

1958 para aplicar el término de mística a una experiencia personal sólo pudo deberse a su profundo respeto por los místicos españoles cuyas obras reverenciaba. Por su importancia transcribo «El acorde» en su integridad.

> El murciélago y el mirlo pueden disputarse por turno el dominio de tu espíritu; unas veces norteño, solitario, olvidado en la lectura, centrado en ti; otras sureño, esparcido, soleado, en busca del goce momentáneo. Pero en una y otra figuración espiritual, siempre hondamente susceptible de temblar al acorde, cuando el acorde llega.
>
> Comenzó con la adolescencia, y nunca se produjo ni se produce de por sí, sino que necesitaba y necesita de un estímulo. ¿Estímulo o complicidad? Para ocurrir requiere, perdiendo pie en el oleaje sonoro, oír música; mas, aunque sin música nunca se produce, la música no siempre y rara vez lo supone.
>
> Mírale: de niño, sentado a solas y quieto, escuchando absorto; de grande, sentado a solas y quieto, escuchando absorto. Es que vive una experiencia, ¿cómo dirías?, de orden «místico». Ya sabemos, ya sabemos: la palabra es equívoca; pero ahí queda lanzada, por lo que valga, con su más y su menos.
>
> ¿Es primero un cambio de velocidad? No; no es eso. El curso normal en la conciencia del existir parece enfebrecerse, hasta vislumbrar, como presentimiento, no lo que ha de ocurrir, sino lo que debiera ocurrir. La vida se intensifica y, llena de sí misma, toca un punto más allá del cual no llegaría sin romperse.
>
> ¿Como si se abriese una puerta? No, porque todo está abierto: un arco al espacio ilimitado, donde tiende sus alas la leyenda real. Por ahí se va, del mundo diario, al otro extraño e inesperado. La circunstancia personal se une así al fenómeno cósmico, y la emoción al transporte de los elementos.
>
> El instante queda sustraído al tiempo, y en ese instante

intemporal se divisa la sombra de un gozo intemporal, cifra de todos los gozos terrestres, que estuvieran al alcance. Tanto parece posible (a esa intensidad del existir qué importa ganar o perder), y es nuestro o se diría que ha de ser nuestro. ¿No lo asegura la música afuera y el ritmo de la sangre dentro?

Plenitud que, repetida a lo largo de la vida, es siempre la misma; ni recuerdo atávico, ni presagio de lo venidero: testimonio de lo que pudiera ser el estar vivo en nuestro mundo. Lo más parecido a ella es ese adentrarse por otro cuerpo en el momento del éxtasis, de la unión con la vida a través del cuerpo deseado.

En otra ocasión lo has dicho: nada puedes percibir, querer ni entender si no entra en ti primero por el sexo, de ahí al corazón y luego a la mente. Por eso tu experiencia, tu acorde místico, comienza con una prefiguración sexual. Pero no es posible buscarlo a voluntad; se da cuando y como él quiere.

Borrando lo que llaman otredad, eres, gracias a él, uno con el mundo, eres el mundo. Palabra que pudiera designarle no la hay en nuestra lengua: *Gemüt:* unidad de sentimiento y conciencia; ser, existir, puramente y sin confusión. Como dijo alguien que acaso sintió algo equivalente, a lo divino, como tú a lo humano, mucho va de estar a estar. Mucho también de existir a existir.

Y lo que va del uno al otro caso es eso: el acorde.[17]

Lo que literalmente era derecho de nacimiento del niño, aquel sentimiento de unidad con el mundo, del que la experiencia descrita en «Mañanas de verano» es sólo una sombra, a partir de la adolescencia requiere el catalizador hipnótico de la música. Mas de que las dos experiencias están relacionadas entre sí poca duda puede caber. Para Cernuda, una y otra son experiencias de *el acorde,* por mucho que difieran en grado. Y

17. *Caracola,* núm. 67 (mayo, 1958). Y en *Ocnos,* 3.ª ed. aumentada, 613-14.

correctamente, Cernuda designa como «mística» la última experiencia aquí descrita. En todos los aspectos, coincide con la de los místicos de la naturaleza que ha estudiado Zaehner. Para todos ellos, como para Cernuda, el tiempo y la muerte son trascendidos, el sujeto se hace uno con el mundo (se hace, en verdad, sustancia del mundo), y la realidad cotidiana pierde sustancialidad en comparación con el más perfecto mundo vislumbrado. El sujeto pasa más allá del bien y del mal y la separación alma-cuerpo queda borrada. Esto último es de especial importancia para Cernuda. Por otra parte, la experiencia mística es tanto realización en la vida del ideal de *vita minima,* por cuanto el Tiempo deja de existir y cuerpo y alma se armonizan, como un paladeo anticipado de la expansión y reabsorción última en lo «otro», que traerá la muerte. Y es, paradójicamente, acompañado por un placer sensual que sobrepasa al amor físico pero que está exento sin embargo de la angustia del deseo. Es placer sensual sin deseo, o más allá del deseo, posiblemente porque el deseo —que es siempre deseo de hacerse uno con— ha sido aliviado. En esta infrecuente realización del ideal existencial del poeta —*en el acorde*— realidad y deseo dejan de estar en pugna y se funden en uno.

3. EL PERDIDO EDÉN DE LA NATURALEZA

Tras la visión cernudiana de la naturaleza y el consiguiente ideal de *vita minima* se esconde una intuición fundamental, y es el reconocimiento de que la naturaleza y el hombre pertenecen a órdenes de existencia distintos. Pero si esto es cierto por cuanto al hombre se refiere, no lo es respecto al niño, quien antes del advenimiento del deseo físico, existe en un estado de pasividad receptiva tan absoluta como el de cualquier miembro del reino vegetal. Y precisamente por hallarse tan próximo el modo de existencia del niño al «ideal vegetativo» de la naturaleza, el niño cernudiano llegó a ser depósito de aquellos valores —aptitud para experimentar el mundo como presente eterno, inocencia y pureza— que fueron objeto de nuestro capítulo sobre la infancia. El inconveniente del niño como ejemplo de tales valores, sin embargo, estriba en que invariablemente conduce al poeta a una consideración retrospectiva de su propia infancia, como ya hemos visto. Así, para Cernuda, el niño no es sólo el depositario de esos tan codiciados valores, sino también un abrumador recordatorio de la distancia que separa de ellos al poeta. Y ésa es la razón de que hasta la nostalgia por la infancia, tan conmovedora en *Ocnos,* esté matizada de tristeza. Aun cuando fuera posible volver a ser niño y satisfacer la nostalgia, ello sólo significaría una segunda experiencia del mismo cuadro de inocencia seguido por la Caída. Ser niño equivaldría a comenzar de nuevo el mismo ciclo inexorable. Pero ser *naturaleza,* realizar el ideal de *vita minima,* sería escapar a la conciencia de todo ciclo posible y ser por siempre inocente, puro y ajeno al decurso del tiempo: «estar» en el sentido unamuniano. La naturaleza, a diferencia del niño, es un valor menos ambiguamente positivo en el mundo cernudiano. Tal es el Edén de la naturaleza.

Aunque el ideal de *vita minima* no es objeto de confirmación definitiva hasta los poemas de *Ocnos* (1942) como hemos visto, el ardiente deseo místico de ser uno con la naturaleza (aproximarse al ideal no formulado hasta ahora) se halla implícito en varios de los poemas de «Invocaciones» (1934-35).[18] En «El viento de septiembre entre los chopos», el poema de «Invocaciones» que mejor ilustra la nueva orientación espiritual del conjunto («Tierra, tierra y deseo. / Una forma perdida»),

18.   Tres años antes Cernuda había escrito en un artículo periodístico («Epistolario de Rimbaud», *Heraldo de Madrid,* 12 septiembre 1931, p. 12): «Dejad al mundo y al poeta solos, en total compenetración mística. ¿Qué saben los otros? Y hasta ¿qué sabe el hombre que el poeta es? "Yo es otro"».

el poeta se vuelve al mundo natural, más que a los hombres como antes, para la encarnación de su deseo.

> Por este clima lúcido,
> Furor estival muerto,
> Mi vano afán persigue
> Un algo entre los bosques.
>
> Un no sé qué, una sombra,
> Cuerpo de mi deseo,
> Arbórea dicha acaso
> Junto a un río tranquilo.
>
> RD, 225.

El anhelo de unión sigue siendo de carácter amoroso aun cuando el objeto, el amado, sea la propia naturaleza y no ya una criatura humana. Sin embargo, el cambio de un objeto de amor por otro es una transición natural para Cernuda, que en los chopos ve una réplica del adolescente brindada por la naturaleza y una encarnación perdurable de sus diversos valores, eterna juventud y pureza entre otros.

> Hundo mi cabellera,
> Busco labios, miradas,
> Tras las inquietas hojas
> De estos cuerpos esbeltos.
>
> Ávido aspiro sombra;
> Oigo un afán tan mío.
> Canta, deseo, canta
> La canción de mi dicha.
>
> Altas sombras mortales:
> Vida, afán, canto, os dejo.
> Quiero anegar mi espíritu
> Hecho gloria amarilla.
>
> RD, 226-227.

El poeta anhela trasponer las «altas sombras» que son ilusiones temporales —vida, deseo y vocación— y hacerse uno con los «cuerpos esbeltos», por inferencia más que mortales. Anhela, en una palabra, realizar el ideal de *vita minima* y dejar atrás conciencia y deseo.

En «Invocaciones» la retirada al mundo pastoril de la naturaleza es una huida de la experiencia del amor y la corruptora Ciudad. En «Las nubes», escrito en su mayor parte en Inglaterra y más o menos contemporáneo de los poemas en prosa de *Ocnos,* la naturaleza sirve de puerto de refugio no ante el amor sino ante la crisis del mundo y la angustia del exilio. En la breve poesía «Deseo» una hoja de chopo y una estrella fugaz ejemplifican el ideal existencial. He aquí el poema entero:

> Por el campo tranquilo de septiembre,
> Del álamo amarillo alguna hoja,
> Como una estrella rota,
> Girando al suelo viene.
>
> Si así el alma inconsciente,
> Señor de las estrellas y las hojas,
> Fuese, encendida sombra,
> De la vida a la muerte.

RD, 297-298.

La hoja de chopo cae inexorablemente como la estrella, mas cuán eufórico y fácil es su tránsito de la vida a la muerte. Ambas estrofas con sus demorados verbos y su premioso movimiento sintáctico dan perfecta expresión formal a la inconsciente mortalidad de la naturaleza. Y como el poeta, a semejanza de la hoja aunque no del propio árbol, está destinado asimismo a una muerte individual, anhela un tránsito tan sin zozobra por el mundo —una existencia mínima en un mundo benigno donde la soledad, la aflicción y el deseo sean desconocidos—. Es la misma vida de perenne beatitud que Melchor anhela en el extenso poema de Cernuda «La adoración de los Magos» cuando implora:

> Señor, danos la paz de los deseos
> Satisfechos, de las vidas cumplidas.
> Ser tal la flor que nace y luego abierta
> Respira en paz, cantando bajo el cielo
> Con luz de sol, aunque la muerte exista:
> La cima ha de anegarse en la ladera.
>
> *RD, 300.*

La siguiente sección de *La realidad y el deseo,* «Como quien espera el alba» (1941-44), señala aún más que «Las nubes» la aceptación, por parte de Cernuda, de su condición de exiliado. Ahora cuando describe un jardín, como en el poema «Jardín», es un jardín inglés. Pero el paisaje inglés es meramente un sustitutivo del Jardín mítico: los valores de la naturaleza permanecen constantes. «Jardín» contiene hierba, árboles, nenúfares, una fuente, y en las frondas un mirlo canta «tal la voz misma / Del jardín que te hablara». Hay cielo azul, nubes blancas. El jardín es un puerto intemporal, apartado del mundo, donde el poeta puede experimentar el *sosiego* que viene de la contemplación de su ideal.

> En la hora apacible
>
> Mira bien con tus ojos,
> Como si acariciaras
> Todo. Gratitud debes
> De tan puro sosiego,
>
> Libre de gozo y pena,
> A la luz, porque pronto,
> Tal tú de aquí, se parte.
> A lo lejos escuchas

> La pisada ilusoria
> Del tiempo, que se mueve
> Hacia el invierno.
>
> . . . .
>
> RD, 333.

El tiempo y la proximidad del invierno parecen distantes e irreales porque el tránsito de la naturaleza es parte tan sólo de un eterno ciclo. Los espinos del poema «Los espinos» renacen cada primavera, cubriendo las laderas de flores blancas y encarnadas, y recordando al poeta su mortalidad. No obstante, su belleza ofrece una especie de eternidad vicaria al contemplador que alivia la carga de su condición mortal. Como Cernuda escribe en «El águila», «En la hermosura / la eternidad trasluce sobre el mundo / tal rescate imposible de la muerte» (RD, 322). He aquí las dos últimas estrofas de «Los espinos»:

> Cuántos ciclos florecidos
> Les has visto; aunque a la cita
> Ellos serán siempre fieles,
> Tú no lo serás un día.
>
> Antes que la sombra caiga,
> Aprende cómo es la dicha
> Ante los espinos blancos
> Y rojos en flor. Ve. Mira.
>
> RD, 355.

Como ya he indicado, es el cuerpo y su deseo lo que aparta al hombre de su ideal de *vita minima*. Pero Cernuda no condena al cuerpo por esto, aun cuando sea como la «materia» gnóstica que amarra el alma a la tierra.[19] Lo condena por ser

---

19. Veáse el poema «El viento y el alma» (RD, 398).

mortal y hallarse sujeto al tiempo. Por eso quisiera creer en su reabsorción en la materia eterna de que fue extraído. Y «Como quien espera el alba» es el primer libro que, reflejando su lectura de Diels, introduce esta idea como material poético aunque ya había aparecido en su prosa en 1937. Los primeros tres ejemplos son de la sección aludida; el último, de «Con las horas contadas»:

> Los elementos libres que aprisiona mi cuerpo
> ¿Fueron sobre la tierra convocados
> Por esto sólo?

RD, 342.

> Este cuerpo que ya sus elementos restituye
> Al agua, al aire, al fuego y a la tierra.

RD, 348.

> Ardido el cuerpo, luego lo que es aire
> Al aire vaya, y a la tierra el polvo,

RD, 358.

> Los cuatro elementos primarios
>   Dan forma a mi existir:
> Un cuerpo sometido al tiempo,
>   Siempre ansioso de ti.

RD, 483.

¿Y qué pasa con el alma una vez que se ha desembarazado de la materia? Entonces puede buscar otro cuerpo, puede realizar el ideal vegetativo reencarnada como parte del desmemoriado mundo natural. El paraíso cernudiano, prefigurado en el Edén de la infancia, es un paraíso terrestre. «Hacia la tierra» termina con estas tres estrofas:

Posibles paraísos
O infiernos ya no entiende
El alma sino en tierra.
Por eso el alma quiere,

Cansada de los sueños
Y los delirios tristes,
Volver a la morada
Suya antigua. Y unirse,

Como se une la piedra
Al fondo de su agua,
Fatal, oscuramente,
Con una tierra amada.

RD, 362.

Una versión aún más perfectamente lograda de esta trasmi-
gración del alma aparece en el siguiente poema, «El chopo».
Liberada del cuerpo en la muerte, el alma queda libre para
alcanzar el ideal de *vita mínima*. Como claramente se especifi-
caba en el poema en prosa «La eternidad», no es una eternidad teológicamente orientada la que con tanto ardor desea el
poeta, sino la corpórea e inconsciente eternidad del mundo
natural. Y, lo mismo que un chopo, poder seguir disfrutando
las bellezas del mundo sin el humano conocimiento de su
ruina final. Quiere Cernuda el mejor de ambos mundos: el
sueño divino que es la eternidad y el vegetativo bienestar
del mundo natural.

Si, muerto el cuerpo, el alma que ha servido
Noblemente la vida alcanza entonces
Un destino más alto, por la escala
De viva perfección que a Dios le guía,
Fije el sueño divino a tu alma errante
Y con nueva raíz vuelva a la tierra.

Luego brote inconsciente, revestida
Del tronco esbelto y gris, con ramas leves,
Todas verdor alado, de algún chopo,
Hijo feliz del viento y de la tierra,
Libre en su mundo azul, puro tal lira
De juventud y amor, vivo sin tiempo.

RD, 362-363.

Pureza, juventud y disfrute del benigno mundo natural sin conciencia del tiempo destructor: tales son los valores encarnados en el chopo. Y si los árboles, en especial, los chopos, son al parecer las criaturas más altamente valoradas de toda la *flora* cernudiana es porque paradójicamente son menos criaturas de la tierra que las flores. En su verticalidad parecen existir *entre* el cielo y la tierra. Como el mirlo y la gaviota cernudianos, el chopo («con ramas leves, / Todas verdor alado») es una criatura del aire: el «hijo feliz del viento y de la tierra, libre en su mundo azul». Pues a pesar de encarnar el ideal de lo pasivo y mínimo, las flores están demasiado enraizadas en la tierra, son demasiado «horizontales». Por eso la flor característicamente cernudiana nos es casi siempre representada en su momento más dinámico, aquel en que brota e irrumpe hacia el azul. Tal ocurre con las violetas en el poema de ese título o con el lirio en el poema «Lázaro»:

Sé que el lirio del campo,
Tras de su humilde oscuridad en tantas noches
Con larga espera bajo tierra,
Del tallo verde erguido a la corola alba
Irrumpe un día en gloria triunfante.

RD, 293.

Las flores «aspiran» y son dinámicamente descritas con verbos como surgir, brotar, irrumpir y erguir. Veamos tres versos de «Atardecer en la catedral»:

Aromas, brotes vivos surgen,
Afirmando la vida, tal savia de la tierra
Que irrumpe en milagrosas formas verdes...

RD, 284.

El ideal de *vita minima* es vital, vivificante y mínimo sólo por comparación con la existencia humana. Cada ciclo natural entraña un nuevo movimiento de abajo arriba, de las tinieblas a la luz. Tal era la «lección» que extraía el poeta en «Los espinos», y es una lección de esperanza. La misma idea vuelve en «Río vespertino»:

Pero desesperada la esperanza
Insiste al revivir la savia nueva,
Con frágil insistencia, como en marzo
La campanilla blanca rompe el suelo
Desolado por el cierzo y la escarcha.
¿Es del suelo la flor, o acaso al aire
Debe forma, color, gracia y aroma?
Sin raíz, es mejor. La tierra pide
Demasiado, y el aire es generoso
Hacia las criaturas de este suelo.
Cuando el camino de la luz procura
Su oscura fe.

RD, 373.

En el poema «El árbol» de la sección siguiente, «Vivir sin estar viviendo», la naturaleza presenta ambos aspectos de su ideal. Un plátano o sicomoro bicentenario en el Fellow's Garden de Emmanuel College, en Cambridge, junto con las flores primaverales que brotan a sus pies ofrece vivo contraste con la existencia del poeta, ligada y sometida al tiempo.

Al lado de las aguas está, como leyenda,
En su jardín murado y silencioso,
El árbol bello dos veces centenario,
Las poderosas ramas extendidas,

Cerco de tanta hierba, entrelazando hojas,
Dosel donde una sombra edénica subsiste.

RD, 392.

Tan fuera del tiempo como una leyenda, el plátano suscita memorias del Edén perdido. Recuerda al poeta otro árbol allá en España: «...junto del cual es grato / Dejar morir el tiempo divinamente inútil». Y las flores que crecen a sus pies le recuerdan que cada ciclo sucesivo de renacimiento que presencia le acerca más a su propia muerte. El poema termina con una alusión a la patética falacia de Ruskin. Las sombras del crepúsculo entristecen al poeta porque está envejeciendo, pero el plátano, que renace cada primavera, parece triste únicamente al observador triste. En realidad, su existencia es un ideal: un ideal edénico.

Mientras, en su jardín, el árbol bello existe
Libre del engaño mortal que al tiempo engendra,
Y si la luz escapa de su cima a la tarde,
Cuando aquel aire ganan lentamente las sombras,
Sólo aparece triste a quien triste le mira:
Ser de un mundo perfecto donde el hombre es extraño.

RD, 394.

Extraño o no, el hombre, o al menos el poeta, puede a veces estar con un pie en el Edén. Y en «El nombre», un poema de silencio y soledad, Cernuda vuelve a describir el arrobo contemplativo tan cerca ya de lo inefable que «solo un nombre / Pensado, mas no dicho / (Abril, abril), perfecto / Lo contiene y da forma / Única suficiente». Tan intensa es la contemplación y el embeleso resultante que el poeta pierde la noción de separación de la naturaleza que le rodea —luz, sombra, haya y castaño— hasta el punto de fundirse en el paisaje,[20] lo mismo

20. Cf. el poema en prosa «El mercado» (*VTM*, 645-646).

que se había fundido con el mar en el poema en prosa «El amante», dejando su yo humano (sus ropas) atrás en la playa.

> Las flores del manzano,
> Nieve mejor, sin viento
> Profusamente caen;
> La hierba sueño ofrece
> Para el amor, y el aire
> Respirado es delicia.
> Hasta parece el hombre,
> Tú quieto, entre los otros,
> Un árbol más, amigo
> Al fin en paz, la sola
> Paz de toda la tierra.
>
> *RD,* 396.

En la naturaleza, entiende el poeta, está su verdadera morada, y por tanto el emular su existencia mínima, su pura presencia, es alcanzar la paz en el mundo. Así, al enfrentarse con la inminente perspectiva de un nuevo empleo y una nueva tierra —dar clases en el Mount Holyoke College en Nueva Inglaterra— el poeta no se pregunta por el nuevo ambiente humano sino por los árboles. La interrogación «¿Cómo serán los árboles aquéllos?» que inicia el poema «Otros aires» se la formuló antes de salir de Inglaterra, pero el poema no fue escrito, como no podía serlo sin duda, hasta llegar a Mount Holyoke. Allí encuentra los árboles («Aún desnudos, ya hermosos») tan evocadores del ideal mínimo como los *chopos* de Andalucía y los plátanos de Inglaterra.

> Allá, por el sendero
> A la orilla del lago, en una fila,
> Álamos, arces, abedules,
> Contra las nubes claras
> Y libres, pueblan un horizonte
> Acogedor desde el primer instante,
> En este fin de invierno hacia la primavera.

Extraño nada es, sino propicio
Y familiar, aunque reciente
Seas aquí; y entre esos troncos
Hallas tu mundo fiel, que pide
Confianza y amor de parte tuya
Y ofrece de la suya
Luz nueva y soledad inspiradora.

RD, 416-417.

«Otros aires», el poema de llegada, es el último de *La realidad y el deseo* que podemos llamar propiamente un poema de la naturaleza. Pues la naturaleza en la poesía de Cernuda compendia un ideal de existencia aceptable únicamente cuando la ausencia de un amado no aviva ya el deseo que es antagonista del ideal de *vita minima.* Y con la llegada de Cernuda a América y su descubrimiento de Méjico poco tiempo después el amor vuelve a entrar en su vida y en su poesía. Consiguientemente la naturaleza —objeto interino de su afán— pasa a ser un tema subsidiario del nuevo amor. Así pues, habremos de volver ahora al canto triunfal que Cernuda entona en loor de Méjico, los poemas en prosa de *Variaciones sobre tema mexicano,* donde nuestros tres temas principales de infancia, amor y naturaleza se funden y son al fin resueltos.

4. EL AMOR, LA NATURALEZA Y MÉJICO

Cuando en el poema en prosa «El poeta y los mitos», llama Cernuda la atención sobre su acatamiento de ciertos mitos griegos en los comienzos de su obra, acatamiento intuitivo aunque no exento de intencionalidad, dice que fue debido en parte a cierta «nostalgia de una armonía espiritual y corpórea rota y desterrada siglos atrás de entre las gentes». La frase es de capital importancia, especialmente cuando situamos esta nostalgia en una perspectiva más familiar y la vemos como lo que es: una nostalgia del Edén de la infancia y de una época en que cuerpo y alma, deseo físico e ideal de *vita minima* no estaban en pugna. El deseo, como ya observamos en nuestra exposición del tema de la infancia, era lo que hacía al poeta abandonar su pasiva existencia en el Jardín y lo que le llevaba a la idealización de aquella existencia «vegetativa». Sólo en el mundo infantil de *Ocnos,* cuando tan poco pedía, podía acercarse el cuerpo a la pureza del alma («hecho alma también él mismo»). Luego vino la Caída en el mundo, la separación definitiva del Uno de la naturaleza donde el niño existía en simbiótica pasividad, y la correspondiente soledad ontológica: la conciencia de que la naturaleza es lo «otro». Entonces es cuando la naturaleza (y toda la Creación) se torna «aquel vasto cuerpo» que el poeta anhela poseer y con el cual debe hacerse uno a fin de «alcanzar certeza de mi propia vida». Y a causa de la rareza de esta posesión unitiva, experimentada en el amor y en la experiencia mística del *acorde,* el mundo de los poemas de *La realidad y el deseo* es de desarmonía, de realidad contra deseo. *Ocnos* y *Variaciones,* por otro lado, son obras de armonía, evocando el primero el tiempo anterior a la individuación y separación y apostrofando el segundo una nueva conjunción de los diversos componentes del Edén perdido. El clima y paisaje de Méjico constituyen un facsímile de Andalucía, lugar del Edén, y merced al amor de «X», una objetivación de la perdida juventud del poeta, se recobra en cierta medida la niñez y el poeta vuelve a ser uno con la creación: la «otredad» queda eliminada.

La importancia del descubrimiento de Méjico, y su conquista del espíritu del recién llegado,[21] estriban en la semejanza entre esta tierra y el paisaje de la infancia. Méjico

---

21. «Así debió también adueñarse de los viejos conquistadores, con el mismo dominio interior, como si ellos hubieran sido entonces, como tú lo eres hoy, los subyugados» (*VTM,* 632).

brindaba al poeta aquel mismo ideal existencial que hallara en
el magnolio sevillano. Veamos esta frase de «Miravalle»:

> Los ecos trágicos de leyenda y de historia que vienen de
> esas frondas y galerías nada pueden contra el viejo deseo
> de gozo, de permanencia, que una vez más en ti nace de
> esta contemplación. (*VTM,* 626-627.)

Una y otra vez la naturaleza de Méjico despierta recuerdos del
«vínculo filial» que le uniera con el universo edénico de su
niñez andaluza. Pasado y presente fluyen al unísono como en
«El mirador»:

> Acodado luego en el muro, miras el paisaje, te dejas
> invadir por él, de tus ojos a tu imaginación y su memoria,
> adonde algo interior, no sabes qué, imagen venida cómo o
> por dónde, parecía haberte preparado para esta simpatía
> profunda, este conocimiento entrañable que a su vista en
> ti despierta. (*VTM,* 632.)

Hay una continua invitación al poeta a integrarse en la existencia mínima de la naturaleza que le circunda, y hasta el
cuerpo, cuyos deseos distinguen al hombre de Méjico del niño
de Sevilla, sucumbe a ella. En «Perdiendo el tiempo» se da
una tregua entre cuerpo y espíritu.

> El soplo nocturno del trópico descansa sobre la piel,
> oreándola. Te sientes flotar, ligero, inconsciente. Sólo los
> sentidos velan, y con ellos el cuerpo; pero éste vela sin
> insistencia, no con el entremetimiento acostumbrado,
> queriendo y exigiendo. Y aunque tú, que le conoces de
> antiguo, sospeches irónicamente de su templanza, él pre-
> tende que con un beso se daría por contento esta noche.
> (*VTM,* 635.)

Hasta este momento, durante todo su exilio del Edén, el poeta

había vivido con el cuerpo en un sitio y el alma en otro, y
efectivamente en el curso de este estudio hemos observado con
reiteración las pugnas entre el cuerpo y el alma, especialmente en el capítulo sobre el amor. Ahora en *Variaciones,* por
primera vez desde *Ocnos,* la dualidad deja de constituir una
causa de angustia. Patente en *Ocnos* hallábase el deseo de espi-
ritualizar el cuerpo para acomodarlo al ideal de *vita minima.*
En *Variaciones* vemos que puesto que tal cosa era imposible,
también se consideró con nostalgia el ideal opuesto: rechazar
el espíritu y ser puro cuerpo. En «El pueblo» encontramos el
siguiente pasaje:

> Esto que en ti simpatiza con la gente del pueblo es lo
> que de animal hay en ti: el cuerpo, el elemento titánico de
> la vida, que ya tarde tanto poder alcanzó sobre ti, y según
> el cual muchas veces te sentiste, no sólo igual, sino hasta
> inferior al pueblo. Porque el espíritu, excepto en cuanto el
> cuerpo puede arrastrarlo (y en ti puede mucho), apenas
> tiene ahí parte. En ti, cuando el cuerpo, lo titánico, ha-
> bla, tu espíritu, lo dionisíaco, si no otorga, lo más que
> puede hacer es callar. (*VTM,* 635.)

Puesto que en el mito de donde ha tomado Cernuda sus desig-
naciones para cuerpo y espíritu los Titanes mataron a Dioni-
sos y comieron su carne,[22] podemos juzgar la intensidad del
conflicto en la experiencia del poeta. Pero como por otra parte
era incapaz de hacer más que aproximarse a cada uno de estos
ideales, la pareja alma-cuerpo sigue siendo una continua causa
de conflicto en todo el desarrollo de *La realidad y el deseo.*
Ahora en *Variaciones,* reconquistado el Edén, Cernuda es libre
de reconsiderar las aspiraciones diametralmente opuestas
hasta entonces, del cuerpo y el alma. Y si el *modus vivendi*

---

22. W. K. C. Guthrie, *The Greeks and Their Gods* (Beacon Paperback
1.ª edición, Boston, 1955), pp. 319-320. El mito explica de este modo
la naturaleza mixta del hombre, terrestre y divina.

descrito no es nuevo, al menos es la primera vez que encuentra expresión literaria. La libertad a que me refería adviene con la recuperación de un clima idóneo tanto para la carne como para el espíritu —el paisaje de Méjico— y la correspondiente verificación de que su conflicto era situacional más que inherente. Como escribe Cernuda en «Centro del hombre»:

> Durante muchos años has vivido, tu cuerpo en un sitio, tu alma en otro; mientras la necesidad te ataba a un lado, el gusto, el afecto, tiraba de ti hacia otro. Los optimistas, al pretender como situación preferible aquella precisamente donde se encuentran, olvidan que el espíritu, lo mismo que el cuerpo, no puede vivir de un medio que le sea desfavorable, o, mejor dicho, que le sea ajeno. De otra manera se venga (¿de quién?) enfermando.
>
> No: nada de ángel, ni de demonio desterrado. De lo que aquí hablas es del hombre, y nada más; de la tierra, y nada más. Ambos, el hombre y la tierra, hallada la armonía posible entre el uno y la otra, son bastante. Y ni siquiera pretendes que tu vida sea una de las pocas donde falte dicha armonía, porque bien sabes, y por eso te permites hablar de ello, que ése es mal de muchos, y tú uno nada más entre ellos. (*VTM*, 651-652.)

Tan completo es el reposo hallado que hasta la mítica actitud de los poemas recopilados («ángel, demonio desterrado») cede y se relaja y el poeta no habla ya a través de su máscara; como en los poemas de amor mejicanos, «Poemas para un cuerpo», es un hombre que habla por el Hombre: «Y yo, este Luis Cernuda / Incógnito...» (*RD*, 471).

En *Variaciones,* Cernuda no es ya el poeta de la soledad ontológica y la naturaleza ha dejado de ser lo «otro» de que se hallaba separado. Aquí al fin es posible el acorde mediante el misticismo del amor, y al poseer el cuerpo del amado —el espejo de la creación— posee por fin «aquel vasto cuerpo de la creación». En el poema en prosa «La posesión», el cuerpo logra ese «acorde» que antes había sido posible únicamente para el espíritu.

El cuerpo no quiere deshacerse sin antes haberse consumado. Y ¿cómo se consuma el cuerpo? La inteligencia no sabe decírselo, aunque sea ella quien más claramente conciba esa ambición del cuerpo, que éste sólo vislumbra. El cuerpo no sabe sino que está aislado, terriblemente aislado, mientras que frente a él, unida, entera, la creación está llamándole.

Sus formas, percibidas por el cuerpo a través de los sentidos, con la atracción honda que suscitan (colores, sonidos, olores), despiertan en el cuerpo un instinto de que también él es parte de ese admirable mundo sensual, pero que está desunido y fuera de él, no en él. ¡Entrar en ese mundo, del cual es parte aislada, fundirse con él!

Mas para fundirse con el mundo no tiene el cuerpo los medios del espíritu, que puede poseerlo todo sin poseerlo o como si no lo poseyera. El cuerpo únicamente puede poseer las cosas, y eso sólo un momento, por el contacto de ellas. Así, al dejar su huella sobre él, conoce el cuerpo las cosas.

No se lo reprochemos: el cuerpo, siendo lo que es, tiene que hacer lo que hace, tiene que querer lo que quiere… El cuerpo advierte que sólo somos él por un tiempo, y que también él tiene que realizarse a su manera, para lo cual necesita nuestra ayuda. Pobre cuerpo, inocente animal tan calumniado; tratar de bestiales sus impulsos, cuando la bestialidad es cosa del espíritu.

Aquella tierra estaba frente a ti, y tú inerme frente a ella. Su atracción era precisamente del orden necesario a tu naturaleza: todo en ella se conformaba a tu deseo. Un instinto de fusión con ella, de absorción en ella, urgían tu ser, tanto más cuanto que la precaria vislumbre sólo te era concedida por un momento. Y ¿cómo subsistir y hacer subsistir al cuerpo con memorias inmateriales?

En un abrazo sentiste tu ser fundirse con aquella tierra; a través de un terso cuerpo oscuro, oscuro como penumbra, terso como fruto, alcanzaste la unión con aquella tierra que lo había creado. Y podrás olvidarlo todo, todo menos ese contacto de la mano sobre un cuerpo, memoria donde parece latir, secreto y profundo, el pulso mismo de la vida. (*VTM*, 649-650.)

Este texto cierra el ciclo —la trayectoria vital— que empezó con una experiencia infantil de unidad con el mundo tanto tiempo atrás en Sevilla. El azar, palabra tan importante en el léxico de Cernuda, y la geografía conspiran para recrear en el otro extremo de la vida ese Edén por el que tanto había suspirado el poeta desde la Caída. La nostalgia de la infancia halla su respuesta en el amor y el amor es la *vía mística* por la que el poeta vuelve a ser uno con la naturaleza. Deseo y realidad dejan de ser esferas antitéticas y la tensión entre ambas, que había sido motivo de tanta angustia creadora, queda resuelta. Y en un sentido profundo es mitigada aquella sed de eternidad que era en realidad el afán de reconquistar esa primera experiencia del intemporal Edén de la infancia.

*   *   *

Conjuntamente consideradas, las tres principales configuraciones del tema unificante constituyen lo que Octavio Paz ha llamado «biografía espiritual» del poeta, o lo que yo he denominado, valiéndome de la propia designación de Cernuda, el mito de su existencia. En los capítulos restantes del presente estudio examinaremos otros dos temas o configuraciones, partes integrantes ambos de la «biografía espiritual» ya tratada, y no obstante subordinados a ella.

CAPÍTULO VI
Enemigos del Caos:
los artífices de la eternidad

Quel charme auraient pour lui des grandeurs
[passagères,
Des voluptés d'un jour à sa gloire étrangères?
Il ne vit qu'aux siècles futurs,
D'un posthume laurier l'avenir le couronne,
Et l'éclat immortel dont sa tombe rayonne
Illumine ses jours obscurs.[1]

CHEVALIER DE FOURCY,
«Le Poète»

EN «JUGUETES de la muerte», un poema en prosa de *Variaciones sobre tema mexicano,* Luis Cernuda, tan dado siempre a remover olvidadas disputas, alude no muy indirectamente por cierto a un artículo de fe literario que siempre le había separado de sus primeros maestros, Salinas y Guillén. La ocasión de este poema en prosa fue una visita a un museo arqueológico mejicano, y los «juguetes» del título eran figurillas aztecas. Cernuda evoca:

En los días de tu juventud solían afirmar algunos, creyendo así alborotar el cotarro, que el arte era un juego... Pero que el arte resulte un juego es verdad posible, cuyo dramático significado ellos no vislumbraban... Ha-

1. *Recueil des jeux floraux de l'Academie de Toulouse,* 1821, citado en Maurice Z. Shroder, *Icarus: The Image of the Artist in French Romanticism* (Cambridge, Mass., 1961), p. 43.

> llados en tumbas, muchos de estos fragmentos sobreviven
> tras de sortear el entredicho de la muerte...
>
> Mas las circunstancias no van con la elegía, que acaso
> esa supervivencia de lo frágil y lo gracioso, cuando se hun-
> dió lo que más resistente al tiempo parecía, no sea sino
> una paradoja, en la cual debiera aprender su lección nues-
> tra suficiencia pedantesca. (*VTM*, 639-640.)

Si el arte es un juego, nos recuerda Cernuda, es éste un juego
de azar que jugamos con la muerte; un juego pavoroso en que
tan sólo el arte puede ganar. La misma idea aparece en el
poema «Las ruinas», una visita imaginaria a las ruinas de
Pompeya. Nada sino utensilios, prendas, objetos subsiste
de aquella gran ciudad reducida a cenizas:

> En las tumbas vacías, las urnas sin cenizas,
> Conmemoran aún relieves delicados
> Muertos que ya no son sino la inmensa muerte anónima,
> Aunque sus prendas leves sobrevivan:
> Pomos ya sin perfume, sortijas y joyeles
> O el talismán irónico de un sexo poderoso,
> Que el trágico desdén del tiempo perdonara.
>
> *RD,* 324.

«Las ruinas» es un poema decisivo, pues también contiene el
credo del poeta, en el cual afirma que es la sed de eternidad lo
que hace al poeta, esto es, el impulso de hacer permanente
lo efímero. No debe asombrarnos pues que Cernuda tuviera
en poco a los poetas que consideran su arte un mero juego. Y
en su ensayo sobre Salinas en *Estudios sobre poesía española contemporánea,* Cernuda le acusa no sólo de ser un poeta «bur-
gués», sino de haberse convertido, después de *Presagios,* en
«un poeta ingenioso de tendencias cosmopolitas»,[2] defecto
que atribuye a la influencia de Guillén. En el mismo ensayo,

2. *Estudios...*, p. 201.

después de citar tres versos del poema de Salinas «Far west», comenta Cernuda:

> El análisis de dicho juego ingenioso puede repetirse en la mayoría de los poemas de Salinas, los que de preferencia parecen atender, antes que a captar una realidad poética oculta, al juego susodicho; o mejor: en el juego susodicho diríamos que consiste para Salinas la creación poética.[3]

Desde luego, Cernuda habla como quien ha tomado a pecho los postulados de Bécquer y de Wordsworth sobre la sencillez en la dicción poética. Pero debajo de su áspera crítica de Salinas y de Guillén subyace una visión del artista, del poeta, radicalmente distinta de la de ellos. Y si tenemos en cuenta que la reacción contra el romanticismo llegó a España casi antes de que el propio romanticismo pueda decirse con verdad que lo hiciera, no es demasiado difícil descubrir en la concepción cernudiana del poeta la idea romántica del mismo, fiel en todos sus pormenores y con muy ligera modificación. Así, mientras otros de su generación se permitían intentar lo que a él le parecía incursión diletante en las otras artes (Alberti, Lorca y Prados) o decidían ser profesores-poetas (Salinas y Guillén), para Cernuda *ser* era siempre ser el Poeta. La *pose* certificaba la existencia. Testimonio de esta gratuita conclusión es el prefacio de su estudio sobre los poetas románticos ingleses:

> El autor desea también indicar que la composición de este libro fue consecuencia de sus circunstancias; es decir, que es obra voluntaria más bien que fatal. No obstante, su amor y su admiración ya antiguos hacia la poesía inglesa le hicieron agradable la tarea, o al menos el trabajo le alivió esa sensación de desempleo e inutilidad que agobia al poeta en nuestros tiempos. (Sólo la experiencia poética, y

3. *Ibid.*, p. 202.

sobre todo la expresión de la misma, pueden deparar al
poeta la certeza íntima de su propia necesidad, y ambas
son igualmente breves y raras.)[4]

Para Cernuda el hecho de ejercer la crítica es voluntario más
bien que *fatal;* sirve sólo como complemento de la verdadera
vocación y nunca debe permitírsele desdibujar la imagen del
Poeta. Nadie más consciente de esta importancia de la vocación que Pedro Salinas, profesor-poeta, cuando en 1936 titulaba su reseña de *La realidad y el deseo* —en la que el término
«romántico» aparece repetidas veces— «Luis Cernuda,
poeta».

   Los temas tratados hasta el momento —infancia, amor y
naturaleza— han sido existenciales más que vocacionales,
personales más que sociales. Pero la biografía espiritual de la
obra poética quedaría incompleta sin un análisis del amplio
número de poemas que tienen por tema la delineación de la
figura del poeta y su arte o vocación. En parte como autojusti-
ficación, en parte como reto, estos poemas hállanse presentes
en todas las fases de la creación poética de madurez de Cernuda, y globalmente considerados, entrañan una concepción del
artista y de la sociedad que entra de lleno en la tradición
romántica.

   Separadas a veces, aunque más a menudo en combinación,
son tres las categorías en que tales poemas se dividen: los que
rinden tributo a otros poetas y artistas; los que describen la
sociedad con que el artista está en pugna, y finalmente los que
tienen por tema al propio poeta y su obra. No debe permitir-
se, sin embargo, que la división de estos poemas en tres categorías oscurezca el impulso central que a todos ellos infor-
ma. En realidad, no sería inexacto decir que no hay poema de
Cernuda que no contribuya, por muy poco que sea, a la elabo-
ración de ese *personaje* que es el poeta. Todos ayudan a la

---

4. Cernuda, *Pensamiento poético...*, p. vi.

transformación del yo en lo que Croce denominaba personalidad poética o ideal. Pero los poemas de que vamos a ocuparnos en este capítulo se distinguen del resto por el grado y amplitud con que se concentran en esta imagen del propio poeta. Los poemas-homenaje, aunque dirigidos a otros artistas y poetas, encierran invariablemente una expresión de solidaridad con el colega. Por la afinidad que revela su tema, cada poema-homenaje define otra faceta del propio poeta. No es menos cierto esto mismo de los poemas sobre la sociedad. Para Cernuda, como para Baudelaire,[5] cada ataque contra la sociedad no es sino un medio más de definir el ser propio y mostrar cierta imagen del ser de los demás. De este modo, lo que en la tercera categoría es explícito se revela implícitamente en cada una de las otras dos. Pero ya tengan como tema la figura del artista, la sociedad en que vive o la propia poesía, todos se encaminan al mismo fin: el de hacer inmanente en el poema el yo mítico del poeta; el de vincular indisolublemente con el de su arte su destino personal.

I. EL ARTISTA-HÉROE

Como es fácil de suponer, todos los poemas-homenaje tienden a converger en un centro común: la figura del artista-héroe. Y no sería digresión mencionar aquí también aquellas traducciones que publicó Cernuda, pues cada una de ellas indica cuando menos una afinidad transitoria, libremente elegida. Esto es cierto en su traducción de *Troilo y Crésida* de Shakespeare y de poemas de Marvell, Browning, Yeats y Hölderlin. Pero con éstos el homenaje es indirecto y tácito; no puede decirse lo mismo respecto a los poemas de *La realidad y el deseo* que versan sobre otros poetas o artistas o abiertamente los ensalzan. Todos estos justifican plenamente las

5. Shroder, *Icarus...*, p. 186.

razones del homenaje que se les rinde. Todos contribuyen a definir el complejo ideal que Cernuda tiene del artista. Uno de tales poemas, quizás el más importante, es «El poeta». Aunque escrito en el período 1944-49 y publicado en «Vivir sin estar viviendo», nos remite a la profunda influencia ejercida en el poeta por Juan Ramón Jiménez, influencia al mismo tiempo personal y literaria. Cuando Cernuda conoció por fin al poeta de más edad que él, en septiembre de 1925, se halló frente a frente con un absoluto ideal personal, fuesen cuales fueren sus diferencias posteriores. El autor de *Segunda antología poética* era el Poeta en cuerpo mortal: aristocrático, exclusivo, dedicado a su obra, hipersensible: el legítimo heredero de la estirpe Hugo-Darío. Si Lorca y Alberti siguieron los pasos del Juan Ramón anterior a 1916, y la concepción guilleniana de *Cántico* debe mucho al Juan Ramón de las antologías, Cernuda estima la amorosa contemplación de la naturaleza a que es dado este vate y al mismo tiempo demuestra su adhesión a la imagen viviente del poeta que no era la menor de las creaciones conscientes de Juan Ramón Jiménez.

Otro poeta, un novelista y un compositor son los artistas-héroes de tres poemas-homenaje más. El «Homenaje» que inicia la segunda sección de *La realidad y el deseo* se titulaba «Homenaje a Fray Luis de León» cuando por primera vez se publicó en la revista *Carmen*,[6] y pone de relieve el contraste entre la inmortalidad de la poesía y la mortalidad del poeta. «*In memoriam* A. G.» conmemora la muerte de André Gide, cuyas obras leyeron Cernuda y su amigo Romero Murube a instigación de Salinas cuando aún eran estudiantes en Sevilla. El poema atestigua un ideal de sinceridad en el artista que Cernuda admiraba y emulaba. Así, Gide es también un «modelo» personal y un norte literario, pues si alguna obra había de ser mencionada en relación con la idea del Edén adulto de

6. *Carmen*, 3-4 (marzo, 1928), s.p.

Cernuda, Sansueña, además del *Hyperion* de Hölderlin, sería *Les Nourritures Terrestres* del escritor francés. El poema-homenaje a Mozart, diferente en apariencia de los otros, no es sino un ejemplo más del artista compañero cuya obra ha dado sentido a la existencia del poeta. No sólo es Mozart el compositor favorito de Cernuda, sino que la propia música, sin la cual el *acorde* es imposible, es, después de la poesía, la más altamente valorada de todas las artes; lo que él denominaba, con una frase de Mallarmé, «pure délice sans chemin» y equivalente del vuelo para el hombre.[7]

El común denominador que une los restantes poemas-homenaje es la visión del artista-héroe como víctima y mártir. «A un poeta muerto (F. G. L.)», «Góngora», «A Larra, con unas violetas», «Un contemporáneo» y «Birds in the night» son los mejores ejemplos de esta clase. Cernuda ve a Lorca, Góngora, Larra, Verlaine y Rimbaud como encarnaciones de un ideal de dedicación al arte, por lo cual les retribuyó la sociedad, contemporánea o no, con muerte, destierro, incomprensión e hipocresía. Todos, en uno u otro sentido, «vivieron por la palabra y murieron por ella, / Como Rimbaud y Verlaine» (*RD,* 497). La siguiente estrofa del poema dirigido a Lorca expresa un sentimiento que el poeta comparte con todos ellos:

> Triste sino nacer
> Con algún don ilustre
> Aquí, donde los hombres
> En su miseria sólo saben
> El insulto, la mofa, el recelo profundo
> Ante aquel que ilumina las palabras opacas
> Por el oculto fuego originario.
>
> *RD,* 255.

Este martirio es inevitable porque la vocación del poeta asume

7. Véase «La música», *O,* 2.ª ed., 585.

el carácter de una maldición infligida por el destino, y porque
la muerte es su única recompensa.

> Para el poeta la muerte es la victoria;
> Un viento demoníaco le impulsa por la vida,
> Y si una fuerza ciega
> Sin comprensión de amor
> Transforma por un crimen
> A ti, cantor, en héroe,
> Contempla en cambio, hermano,
> Cómo entre la tristeza y el desdén
> Un poder más magnánimo permite a tus amigos
> En un rincón pudrirse libremente.

RD, 257.

2. EL CONTEXTO DE LA SOCIEDAD

«La gloria del poeta», escrito en la década de los treinta
cuando las revoluciones política y literaria estaban en el aire,
y cuando en consecuencia entendía Cernuda la misión del
poeta como abiertamente satánica, es quizá su más amplia
diatriba contra la sociedad hostil que ve al poeta como paria y
proscrito. Aquellos a quienes Cernuda constantemente deno-
mina *la grey* han elegido las instituciones en vez de la libertad, la Ciudad en vez del mundo natural (el poema forma
parte de una sección titulada en un principio «Invocaciones a
las gracias del mundo»), y rematarán su ignominia produ-
ciendo un crítico literario que estudie la obra del poeta; un
parásito que se hará rico y famoso como nunca lo fue el propio
poeta, verdadero creador. El crítico, en la vanguardia de una
sociedad hostil, se beneficia del arte sin padecer en su servicio. Dirigiéndose a su propio demonio, su *semblable* baudele-
riano («Demonio hermano mío, mi semejante»), el poeta
escribe:

Mírales cómo enderezan su invisible corona
Mientras se borran en la sombra con sus mujeres al brazo,
Carga de suficiencia inconsciente,
Llevando a comedida distancia del pecho,
Como sacerdotes católicos la forma de su triste dios,
Los hijos conseguidos en unos minutos que se hurtaron al
                                                    [sueño

Para dedicarlos a la cohabitación, en la densa tiniebla con-
                                                    [yugal
De sus cubiles, escalonados los unos sobre los otros.

Mírales perdidos en la naturaleza,
Cómo enferman entre los graciosos castaños o los tacitur-
                                            [nos plátanos.
Cómo levantan con avaricia el mentón,
Sintiendo un miedo oscuro morderles los talones;
Mira cómo desertan de su trabajo el séptimo día autorizado,
Mientras la caja, el mostrador, la clínica, el bufete, el
                                            [despacho oficial
Dejan pasar el aire con callado rumor por su ámbito soli-
                                            [tario.

Escúchales brotar interminables palabras
Aromatizadas de facilidad violenta,
Reclamando un abrigo para el niñito encadenado bajo el
                                            [sol divino.
O una bebida tibia, que resguarde aterciopeladamente
El clima de sus fauces,
A quienes dañaría la excesiva frialdad del agua natural.

Oye sus marmóreos preceptos
Sobre lo útil, lo normal y lo hermoso;
Óyeles dictar la ley al mundo, acotar el amor, dar canon a
                                            [la belleza inexpresable,
Mientras deleitan sus sentidos con altavoces delirantes;
Contempla sus extraños cerebros

Intentando levantar, hijo a hijo, un complicado edificio
[de arena
Que negase con torva frente lívida la refulgente paz de las
[estrellas.
Ésos son, hermano mío,
Los seres con quienes muero a solas,
Fantasmas que harán brotar un día
El solemne erudito, oráculo de estas palabras mías ante
[alumnos extraños,
Obteniendo por ello renombre,
Más una pequeña casa de campo en la angustiosa sierra
[inmediata a la capital...

RD, 231-32.

Aunque este poema fue escrito en 1934 ó 1935, el retrato de
la sociedad que encierra no se ve mitigado en modo alguno en
poemas posteriores que tratan el mismo tema. «Como quien
espera el alba» (1941-44) incluye el poema «Aplauso humano», más áspero aún si cabe. Aquí el confirmado *poète maudit*
vuelve a vituperar a la que Blas de Otero, parodiando a Juan
Ramón Jiménez, ha llamado *la inmensa mayoría.* Y nuevamente Cernuda concentra su ataque sobre el matrimonio como
institución y el crítico literario, y el periodista mercenario,
como antagonistas. He aquí las cuatro primeras estrofas de
«Aplauso humano»:

Ahora todas aquellas criaturas grises
Cuya sed parca de amor nocturnamente satisface
El aguachirle conyugal, al escuchar tus versos,
Por la verdad que exponen podrán escarnecerte.

Cuánto pedante en moda y periodista en venta
Humana flor perfecta se estimarán entonces
Frente a ti, así como el patán rudimentario
Hasta la náusea hozando la escoria del deseo.

La consideración mundana tú nunca la buscaste,
Aún menos cuando fuera su precio una mentira,
Como bufón sombrío traicionando tu alma
A cambio de un cumplido con oficial benevolencia.

Por ello en vida y muerte pagarás largamente
La ocasión de ser fiel contigo y unos pocos,
Aunque jamás sepan los otros que desvío
Siempre es razón mejor ante la grey.

RD, 360.

Periodista, pedante literario, sacerdote, financiero y hombre de negocios son los retratos que componen la galería de pícaros de Cernuda. Gordos, ricos y complacientemente burgueses —«Vientres sentados» como los llama en otro poema— representan a la sociedad victimaria como otras tantas caricaturas de un cartapacio de litografías de George Grosz. Y si éstos —los actores— son estereotipados, el marco en que aparecen —su medio ambiente— no lo es menos. La palabra que para Cernuda simboliza este marco es *el sarao:* un término con extrañas connotaciones anacrónicas. Veamos las propias observaciones del poeta sobre dicha palabra en un breve prólogo a su cuento de 1942 *El sarao:*

> La palabra colocada al frente de estas páginas hace largos años que preocupa mi fantasía. Siempre he evocado, al oírla, algo fastuoso, ardiente y remoto, que brillaba como diamante escondido entre los bucles de una cabellera o susurraba como rumor de seda que se desliza nocturnamente sobre escalinatas de mármol.
>
> Pero al mismo tiempo cierta melancolía, filtrándose quizá en sus sílabas desde los labios portugueses que tantas veces la repitieran en siglos pasados, velaba esa luz y ese rumor.[8]

8. *Tres...,* p. 83.

Continúa diciendo Cernuda que el cuento que sigue a estas observaciones es «la historia entrevista por [él] en una palabra», que espera haber acertado a transcribir sin deformación, «como esa vislumbre incompleta de otras existencias que percibimos tras los vidrios iluminados sobre una calle oscura». La metáfora no podía ser más reveladora, pues delata una nostalgia —una figura solitaria en la calle oscura, espectadora del esplendor social— de todo cuanto significa *el sarao*. Pero en la poesía esta nostalgia sólo puede advertirse por inferencia; allí el *sarao* denota cuanto es pomposo y superficial; en suma, un medio donde los plumíferos charlatanes y los hueros protectores de las artes están como en su casa y el verdadero poeta se halla eclipsado. Aun cuando no se utiliza en él la palabra *sarao,* en el poema «Limbo» tenemos un destacado ejemplo de lo que entraña y supone dicha palabra. Vemos aquí al Poeta como invitado reacio:

Inhóspita en su adorno
Parsimonioso, porcelanas, bronces,
Muebles chinos, la casa
Oscura toda era,
Pálidas sus ventanas sobre el río,
Y el color se escondía
En un retablo español, en un lienzo
Francés, su brío amedrentado.

Entre aquellos despojos,
Provecto, el dueño estaba
Sentado junto a su retrato
Por artista a la moda en años idos,
Imagen fatua y fácil
Del *dilettante,* divertido entonces
Comprando lo que una fe creara
En otro tiempo y otra tierra.

> Allí con sus iguales,
> Damas imperativas bajo sus afeites,
> Caballeros seguros de sí mismos,
> Rito social cumplía,
> Y entre el diálogo moroso,
> Tú oyendo alguien que dijo: «Me ofrecieron
> La primera edición de un poeta raro,
> Y la he comprado», tu emoción callaste.
>
> *RD,* 461-462.

En «Impresión de destierro» el Poeta vuelve a ser participante reacio en una especie de *sarao* celebrado en «un salón del viejo Temple, en Londres». Y aunque el marco de referencia del poema es el trágico desenlace de la Guerra Civil española en 1939 (el poema está incluido en «Las nubes»), la concepción del cuadro por parte de Cernuda, un panorama matizado por la idea dominante del *sarao,* lo retrotrae en el tiempo hasta hacerlo parecer un salón del siglo diecinueve o un estrado eduardiano,[9] fatuo y rancio como el ambiente del poema «Limbo». He aquí la segunda estrofa:

> Eran señores viejos, viejas damas,
> En los sombreros plumas polvorientas;
> Un susurro de voces allá por los rincones,
> Junto a mesas con tulipanes amarillos,
> Retratos de familia y teteras vacías.
> La sombra que caía
> Con un olor a gato,
> Despertaba ruidos en cocinas.
>
> *RD,* 294.

Como muestra esta estrofa, más claramente quizá que las precedentes, la sociedad del *sarao* es el equivalente cernudiano de

---

9. O, pudiera uno imaginar, la sociedad elegante de Sevilla en tiempos de la juventud de Cernuda.

la *city* de T. S. Eliot, espiritualmente desolada: el Londres de la incredulidad. En efecto, el propio giro de las imágenes debe no poco a Eliot, especialmente las de los dos últimos versos. Y en un poema sobre Londres después de un ataque aéreo, «Otras ruinas», vemos indicios aún más consistentes de una atenta lectura de Eliot. Observemos la cuarta estrofa:

El recinto donde las damas, dispensando
Una taza de té, medían su sonrisa según el visitante,
Bajo de cuyos techos festejaron múltiples las bujías
Íntimas reuniones y brillantes saraos, o en ocasión más rara
El matrimonio ventajoso por dos familias esperado,
Ya se encuentra desnudo y alberga solamente
La sede de socorros, a cuyas oficinas
Supervivientes fantasmales llegan.

RD, 402.

El segundo verso parece un eco inconsciente del lamento de Prufrock: «I have measured out my life with coffee spoons» [«He medido mi vida con cucharillas de café»] y el poema de Cernuda termina con una referencia a lo que para Eliot, en *Little Gidding,* es un símbolo del Espíritu Santo: un bombardero que hace llover la destrucción sobre el morador de la ciudad. Para Cernuda los bombarderos («aves maléficas») son sencillamente un ejemplo más de la corrupción del mundo que lleva a cabo el hombre. No contento con destruir el mundo natural, tiene también que profanar los cielos, y si esto le lleva a su propia destrucción, no es sino lo que merece.

Para Cernuda, pues, el *sarao* resume y sintetiza todos los valores negativos contra los que se alza el poeta. El lucro, el poder y la fama son los únicos valores que tal sociedad reverencia. Es una sociedad basada en normas y criterios falsos, superficiales, sin la menor inquietud por las cosas intangibles, por lo que debe ser creído, antes que visto. Y aunque volveré sobre este punto en el capítulo siguiente, es importante

hacer constar aquí que la condena de la sociedad por parte
de Cernuda se centra en esta falta de fe: descreimiento que
hace imposible toda apreciación de la obra del poeta. Así,
la experiencia del exilio que adquiere Cernuda en países
predominantemente protestantes nos proporciona otro elemento
en la caracterización de la sociedad que asiste a los saraos.
Como vemos en el poema «El ruiseñor sobre la piedra» existe
para el poeta una relación weberiana entre el descreimiento (la
Inglaterra protestante) y el utilitarismo de una sociedad capi-
talista. El Escorial, obra del catolicismo español (o sea de la
fe), en su vivo contraste con, digamos, la bombardeada ciudad de Londres —una ciudad protestante—, es metafóricamente descrito como parte orgánica del mundo natural. Es
pájaro, flor, agua esculpida, música helada, etc. Mas por encima de todo, su fin no es utilitario, es una creación des-
interesada del espíritu humano. Desde su exilio en Inglaterra,
dirigiéndose a El Escorial, el poeta escribe:

> Tú, hermosa imagen nuestra,
> Eres inútil como el lirio.
> Pero ¿cuáles ojos humanos
> Sabrían prescindir de una flor viva?
> Junto a una sola hoja de hierba,
> ¿Qué vale el horrible mundo práctico
> Y útil, pesadilla del norte,
> Vómito de la niebla y el fastidio?

RD, 316.

Con todo, «El ruiseñor sobre la piedra» no arroja el menor
destello de gloria sobre la España moderna, ya que el contraste se efectúa entre la Inglaterra contemporánea, o el espíritu
protestante al menos, y la España de Felipe II. En cuanto a la
España moderna, se ha contaminado de «protestantismo», se
ha convertido en una sociedad igualmente «práctica» como
hemos observado. La sociedad contemporánea del *sarao,* ya sea

católica o protestante, tiene como características principales el sentido práctico y el descreimiento. La poesía, por el contrario, es un acto de fe casi totalmente desinteresado.

3. EL POETA Y SU ARTE

Medida exacta de la importancia del acto creador para Cernuda es la frecuencia con que sus poemas se vuelven introspectivamente sobre sí mismos y hacen comentarios sobre la naturaleza de la poesía. Pues la naturaleza y función de la poesía tórnanse de suma importancia en el contexto de una sociedad hostil. Más que la apología del hecho poético en sí, lo que hacen estos poemas es explorar su propio lugar posible en el seno de un mundo «práctico». Y aquí otra vez, como tantas a lo largo de nuestro estudio, es la nostalgia una nota frecuentemente pulsada. Hemos visto antes cómo no había sitio para el poeta (o artista) en la sociedad contemporánea; o al menos esa sociedad no se le reconocía. Con todo, lejos de mantener una actitud consecuentemente satánica *vis-à-vis* la sociedad, Cernuda deja bien sentado que idealmente el poeta debería ocupar tal lugar; el *sarao* era objeto de nostalgia tanto como de desdén. Pero hoy los tiempos andan desquiciados y el poeta se ha convertido en un *déclassé*. Tal fue sin duda la experiencia de Cernuda en el histórico contexto de la Guerra Civil española. Si, como parece, se consideraba de clase social diferente a la de Aleixandre, Lorca y Alberti, entonces hallábase en disposición al menos, como hombre y también como poeta, de unirse a las fuerzas del nuevo orden —una sociedad sin clases— contra el viejo. Pero con la muerte del nuevo orden y con su propio exilio se convirtió de nuevo en un intruso y en un forastero. Así, cuando en «El ruiseñor sobre la piedra» habla del «trágico ocio del poeta» se refiere a esa obligada holganza del poeta cuyo lugar en la sociedad se ha desmoronado con la sociedad misma. Aun así no fue nunca Cernuda el poeta revolucionario que fueron Prados y Alberti. Simplemente la República deparaba un medio que parecía responder a su nostalgia de una época y una sociedad en que la vocación del poeta era de trascendental importancia. Lo mismo que Hölderlin, Cernuda añoraba aquella edad desaparecida en que el poeta servía de mediador entre los dioses y el hombre. En la sociedad contemporánea, sin embargo, retirados los dioses e incognoscibles, el poeta pasa a ser la conciencia espontánea de la sociedad que trata de restablecer un vínculo con los dioses y hacer de nuevo inmanente lo eterno. Tal es la vocación del poeta según se nos describe en varios de los poemas-homenaje ya mencionados. Veamos, por ejemplo, la última estrofa de «A Larra, con unas violetas»:

> Libre y tranquilo quedaste en fin un día,
> Aunque tu voz sin ti abrió un dejo indeleble.
> Es breve la palabra como el canto de un pájaro,
> Mas un claro jirón puede prenderse en ella
> De embriaguez, pasión, belleza fugitivas,
> Y subir, ángel vigía que atestigua del hombre,
> Allá hasta la región celeste e impasible.
>
> *RD, 267.*

El poeta asume la misión de retar a los dioses en representación del género humano y al hacerlo así crea su propia vocación. Pero hablar *por* el hombre no es lo mismo ni mucho menos que hablar *al* hombre, y en efecto, los poemas de Cernuda raras veces se dirigen al lector, sino a sí mismo o a un doble suyo tal como su demonio; o bien adquieren la forma de dramáticos monólogos en que el lector no tiene parte alguna por cuanto el monólogo dramático crea su propio oyente. El lector de los poemas de Cernuda no oye directamente sino más bien por encima y como quien sorprende palabras que no van dirigidas a él. Pero no se detiene aquí esta exclusión del lector. Paradójicamente, hay algunos poemas que consideran el no escribir poesía alguna. Buen ejemplo de ello es esta breve composición, «Soledades»:

> ¿Para qué dejas tus versos,
> Por muy poco que ellos valgan,
> A gente que vale menos?
>
> Tú mismo, que así lo dices,
> Vales menos que ninguno,
> Cuando a callar no aprendiste.
>
> Palabras que van al aire,
> Adonde si un eco encuentran
> Repite lo que no sabe.

RD, 464.

Estos versos expresan una extraordinaria desesperanza respecto al posible público lector del poeta. Pero aun sin un solo lector, sabe muy bien que el silencio es imposible y que la poesía ha sido su vida entera, su predestinada vocación. En el poema «Noche del hombre y su demonio» —obsérvese que se trata del hombre, no del poeta— su demonio le dice: «Ha sido la palabra tu enemigo: Por ella de estar vivo te olvidaste». Y Cernuda responde:

> Hoy me reprochas el culto a la palabra.
> ¿Quién sino tú puso en mí esa locura?
> El amargo placer de transformar el gesto
> En son, sustituyendo el verbo al acto,
> Ha sido afán constante de mi vida.
> Y mi voz no escuchada, o apenas escuchada,
> Ha de sonar aún cuando yo muera,
> Sola, como el viento en los juncos sobre el agua,

RD, 367.

Pero su demonio, insistiendo irónicamente sobre un principio de realidad y sentido común (ha despertado al poeta, entrometiéndose en sus sueños), recuerda que nadie escucha otra voz que la suya propia, «Si es pura y está sola», y sugiere que las aspiraciones del poeta a la inmortalidad mediante su arte son excesivas. El poeta contesta una vez más:

> Me hieres en el centro más profundo,
> Pues conoces que el hombre no tolera
> Estar vivo sin más: como en un juego trágico
> Necesita apostar su vida en algo,
> Algo de que alza un ídolo, aunque con barro sea,
> Y antes que confesar su engaño quiere muerte.

RD, 368.

Ha desaparecido la mofa satánica de los poemas de «Invocaciones». Aquí, como en otros lugares y ocasiones después del exilio, la actitud del poeta es más quejumbrosa, más desconcertada. Es el Icaro caído que ve asomar ante él a la muerte y se pregunta qué ha pasado, pero no capitula frente a la sociedad. Las justificaciones son sólo para sí. Y otros tres poemas reiteran esta imagen del Satán castigado, todos los cuales quedan mejor definidos por el título de uno de ellos. «Noche del hombre y su demonio», «Nocturno yanqui» y «A un poeta futuro» participan todos del carácter de una *Apologia pro vita sua»*. El poeta, que habla ahora como el *poète mourant,* justifica la vida en términos del arte que la vida ha engendrado. He aquí la quinta estrofa de «A un poeta futuro»:

> Ahora, cuando me catalogan ya los hombres
> Bajo sus clasificaciones y sus fechas,
> Disgusto a unos por frío y a otros por raro,
> Y en mi temblor humano hallan reminiscencias
> Muertas. Nunca han de comprender que si mi lengua
> El mundo cantó un día, fue amor quien la inspiraba.
> Yo no podré decirte cuánto llevo luchando

Para que mi palabra no se muera
Silenciosa conmigo, y vaya como un eco
A ti, como tormenta que ha pasado
Y un son vago recuerda por el aire tranquilo.

                                                    RD, 341.

La vida del poeta —tormenta— porque ha sido tumultuosa, no
puede sobrevivir; pero ha sido transmutada en poesía, trocada en
algo inmaterial —«un son vago»— y de este modo puede llegar
a través del tiempo a un poeta aún no nacido a quien aquí se
dirige el autor. Y esto es posible porque, como se dice en el
título de un poema, «Lo más frágil es lo que dura».

Junto con los poemas anteriores que tienen como tema el
sacrificio que supone la poesía, lo que hay que pagar por ella,
están aquellos otros que se aproximan a las exposiciones en
prosa de la poética de Cernuda. De éstos, «La fuente» es el
ejemplo más perfectamente logrado. La poesía, simbolizada
por el surtidor de agua de una fuente, consiste en un soliloquio. No hay seres humanos en el parque donde está la fuente, pero las estatuas que la circundan —proyecciones del afán
humano por lo eterno ya que en Cernuda las estatuas son
siempre de dioses griegos— han sido conquistadas por el
tiempo, tanto histórico como natural. No así la fuente («Única entre las cosas, muero y renazco siempre»):

El hechizo del agua detiene los instantes:
Soy divino rescate a la pena del hombre,
Forma de lo que huye de la luz a la sombra,
Confusión de la muerte resuelta en melodía.

                                                    RD, 270.

La fuente detiene cada momento, confunde a la muerte y es
así representación perfecta del credo del poeta. Cambiante,
melodiosa, incorpórea, persiste no obstante en su anhelo. Tal
es la prerrogativa que Cernuda reclama reiteradamente para la

poesía y que yo he considerado ya con cierta amplitud en un capítulo precedente. Pero hay otra prerrogativa por la que se aboga en los poemas de madurez y que no tiene precedente en las declaraciones en prosa, escritas todas ellas antes del exilio de 1939. Esta segunda prerrogativa se reduce a una insistencia sobre la función unitiva de la poesía. En uno de los últimos poemas de *La realidad y el deseo*, «Mozart», tomando a su compositor favorito como artista arquetípico, Cernuda confiere una trascendental importancia a los creadores de arte. Son los salvadores del mundo.

> Si de manos de Dios informe salió el mundo,
> Trastornado su orden, su injusticia terrible;
> Si la vida es abyecta y ruin el hombre,
> Da esta música al mundo forma, orden, justicia,
> Nobleza y hermosura. Su salvador entonces
> ¿Quién es? Su redentor, ¿quién es entonces?
> Ningún pecado en él, ni martirio, ni sangre.
>
> *RD*, 491.

Y la especial redención que brinda el poeta es servir como espejo de la creación. Percibe el mundo y al hacerlo así le da su realidad. La visión sirve al mismo fin para Cernuda que la imaginación para Coleridge. Es esa facultad que exalta y unifica, mediante la cual percibimos la unidad del universo. De Juan Ramón Jiménez aprendió Cernuda a emplear esta facultad, a ver la «belleza escondida».

> Con reverencia y con amor así aprendiste,
> Aunque en torno los hombres no curen de la imagen
> Misteriosa y divina de las cosas,
> De él, a mirar quieto, como
> Espejo, sin el cual la creación sería
> Ciega, hasta hallar su mirada en el poeta.
>
> *RD*, 404.

Jiménez le enseñó a ver y comprender «la rosa del mundo»:

> Para el poeta hallarla es lo bastante,
> E inútil el renombre u olvido de su obra,
> Cuando en ella un momento se unifican,
> Tal uno son amante, amor y amado,
> Los tres complementarios luego y antes dispersos:
> El deseo, la rosa y la mirada.
>
> RD, 405.

Inmediatamente después de este acto de contemplación mística viene el poema, pero el énfasis recae sobre la experiencia pre-poética en la cual las palabras sólo pueden sugerirse. Por eso en «Río vespertino» el poeta envidia al mirlo que rompe el silencio del paisaje.

> Su destino es más puro que el del hombre
> Que para el hombre canta, pretendiendo
> Ser voz significante de la grey,
> La conciencia insistente en esa huida
> De las almas. Contemplación, sosiego,
> El instante perfecto, que tal fruto
> Madura, inútil es para los otros,
> Condenando al poeta y su tarea
> De ver en unidad el ser disperso,
> El mundo fragmentario donde viven.
> Sueño no es lo que al poeta ocupa,
> Mas la verdad oculta, como el fuego
> Subyacente en la tierra.
>
> RD, 371.

Mediante un acto de fe poética el poeta refiere el confín de realidad visible que percibe con sus sentidos a una realidad superior, inmutable —eterna e invisible— que intuye.[10] Esta

---

10. Cernuda, *Poesía...*, p. 57.

es la «verdad oculta» cuya búsqueda ocupa al poeta y esto es
lo que Cernuda quiere decir con la expresión «ver en unidad
el ser disperso...» Sin ningún concurso divino el poeta confiere, o intenta conferir eternidad a lo transitorio y perecedero.
Tal es la esencia de su visión unitiva.

4. CONCLUSIÓN

Héroe, paria, mártir o figura satánica, es el artista quien
se yergue solo y reta a Dios usurpando su lugar. En un mundo
de sombras, caos y mudanza sólo el artista intenta detener la
corriente que se precipita hacia el no ser. Pero si la elevada
misión que Cernuda ha descrito como propia de sí mismo y
de sus compañeros los demás artistas es anacrónicamente romántica, inspirándose como se inspira en las obras de Hölderlin, Baudelaire y los poetas románticos ingleses, no hay nada
que no sea original en el impulso que le llevó a la creación de
su retrato del artista. El afán de señalar su lugar como poeta
en el mundo y de proyectar una especial imagen del artista-
héroe responde, no menos que la mitificación de la propia
vida, a otra configuración de la sed de eternidad: la inmortalidad del artista a través de su obra.

CAPÍTULO VII

España como Sansueña: historia
y eternidad

De qué país eres tú,
Dormido entre realidades como bocas sedientas,
Vida de sueños azuzados,
Y ese duelo que exhibes por la avenida de los
[monumentos,
Donde dioses y diosas olvidados
Levantan brazos inexistentes o miradas marmó-
[reas.

(«De qué país», *La realidad y el deseo*)

LUIS CERNUDA no fue sino uno más de una generación entera de exiliados. A decir verdad, la correcta perspectiva histórica nos exigiría considerar a Cernuda y a sus contemporáneos como miembros de la Generación de la Diáspora, antes que de la Dictadura ó de los años 1925 o 1927. Evidentemente desde la emigración de 1823 no había representado el exilio un papel tan decisivo en las vidas y escritos de tantos miembros de una sola generación. Sin embargo, a diferencia de los emigrados de 1823 que hicieron primero de Londres, y a partir de 1830 de París, el centro de su acción, los exiliados de 1936-39 se diseminaron por dos continentes. Y en esto estriba la importancia de la acertada distinción de José Gaos entre desterrados y transterrados, pues el mayor número de estos exiliados se estableció en países hispanoparlantes, especialmente Argentina y Méjico. De los transterrados de esta generación, José Bergamín, Manuel Altolaguirre y Emilio Prados establecieron su residencia en Méjico, mientras que Rafael Alberti lo hacía en Argentina. Pedro Salinas y Jorge Guillén, los desterrados, por otra parte, eligieron de intento los Estados Unidos como lugar de su exilio. Dámaso Alonso, que como poeta no puede decirse que pertenezca a esta generación, Gerardo Diego, y Vicente Aleixandre, se quedaron en España. De todos los poetas sólo Luis Cernuda pudo reclamar la distinción de haber sido ambas cosas, desterrado y transterrado, en los años posteriores a la Guerra Civil, residiendo en Inglaterra y en los Estados Unidos por espacio de más de una década, y en Méjico después.

Aún cuando es imposible calibrar el grado en que la volición o la necesidad decidieron sus lugares de exilio, existe no obstante una división natural a este respecto entre los miembros andaluces de la generación —Alberti, Prados, Altolaguirre y, con el tiempo, Cernuda— que se convirtieron en transterrados y los miembros castellanos —Salinas y Guillén— que lo fueron en desterrados. Puesto que el azar y la oportunidad debieron de tener parte considerable en la elección de lugar para el exilio, esta división sería irrelevante si no sirviera para subrayar la solución de continuidad ya inherente a su generación. Pese a la falta de precisión de tales distinciones, la diferencia entre los poetas andaluces y castellanos es de clase más que de grado, pues cuando decimos que los primeros son fundamentalmente poetas de la naturaleza de un medio específico, o que los segundos lo son mucho menos, estamos al menos señalando una diferencia auténtica. Y lo mismo ocurre con sus diversas experiencias de exilio. Los poetas castellanos —Salinas y Guillén— o han negado toda nostalgia por su patria o han expresado una nostalgia por su lengua y literatura más que por España misma. Salinas, por ejemplo, parece que sintió su exilio lingüístico más intensamente que su exilio físico. Los poetas andaluces, en cambio, han lamentado con más frecuencia su separación física de una España geográficamente específica: Su Andalucía natal. Y esto es así porque la actitud ante el mundo de Prados, Cernuda, Altolaguirre y Alberti se basa en su peculiar experiencia de un particular medio físico en que nacieron. Esta misma distinción viene al caso, además, con respecto a un importante y conexo tema «generacional» de los poetas del 27: el de un Paraíso terrestre o Edén. Es un tema compartido por todos, aunque en Salinas y Guillén, su geografía es siempre general y abstracta, mientras que para los poetas andaluces sus atributos físicos son los de la Andalucía de sus años mozos.

Este contexto más amplio de las diversas actitudes de su generación ante el exilio es importante ahora que nos disponemos a analizar los poemas de Cernuda acerca de España, pues mientras que en lo tocante a su inicial respuesta poética al exilio debe ser clasificado con los transterrados andaluces cuyo lamento característico fue por el paraíso perdido de su patria chica, Cernuda va más allá de su nostalgia ambiental, llegando finalmente a una imagen del pasado histórico de España no menos precisa a su modo y estilo que la de Antonio Machado. No equivale esto a decir que la visión cernudiana de España sea programática; más bien el efecto de estos poemas es construir otro paraíso mítico, esta vez de la materia prima facilitada por la historia de España, de acuerdo con las exigencias de su inquietud básica: la sed de eternidad. Así, los poemas que vamos a estudiar son esencialmente de dos clases: los que expresan una nostalgia por el bucólico Edén de Andalucía[1] y los que expresan una nostalgia por la comunidad de fe encarnada, para el poeta, en la España histórica de Felipe II.

La distinción entre las dos clases de poemas, sin embargo, es fluida. Pues aunque son aparentemente antitéticas hay no

1. Este Edén incluía para Cernuda la costa malagueña descrita en su cuento «El indolente», así como, una vez desterrado, la Sevilla de su juventud, todo lo cual se desprende con absoluta evidencia de las siguientes palabras de su ensayo «Divagación sobre la Andalucía romántica»: «Y Málaga. Pero de Málaga, por modestia, no sé qué decir; me parecería hacer mi propio elogio. Sigamos nuestro itinerario» (*Cruz y Raya,* núm. 37 [abril, 1936], p. 34).

obstante una importante relación entre ambas. La primera especie de poema tiene su origen en el modo mitológico de los poemas de «Invocaciones» pero pronto viene a centrarse en una evocación más concreta del perdido Edén de Sevilla, mientras que la segunda especie de poema aparece cuando este mismo modo mitológico deja de activar su imaginación.

Cernuda había escrito antes poemas edénicos, pero hasta después de estallar la Guerra Civil no hay en su poesía ningún indicio de interés por la historia. Antes de ese momento Cernuda y su generación hallábanse casi totalmente desprovistos de ese sentido histórico en tal alto grado desarrollado por la generación de 1898.[2] Antonio Machado observó esta nueva dirección cuando prologó sus poemas incluidos en la primera *Antología* de Gerardo Diego con un ensayo que contenía las siguientes puntualizaciones: «Me siento, pues, algo en desacuerdo con los poetas del día. Ellos propenden a una destemporalización de la lírica...».[3] Poetas en su mayor parte de un paraíso terrestre del «ahora», la Generación del 27 siguió el ejemplo de Juan Ramón Jiménez y laboró la nueva dimensión del eterno presente.[4] Así, cuando Jorge Guillén

2. Me refiero a un sentido del pasado histórico, más que literario, como se ejemplifica en poemas del estilo de «A orillas del Duero», de Antonio Machado. Nadie negaría a la generación de Cernuda su agudo «historical sense» tal como T. S. Eliot lo ha definido.

3. *Poesía española contemporánea* (1901-1934), ed. Gerardo de Diego (3.ª ed.; Madrid, 1959), p. 152.

4. En su admirable intento de describir el «estilo» generacional de los poetas del 27, dice González Muela acerca del uso preferente del presente de indicativo: «Después de seleccionar los ejemplos que más me interesaban, la primera notoria particularidad que observo es la gran mayoría de presentes de indicativo que aparecen: 124 frente a 16 que no lo son. Presentes durativos casi todos, que prueban que el interés del poeta no está en *localizar* muy concretamente la acción o proceso dentro de una porción del tiempo real, sino dejar esa acción o proceso eternizada, en un mundo en el que el tiempo no se mide en extensión, sino en profundidad» (*El lenguaje poético de la generación Guillén-Lorca* [Madrid, 1955], pp. 107-108).

escribió las dos estrofas siguientes, apuntaba a una antítesis
característica no sólo de su propia poesía del momento, sino
de su generación como un todo. Las dos estrofas pertenecen al
poema amoroso «Anillo»:

> Y de repente espacio libre, sierra,
> A la merced de un viento que embriaga,
> El viento más fragante que destierra
> Todo vestigio de la historia aciaga.

> ¿Dónde están, cuándo ocurren? No hay historia.
> Hubo un ardor que es este ardor. Un día
> Sólo, profundizado en la memoria
> A su eterno presente se confía.[5]

La visión de un paraíso terrestre —en Machado este mismo
paisaje castellano se presentaría rebosante de Historia— requiere una percepción del tiempo ahistórica y divina.[6] La
«historia aciaga» se rehúye a favor de un «eterno presente»: el
tiempo del paraíso.[7] Y superado solamente por Guillén en
esta visión negativa de la historia, está Cernuda, quien, como
hemos tenido repetidas ocasiones de mostrar, hace un imperativo categórico de la eternidad. En efecto, una catalogación de
sus poemas escritos con anterioridad a los incluidos en «Las
nubes», su libro de la Guerra Civil, arroja sólo cinco casos en
que se emplea la palabra *historia*. Sin embargo en todas estas

5. *Cántico* (cuarta edición; primera completa; Buenos Aires, 1950),
p. 169.
6. Véase el «Soneto XXXVI» de Francisco de Aldana (*Poesías,* ed.
Elías L. Rivers [Madrid, 1957], p. 26) que comienza: «Señor, que allá
de la estrellada cumbre / todo lo ves en un presente eterno...»
7. Comentando la segunda estrofa de «Anillo» antes citada, Biruté
Ciplijauskaité escribe: «*Cántico* pretendía ser un libro ahistórico, el verdadero "tiempo de paraíso"» (*La soledad y la poesía española contemporánea*
[Madrid, 1962], p. 183).

ocasiones la palabra denota una inoportuna referencia o memoria de la historia personal del poeta que la acerca en su significado al vocablo inglés «story».[8] En suma, la historia, por cuanto destaca «la esencia pretérita del pasado», es la antítesis del eterno presente. «Noche de luna», el poema que inicia «Las nubes» señala el comienzo de una nueva dirección semántica de la palabra *historia* en el vocabulario de Cernuda. Este poema, que debe algo al «Aldebarán» de Unamuno, marca el advenimiento de la historia en la poesía de Cernuda. Pero la definición de esta historia que finalmente aparece en el poema «Silla del rey» (de «Vivir sin estar viviendo», 1944-49) es personalísima. A fin de encerrar la idea de historia dentro de un módulo de pensamiento que rechaza el hecho temporalmente limitado en favor del míticamente intemporal, Cernuda ha hecho uso frecuente de la palabra *leyenda* y en «Silla del rey» historia y leyenda son sinónimos. En este dramático monólogo Cernuda hace decir a Felipe II:

> Todo traza mi trama, va hacia el centro
> Austero y áulico, corazón del Estado,
> Adonde llega, como la sangre de las venas,
> Para inspirarse e informarse, convertido
> En fluir no mortal de leyenda y de historia.

RD, 420.

En obra la transformación, aquí como en otros poemas «históricos» de Cernuda, la conversión de la historia de España en leyenda es así análoga a esa otra transformación que dio como resultado el mito de la propia existencia del poeta. Pero enfocando la historia como leyenda logró resolver la antítesis entre

8. Cf. los versos: «¿Adónde fueron despeñadas aquellas cataratas, / Tantos besos de amantes, que la pálida historia / Con signos venenosos / presenta luego al peregrino / Sobre el desierto, como un guante / Que olvidado pregunta por su mano?» (*RD,* 176).

historia y eternidad —siendo mito y leyenda, en esta concepción, historia liberada de su limitación temporal— y reescri-
bir una porción de la historia de España a imagen de su intemporal Edén de Andalucía.

I. EL EXILIADO DEL EDÉN

El exilio privó a Cernuda no tanto de su patria, de su
nación, como del clima físico y espiritual de que se nutría
su poesía. Por eso, a partir de «Las nubes», su primer libro de
poemas escrito en el exilio, un interés constante de esta poesía
es la recreación del paisaje andaluz de «Invocaciones». *Ocnos*,
como ya hemos observado, también iba encaminado a este
mismo fin. Sin embargo, en cierto sentido, Cernuda estaba ya
en el exilio aun antes de que la Guerra Civil le empujara a su
exilio político en Inglaterra. Tanto «Donde habite el olvido»
como «Invocaciones» describen un paraíso perdido, y es esta
condición o *pose* de exiliado antes del hecho en sí lo que explica la contradictoria actitud que más tarde mostró con respecto
a su exilio. Por una parte están los poemas sobre España que
continuó escribiendo, y por la otra declaraciones tales como la
siguiente de su ensayo autobiográfico «Historial de un libro».
Ocho poemas destinados a «Las nubes» fueron escritos antes
de salir de España, y seis más en Londres, donde había ido a
dar conferencias: «La mayor parte de unos y de otros estaba
dictada por una conciencia española, por una preocupación
patriótica que nunca he vuelto a sentir».[9] La contradicción
deja de existir cuando advertimos que la crisis de la Guerra
Civil obligó a Cernuda a asumir una posición de compromiso
con respecto a la derrota de la República en la guerra, posición de que se apartó poco a poco y sin ruido. El hecho del

9. Cernuda, *Poesía...*, p. 259.

exilio fue una confirmación poéticamente viable, en términos de realidad, de un exilio espiritual ya existente,[10] formalmente anunciado en «Los placeres prohibidos». La nostalgia por el Edén de Andalucía, Cernuda no dejó nunca de expresarla en su poesía, pero su patriotismo por la España republicana fue de corta duración.

Sin embargo, los poemas de nostalgia por España incluidos en «Las nubes» expresan resentimiento contra los nacionales («Caínes sempiternos») y también un lamento por la pérdida de la fuente de inspiración del poeta. Después de «Las nubes», no obstante, el resentimiento es sustituido por pura nostalgia al convertirse el poeta en el Exiliado: nostalgia de un Edén irrevocablemente perdido. «Elegía española», de «Las nubes», es el primero de estos poemas políticamente desinteresados.

> Fiel aún, extasiado como el pájaro
> Que en primavera hacia su nido antiguo
> Llegaba a ti y en ti dejaba el vuelo,
> Con la atracción remota de un encanto
> Ineludible, rosa del destino,
> Mi espíritu se aleja de estas nieblas,
> Canta su queja por tu cielo vasto,
> Mientras el cuerpo queda vacilante,
> Perdido, lejos, entre sueño y vida,
> Y oye el susurro lento de las horas.
>
> Si nunca más pudieran estos ojos
> Enamorados reflejar tu imagen.
> Si nunca más pudiera por tus bosques,
> El alma en paz caída en tu regazo,
> Soñar el mundo aquel que yo pensaba

10. Cf. «Porque nada separa a los hombres como una diferencia en los gustos sexuales; ni la nacionalidad, la lengua, la ocupación, la raza o las creencias religiosas levantan entre ellos una barrera tan infranqueable» (Cernuda, *Pensamiento poético...*, p. 222n).

Cuando la triste juventud lo quiso.
Tú nada más, fuerte torre en ruinas,
Puedes poblar mi soledad humana,
Y esta ausencia de todo en ti se duerme.
Deja tu aire ir sobre mi frente,
Tu luz sobre mi pecho hasta la muerte,
Única gloria cierta que aún deseo.

RD, 271-272.

Aunque en este poema se invoca a España, los «bosques», el «aire» y la «luz» son atributos del paisaje mítico de Andalucía con que hemos entablado conocimiento en los poemas de «Invocaciones», y ésta es la sinécdoque de Cernuda con relación a España. Referencias de pasada a este Edén perdido, generalizado hasta incluir su estilo de vida, las hay en «La visita de Dios»; y particularizado, en «Cordura», en un recuerdo del sol meridional experimentado en Inglaterra. Pero el extenso poema dramático «Resaca en Sansueña» constituye su principal intento de restaurar y abrillantar, enfocándolo con mayor precisión, el mundo mítico, medio pagano, medio andaluz, que sirve de fondo a los poemas de «Invocaciones». En cuanto a su tema, «Resaca» vuelve al material y el escenario del cuento de Cernuda «El indolente», reelaborándolo en forma poética. Pero el intento es un fracaso como su subtítulo —«Fragmentos de un poema dramático»— y la actitud defensiva de su cuarteto final parecen reconocer:

Sobre el campo dormido, la noche lenta gira

Por el cielo, dejando sobre vivos y muertos
Fluir la paz oscura de algún edén remoto.
Aquí acaba el poema. Podéis reír, marcharos.
Su fábula fue escrita como la flor se abre.

RD, 281.

Como recreación de Sansueña, el paraíso terrenal, el poema es un logro brillante, mas como tratamiento de la cuestión de la fe —verdadero eje del poema— ya no lo es tanto. A partir de este momento, como veremos en relación con los poemas «históricos», Cernuda decidió encuadrar sus meditaciones sobre la relación entre los dioses y los hombres en el marco más fácilmente accesible de la España católica. Así, «Resaca» señala el final del intento del poeta de combinar la Edad de Oro pagana con el Edén terrenal de Andalucía que venía ocupándole desde su primer libro de poemas en 1927. Pero fracaso o no, «Resaca» se alza como un monumento a la nostalgia de Cernuda por Sansueña.

«Jardín antiguo» de «Las nubes» y «Tierra nativa» de «Como quien espera el alba» son la forma característica que asume la nostalgia del poeta una vez que su preocupación por la fe ha vuelto a sus cauces habituales y ha dejado a los dioses paganos en paz. Ambos poemas son emotivos recuerdos de Sevilla y sus alrededores. Mientras aún estaba en España, había sido Málaga el paraíso en que se fijara la atención de Cernuda, y Sevilla —demasiado íntimamente asociada a la provinciana prisión de la familia—, el limbo del que había escapado. Pero ahora, en el exilio, Sevilla se convirtió en paraíso también, como los poemas en prosa de *Ocnos,* paralelos a los que comentamos, atestiguan, y Cernuda pudo escribir por fin aquellos conmovedores versos de «Tierra nativa»:

> Raíz del tronco verde, ¿quién la arranca?
> Aquel amor primero, ¿quién lo vence?
> Tu sueño y tu recuerdo, ¿quién lo olvida,
> Tierra nativa, más mía cuanto más lejana?

RD, 330.

Por fuerza más interesado ahora en la textura específica de su tierra nativa que en sus posibles implicaciones mitológicas, los restantes poemas edénicos de «Como quien espera el alba» abundan en referencias al mundo natural de Andalucía, e incluso un poema como «Elegía anticipada», sobre Málaga (Sansueña), es preciso en sus detalles materiales. Góngora, en el poema-homenaje de ese título, es «El andaluz envejecido... [que] Harto de los años tan largos malgastados / En perseguir fortuna lejos de Córdoba la llana y de su muro excelso, / vuelve al rincón nativo para morir tranquilo y silencioso» (*RD*, 330-31), deparando con ello un parangón del exilio del propio poeta en Inglaterra y su imaginado regreso a Sevilla. Vemos también una nostalgia por los moradores de Andalucía, así como por el marco natural, evidente en los poemas «El andaluz» y «El indolente», encarnación esta última figura de aquella gracia e indolencia tan importantes para el poeta. Aun así, el poeta ha ido adquiriendo cada vez mayor conciencia de que la realidad tan alejada en el tiempo y en el espacio nunca puede igualar a la recreación imaginativa de un ideal:

> Cuando tiempo y distancia
> Engañan los recuerdos,
> ¿Quién lo ignora?, es amargo
> Volver. Porque interpuesto
>
> Algo está entre los ojos
> Y la imagen primera,
> Mudando duramente
> Amor en extrañeza.
>
> *RD*, 361.

Sólo en la muerte contempla el poeta todo posible retorno; hasta ese momento, la evocación basta para aliviar cualquier nostalgia.

Este poema, «Hacia la tierra», es el último de *La realidad y el deseo* de 1958 que delata la nostalgia del exilio; aunque las

similitudes entre Méjico y Andalucía avivan la memoria del
poeta —«Palabra amada» y «País» en «Con las horas contadas»— Méjico sustituye a Andalucía en su afecto por razones
ya reseñadas, y con el comienzo de su residencia en Méjico,
Cernuda dejó de ser un desterrado.

2. LA GLORIA QUE FUE ESPAÑA

Si este flujo y reflujo de nostalgia por Andalucía fuera
todo lo que los poemas de Cernuda sobre España comunicaran
al lector, poco habría en qué distinguirle a este respecto de
sus colegas exiliados. Pero está lejos de ser así, pues nos quedan por estudiar aquellos poemas que, paralelamente a los
edénicos, siguen la evolución de su visión de la España histórica. Inicialmente, en «Las nubes», como en el caso de los
poemas puramente nostálgicos, hay varios que dan la medida
de la implicación de Cernuda en las vicisitudes de la guerra.
Poemas como «A un poeta muerto (F. G. L.)», «Impresión
de destierro», «Un español habla de su tierra» y «Niño muerto», algunos de los cuales se publicaron previamente en *Hora
de España,* habían constituido la aportación de Cernuda a la
causa republicana.[11] Aún entonces, sin embargo, evitaba todo
lo que no fueran referencias de lo más tangenciales a la guerra
en curso, prefiriendo en cambio enfocar los hechos de una
manera despegada y especulativa. Continuando un modo de
dirigirse ya usado en los poemas de «Invocaciones», donde en
«Himno a la tristeza», por ejemplo, se apostrofa a la tristeza
como a una diosa («Oh madre inmortal»), Cernuda habla no a
los soldados caídos sino a otra diosa: una maternal «esencia
misteriosa / De nuestra raza». De este modo, España es intro-
ducida en el panteón del poeta. Y, como los otros dioses de
Cernuda, es inmortal aunque accesible a sus iniciados:

11. *Poesía...*, p. 256.

Tu pasado eres tú
Y al mismo tiempo eres
La aurora que aún no alumbra nuestros campos.
Tú sola sobrevives
Aunque venga la muerte;
Sólo en ti está la fuerza
De hacernos esperar a ciegas el futuro.

Que por encima de estos y esos muertos
Y encima de estos y esos vivos que combaten,
Algo advierte que tú sufres con todos.
Y su odio, su crueldad, su lucha,
ante ti vanos son, como sus vidas,
Porque tú eres eterna
Y sólo los creaste
Para la paz y gloria de su estirpe.

RD, 261.

En consonancia con la dirección de lo que he denominado su interés central o tema vital, y como si se propusiera descubrir o construir algo permanente, algún centro inmóvil en medio del caos de la guerra, Cernuda funda un ideal mítico de España en el que basar sus esperanzas para el futuro. Y aun cuando la exacta naturaleza de este ideal queda como algo vago y difuso para el lector, hay indicios de que Cernuda tiene presentes las glorias del pasado histórico de España. En la «Elegía I», ya citada en parte anteriormente, el poeta escribe:

No sé qué tiembla y muere en mí
Al verte así dolida y solitaria,
En ruinas los claros dones
De tus hijos, a través de los siglos;
Porque mucho he amado tu pasado,
Resplandor victorioso entre sombra y olvido.

RD, 260.

Y nuevamente, en «Lamento y esperanza», un poema similar en tema y desarrollo al de Antonio Machado «Una España joven», hallamos el verso siguiente: «Le alienta únicamente su propia gran historia dolorida». Así, en los himnos a España tanto como en poemas que reflejan directa implicación personal, Cernuda encuentra vigor precisamente en aquellas glorias pasadas que la Generación del 98 había rechazado como «historia de sucesos fugaces, historia bullanguera».[12]

Pero por mucho que este nuevo interés en la pasada grandeza de España pueda parecer el natural chauvinismo de un español que fue testigo de la destrucción de su país, es incorrecto relacionar tan directamente causa y efecto. Pues como muestran los últimos poemas históricos de *La realidad y el deseo,* el interés de Cernuda por el pasado radica en la cuestión de la fe mencionada en el capítulo precedente. La inferencia a deducir de esto es que la crisis espiritual acarreada por la guerra fue lo primero que movió al poeta a considerar aquel período histórico en que España opuso a Europa un sólido muro de ortodoxia. La cuestión de la fe es, sin duda alguna, tema importante en «Las nubes», como atestiguan los poemas «La visita de Dios», «Atardecer en la catedral», «Lázaro», «Cordura» y «La adoración de los Magos» incluidos en esta sección. Pero en «Las nubes» la cuestión de la fe y la de la comunidad de creencia representada por la España católica no han sido asociadas todavía, si exceptuamos por el momento el poema final de este libro, «El ruiseñor sobre la piedra».[13] Aquí, sin referencia a los poemas posteriores con que el autor la ha vinculado, la nostalgia predomina, se impone, y la cuestión de la fe queda relegada en el fondo. En «Las nubes»

---

12. Miguel de Unamuno, *Ensayos* (Madrid, 1951), I, 287.

13. Hago esta excepción a fin de considerar el poema más adelante como tercera parte de una trilogía de la cual «Águila y rosa» es la primera y «Silla del rey» la segunda. Esta nueva posición de «El ruiseñor» la anunció Cernuda en «Nota a un poema» (*Papeles de Son Armadans,* VII, núm. 19 [octubre, 1957], p. 57).

aparece ya la orientación definitiva de Cernuda con respecto al problema de la fe, pero diluida por decirlo así. En «La adoración de los Magos» se contempla el nacimiento de Cristo, «Resaca en Sansueña» señala el abandono por parte del poeta de su intento de describir una comunidad de dioses y hombres paganos establecida en un paraíso andaluz, y «El ruiseñor sobre la piedra» considera. El Escorial como Partenón que conmemora la fuerza de una fe compartida. La evolución va desde las mitologías antiguas hasta la nueva conciencia de la historia, a través de poemas bíblicos que en sí mismos son en parte historia y en parte mito.

El extenso monólogo dramático «Quetzalcóatl», de la siguiente sección de *La realidad y el deseo,* «Como quien espera el alba», es el primer poema en que Cernuda combina la cuestión de la revelación y la fe con un enfoque directo de la historia de España. Aquí, como en «Lázaro» y «La adoración de los Magos», el punto de vista es el de una mente humilde y un tanto escéptica, la de un infante de Cortés que en la vejez recuerda con toda la intensidad de un Bernal Díaz del Castillo su parte en la conquista de Méjico y la captura de Moctezuma. Junto con un «puñado de hombres» el narrador tomó parte en el «milagro» de la conquista española, cuando ni siquiera los fabulosos relatos de Indias («las leyendas / De aquellos que pasaban a las Indias») le habían preparado para enfrentarse con un dios, el rey azteca a quien humillaron:

> Cuando en una mañana, por los arcos y puertas
> Que abrió la capital vencida ante nosotros,
> Onduló como serpiente de bronce y diamante
> Cortejo con litera trayendo al rey azteca,
> Me pareció romperse el velo mismo
> De los últimos cielos, desnuda ya la gloria,
> Sí, allí estuve, y lo vi; envidiadme vosotros.

RD, 353.

Esperando la muerte, el viejo soldado se pregunta si no será él también el derrotado por la parte que le cupo en la destrucción de una leyenda. Pero, sean cualesquiera sus sentimientos personales, subsiste el hecho de que participó en una empresa de suficiente grandeza como para absorber todo extremo posible de avaricia y crueldad. Él no fue sino el brazo secular de una causa divina. Así, cuando su interlocutor pregunta a nuestro poeta en *Variaciones:* «¿Qué virtud puede tener tu tierra, tan caída?*, la respuesta es: «La de haber puesto el espíritu antes que nada» (*VTM, 657.*)

3. SANSUEÑA Y EL PUERTO DE LA FE

En el poema titulado «Ser de Sansueña», de «Vivir sin estar viviendo», se da un paso más en la gradual caracterización de la España mítica de Cernuda. Volviendo la espalda a la España moderna y secular, evoca en cambio Sansueña, una tierra de paradoja («La nobleza plebeya, el populacho noble, la pueblan») y extremos. Éste es el país que rechaza a sus hijastros, enviándolos al destierro. Es una tierra de «terratenientes y toreros, / Curas y caballistas, vagos y visionarios, / Guapos y guerrilleros» y, como ya hemos visto, de «hierofantes» e «histriones». Decididamente no es, o ha dejado de ser, la nación que da prioridad a las cosas del espíritu. El mundo ya no conoce ni teme a Sansueña ni a sus hijos, y el poeta hubiera querido pertenecer a la otra Sansueña que hizo milagros, bien encauzados sus elementos violentamente dispares por un propósito común: la defensa de la fe católica.

> Si en otro tiempo hubiera sido nuestra,
> Cuando gentes extrañas la temían y odiaban,
> Y mucho era ser de ella; cuando toda
> Su sinrazón congénita, ya locura hoy,
> Como admirable paradoja se imponía.

> Vivieron muerte, sí, pero con gloria
> Monstruosa. Hoy la vida morimos
> En ajeno rincón. Y mientras tanto
> Los gusanos, de ella y su ruina irreparable,
> Crecen, prosperan.

RD, 418-419.

Aunque cuidadosamente suavizada —el uso del monólogo dramático disimula cuestiones de compromiso para el poeta— la nostalgia por el período de apogeo español que revelan los poemas históricos de Cernuda denota un permanente interés por el problema de la fe que ya se evidenciaba en los poemas religiosos de «Las nubes» y se prefiguraba en los poemas mitológicos de «Invocaciones». El anómalo interés por los dioses paganos da paso, tras la crisis de la Guerra Civil reflejada en «Las nubes», a la comunidad de fe representada por la teocracia del siglo XVI español. Pues aquí Cernuda halló una realización histórica de intervención divina en los hechos del hombre, de modo no distinto a como ocurre en su ideal comunidad pagana descrita en «Las edades». De las estatuas griegas y romanas conservadas actualmente en el Museo Británico escribió el poeta:

> Imaginados por un pueblo remoto,
> De su temblor divino forma eran
> (Como la rosa es forma del deseo);
> Y en el bronce, en el marfil y el mármol,
> Presidiendo los actos de la vida,
> De terror y de gozo solos dispensadores,
> En perfección erguidos, iba a ellos,
> Con murmullo confuso, la palabra.
>
> Un pueblo existe por su intuición de lo divino
> Y es voz del sino que halla eco en la historia,
> Movido del ahínco indisoluble

De su tierra y su dios; así creando
Con lo invisible lo visible,
Con el sueño el acto, con el ánimo el gesto,
Del existir dando razón el mito,
Adonde nace, crece, engendra y muere.

RD, 412-413.

Lo que aquí se describe como un ideal de comercio entre los
dioses y el hombre, aunque expresado en términos pre-cristia-
nos, tiene su réplica directa para Cernuda en la nación católica
de Felipe II, representada en «Águila y rosa», «Silla del rey»
y «El ruiseñor sobre la piedra», que juntos constituyen una
trilogía de poemas históricos. Y tampoco requiere la analogía
un salto tan grande de la imaginación como podría suponerse.
En su capítulo sobre Unamuno de *Estudios sobre poesía española
contemporánea* tuvo ocasión Cernuda de plantear nuevamente el
tema de la comunidad ideal de un pueblo y de sus dioses (o
Dios) tal y como se consideraba en «Las edades», esta vez en
términos de la católica España:

> Lo nacional está unido a Unamuno con lo religioso. Una
> nación necesita para existir un Dios creado por el pueblo; y ese
> Dios es una de las formas inmediatas en que se revela a los hom-
> bres la divinidad. Podemos presentirlo en ciertos parajes solem-
> nes de la tierra que habita un pueblo (Gredos para los españoles),
> en los hechos históricos decisivos que vive en pueblo (Lepanto). [14]

Lo mismo que este pasaje puede considerarse como una
exposición en prosa de la idea central de «Las edades», sirve
también como paráfrasis de la preocupación (casi podríamos
decir obsesión) del sujeto en el monólogo dramático «Silla del
Rey», poema central de los citados. En realidad, es el tema
ostensible de la trilogía en su conjunto. Sin embargo, como

---

14. *Estudios...*, p. 82.

ninguna exposición explícita de este tema cae dentro del marco de un monólogo dramático, nuestra atención es igualmente atraída hacia el punto de vista del sujeto, y de este modo se introduce un tema paralelo. Pues si Felipe II es un rey elegido para poner en obra un plan divino en términos de acción humana, es también un poeta con las mismísimas preocupaciones que Cernuda.

En «Águila y rosa», parte I de la triología, se nos brinda un relato del infructuoso matrimonio de Felipe con María Tudor, futura reina de Inglaterra. La boda se hizo conforme a los designios políticos de Carlos V, pero la nostalgia de Felipe por su patria y el disgusto que le causaba aquella tierra de heréticos («Prefiero no reinar, a reinar sobre heréticos») le hicieron abandonar Inglaterra por España:

> Y a él, hacer que el mundo escuche y siga
> La pauta de la fe. Pudo mover los hombres,
> Hasta donde terminan los designios humanos
> Y empiezan los divinos. Ahí su voluntad descansa.
> Con ese acatamiento reina y muere y vive.

RD, 445.

Pero como poeta Felipe es también un exiliado, y la disparidad entre su manera de ser y la de los cortesanos ingleses es simbólica del abismo espiritual que en opinión de Cernuda separa al poeta de sus contemporáneos. Felipe II es otro de los indolentes de Cernuda:

> Ama Felipe la calma, la quietud contemplativa;
> si un mundo bello hay fuera, otro más bello hay dentro.
> Quiere vivir en ambos, pero estos seres sólo
> Viven afuera, y el ocio fértil de la mente les aburre.

RD, 443.

Por el mismo motivo tiene Felipe algo de *poète maudit:*

> Así murmuran de él. Así le envidian. Y con rabia
> Denigran su grandeza, que no sabe prestarse
> A los prácticos modos de engañar la conciencia,
> A la nación de hormigas la tierra socavando,
> Al pueblo de tenderos acumulando, y no siempre lo propio.
>
> *RD,* 443.

En «Silla del rey», Felipe II contempla, vigilante, la edificación de El Escorial, considerado por él (y por el poeta) como un acto creador de la voluntad, la realización de un sueño, y centro simbólico de un imperio; como rey y como artista pugna y se debate por dar forma a un material recalcitrante: sus súbditos:

> Acaso nadie excepto yo noticie,
> Por el aire tranquilo de mis pueblos,
> El furor de la fiera a quien cadenas forjo,
> Codiciosa del mal, y cuya presa
> Extremada sería el sueño que edifico.
>
> *RD,* 419.

Resultado de esta política es una unificada y totalitaria comunidad de hombres, todos los cuales cumplen las tareas que a cada cual se ha asignado y a las que da sentido una empresa común.

> Sé que estas vidas, por quienes yo respondo,
> En poco servirían de no seguir unidas
> Frente a una gran tarea, grande aunque absurda;
>
> *RD,* 421.

Ésta, pues, es la Sansueña cuya desaparición lamenta Cernuda en «Ser de Sansueña». Y es esta transitoriedad también lo que preocupa al rey: ¿qué destino aguarda a la obra de su vida? Por ser al mismo tiempo artista creador y hombre de estado, el cambio es su enemigo infalible, aun cuando la obra de arte sea hija del espíritu:

> La mutación es mi desasosiego,
> Que victorias de un día en derrotas se cambien.
> Mi reino triunfante ¿ha de ver su ruina?
> O peor pesadilla ¿vivirá sólo en eco,
> Como en concha vacía vive el mar consumido?
>
> Mi obra no está afuera, sino adentro,
> En el alma; y el alma, en los azares
> Del bien y del mal, es igual a sí misma:
> Ni nace, ni perece. Y esto que yo edifico
> No es piedra, sino alma, el fuego inextinguible.
>
> *RD*, 421-422.

Felipe, como rey, habla como delegado de Dios en la tierra, pero en un pasaje inexplicable sin referencia a su función como artista simbólico se enorgullece de actuar en ausencia de la directa intervención divina. De acuerdo con la idea que Cernuda tiene del artista, el monarca está transformando el caos en historia y leyenda inmutables; así, su actitud hacia Dios es altiva e incluso retadora:

> Cuando Alguno en Su nombre regresara al mundo
> Que por Él yo administro, encontraría,
> Conclusa y redimida, la obra ya perfecta;
> Intento de cambiarla ha de ser impostura,
> Y a Su impostor, si no la cruz, la hoguera aguarda.
>
> *RD*, 422.

Inevitablemente «El ruiseñor sobre la piedra», por haber sido escrito el primero, es el poema menos orgánicamente narrado de la trilogía. Es éste, de los tres, el que describe el producto del poder creativo y espiritual del rey-poeta. Es característico de Cernuda que la obra de arte (en este caso El Escorial) no se presente sola, sino que sea realzada merced a un análisis de su creador y la génesis de lo que al principio de la década de los cuarenta parecía a Cernuda un monumento a la fe católica. Sin embargo, en los posteriores análisis de los orígenes de El Escorial —«Águila y rosa» y «Silla del rey» —se modera un poco esa admiración sin reservas por la obra de Felipe que mostraba Cernuda en «El ruiseñor sobre la piedra», pareciendo decir en ellos, dada la implícita analogía entre rey y poeta, que tal vez el fin no justifica los medios.[15] El Felipe II de «Silla del rey» está, sin duda, obsesionado con el poder y por lo tanto parece estrechamente emparentado con el demente emperador cesáreo de otro monólogo dramático, «El César», que en vez de servir a un dios, es uno.

> Conmigo estoy, yo el César, dueño
> Mío, y en mí del mundo. Mi dominio
> De lo visible abarca a lo invisible,
> Cerniendo como un dios, pues que divino soy
> Para el temor y el odio humanas criaturas,
> Las dos alas gemelas del miedo y la esperanza.
> Pero ¿es cierta esta calma? ¿No hay zozobra
> Entre las ramas de un puñal al acecho?
>
> *RD,* 432.

Ahora bien, si hemos de leer «El ruiseñor» como tercera parte de la trilogía, como indicó el autor que debería leerse,

---

15. Respecto a las ambigüedades inherentes a la trilogía, existen, en mi opinión, dos posibles respuestas. O bien «Silla del rey» es en parte una crítica del poder, siempre anatema para Cernuda, o es una exposición dramática de sus propios recelos sobre las «recompensas» de la poesía como vocación, y como tal tenemos otro ejemplo en *Apología pro vita sua».*

no queda otra alternativa que la de ver el poema tal un himno a la encarnación de un sueño de inmutable belleza y un testimonio del anhelo de perdurabilidad del hombre:

> Vivo estás como el aire
> Abierto de montaña,
> Como el verdor desnudo
> De solitarias cimas,
> Como los hombres vivos
> Que te hicieron un día,
> Alzando en ti la imagen
> De la alegría humana,
> Dura porque no pase,
> Muda porque es un sueño.
>
> *RD,* 315-316.

El Escorial del poema es en sí mismo un poema tallado en piedra y, como el título indica, un poeta también. Además, como todo aquello que Cernuda valora al máximo, se ha hecho para que sea, mediante la metáfora, parte orgánica del mundo natural. Y como ocurre con el mundo natural, es al mismo tiempo eterno y efímero, ya que a semejanza del chopo o el plátano cernudianos, su tronco es inmutable mientras que sus hojas —los reflejos por dos veces mencionados en el poema— son temporales y perecederos. En esto descansa su idoneidad, para Cernuda, como símbolo de los inmortales anhelos de belleza eterna que abrigan los hombres mortales. Es al mismo tiempo encarnación de un sueño y la más perdurable creación de una comunidad de fe.

4. CONCLUSIÓN

De no mediar la experiencia de la Guerra Civil y el destierro consiguiente, es lo más seguro que Cernuda no hubiera escrito un solo poema histórico. Como hemos visto, la dirección de su poesía hasta que estalló la Guerra Civil era diametralmente opuesta a cualquier posible enfrentamiento con la historia. Por esta razón, los últimos poemas históricos son especialmente esclarecedores. Observamos en ellos la voluntad de mito del poeta lanzándose en una nueva dirección. Lo mismo que había narrado su propia vida en forma mítica explorando la edad de la inocencia y la Caída, cuando se vio obligado a enfocar la realidad de su propio país desde el exilio elaboró igualmente un mito sobre España: una construcción poética libre de los límites temporales de la historia. Pues Sansueña es también un Edén, no de inocencia sino de credo religioso, donde la inmortalidad del alma es artículo de fe. De tal modo que es Sansueña, y no España, la tierra adonde el poeta-desterrado anhela retornar, una tierra en que los poetas, no menos que los militares y los hombres de estado, tendrían su puesto de honor.

POSTSCRIPTUM

POCO MÁS hay que decir a esta sazón. Habrá quedado claro que el presente estudio no aspira a un examen exhaustivo de todos y cada uno de los temas y poemas de Cernuda. Más bien se trata de un amplio enfoque panorámico que arroja luz sobre las importantes fases por las que ha pasado su poesía. Porque, a lo largo de este estudio, me he mantenido dentro de los límites de la poesía de Cernuda —y en parte su propia visión de ella—, soslayando necesariamente los escritos menos céntricos de Cernuda, excepto donde contribuyen a esclarecer algún punto sobre la propia poesía. De éstos los más importantes son sus trabajos de crítica literaria. No sólo se interesó en sus ensayos por un número de escritores mayor que ningún otro poeta de su generación, escritores tan diversos como Ronald Firbank, Galdós o Rilke, sino que este interés tan amplio lo realzó con el ejercicio de un verdadero talento crítico. Ningún otro poeta español de su tiempo, ni siquiera Unamuno, ha estado tan familiarizado con la literatura inglesa ni ha escrito de ella con tanta precisión. Cernuda ha analizado asimismo el truncamiento de una naciente tradición indígena entre poetas españoles de los siglos XIX y XX por obra de Rubén Darío y el Modernismo. Fue de los primeros en rehabilitar a autores tan diferentes como Francisco Aldana y Campoamor. Además, nos ha dejado una opinión sobre los poetas integrantes de su generación, según la cual Salinas y Guillén están más próximos a la generación de Ortega que a la del 27. Pero, como hemos observado, la crítica literaria fue una actividad subsidiaria para Cernuda, resultado en parte de su admiración por otros escritores afines y en parte de su vocación secundaria, la enseñanza.

Bibliografía selecta

Bellón Cazabán, J.A. *La poesía de Luis Cernuda (estudio cuantitativo del léxico de* La realidad y el deseo). Universidad de Granada, 1973.

Cacheiro, Máximo. «La problemática del escrito en *La realidad y el deseo*». *CHA,* 316 (1976), 54-60.

Capote, José María. *El período sevillano de Luis Cernuda.* Madrid: Gredos, 1971.

——. *El surrealismo en la poesía de Luis Cernuda.* Universidad de Sevilla, 1976.

Cernuda, Luis. *Ocnos.* London: The Dolphin, 1942.

——. *Tres narraciones.* Buenos Aires: Editorial Imán, 1948.

——. *Variaciones sobre tema mexicano.* México: Porrúa y Obregón, 1952.

——. *Estudios sobre poesía española contemporánea.* Madrid: Guadarrama, 1957.

——. *Pensamiento poético en la lírica inglesa (siglo XIX).* México: Imprenta Universitaria, 1958.

——. *Ocnos.* Tercera edición aumentada. México: Universidad Veracruzana, Xalapa, 1963.

——. *La realidad y el deseo.* Cuarta edición aumentada. México: Fondo de Cultura Económica, 1964.

——. *Perfil del aire.* Edición de Derek Harris. Londres: Támesis, 1971.

——. *Antología poética.* Introducción y selección de Philip Silver. Madrid: Alianza Editorial, 1975, 1977.

——. *Prosa completa.* Edición de Derek Harris y Luis Maristany. Barcelona: Barral, 1975.

——. *Poesía completa.* Edición de Derek Harris y Luis Maristany. Barcelona: Barral, 1977.

——. *Poesía completa,* vol. I. Edición a cargo de Derek Harris y Luis Maristany. Madrid: Siruela, 1993.

——. *Prosa,* vols. I y II. Edición a cargo de Derek Harris y Luis Maristany. Madrid: Siruela, 1994.

——. *Las Nubes/Desolación de la Quimera.* Edición de Luis Antonio de Villena. Madrid: Cátedra, 1984.

Coleman, John A. *Other Voices: A Study of the Late Poetry of Luis Cernuda.* Chapel Hill: University of North Carolina, 1969.

Debicki, Andrew P. *Estudios sobre poesía española contemporánea: la generación de* 1924-1925. Madrid: Gredos, 1981, 329-351.

Delgado, Agustín. *La poética de Luis Cernuda*. Madrid: Editora Nacional, 1975.

García Berrio, Antonio. *Teoría de la literatura (la construcción del significado poético)*. 2.ª ed. revisada y ampliada. Madrid: Cátedra, 1994, 192-195.

Harris, Derek. *Luis Cernuda: A Study of the Poetry*. London: Támesis, 1973.

——. *La poesía de Luis Cernuda*. Trad. del autor [Harris, 1973]. Universidad de Granada, 1992.

——. (Ed.). *Luis Cernuda. El Escritor y la Crítica*. Madrid: Taurus, 1977.

Hughes, Brian. *Luis Cernuda and the Modern English Poets*. Universidad de Alicante, 1988.

Jiménez-Fajardo, Salvador. *Luis Cernuda*. Boston: Twayne, 1978.

——. (Ed.). *The Word and the Mirror: Critical Essays on the Poetry of Luis Cernuda*. Cranbury, N. J.: Associated University Presses, 1989.

Mandrell, James. «Cernuda's 'El indolente': Repetition, Doubling, and the Construction of Poetic Voice». *Bulletin of Hispanic Studies*, LXV (1988), 383-395.

Maristany, Luis. *La realidad y el deseo. Luis Cernuda*. Barcelona: Laia, 1982.

Martínez Nadal, Rafael. *Españoles de la Gran Bretaña: Luis Cernuda: El hombre y los temas*. Madrid: Hiperión, 1983.

Müller, Elisabeth. *Die Dichtung Luis Cernudas*. Ginebra: Librairie E. Droz, 1962.

Paz, Octavio. «La palabra edificante», en *Cuadrivio*. México: Joaquín Mortiz, 1965.

Peregrín Otero, Carlos. «La poesía de Luis Cernuda». Tesis inédita. Universidad de California, 1960.

——. «La tercera salida de la realidad y el deseo», *Letras I,* Barcelona, Seix Barral, 1971.

Ramos Ortega, Miguel. *La prosa literaria de Luis Cernuda: El libro «Ocnos»*. Sevilla: Diputación Provincial, 1982.

Real Ramos, César. *Luis Cernuda y la generación del 27*. Universidad de Salamanca, 1983.

Resina, Joan Ramón. «*La realidad y el deseo*. Problematización del lenguaje en la poética de Luis Cernuda», en *Un sueño de piedra. Ensayos sobre la literatura del modernismo europeo*. Barcelona: Anthropos, 1990.

Salinas, Pedro. «Luis Cernuda, poeta», en *Literatura española, siglo XX*. México: Robredo, 1949.

Silver, Philip W. *«Et in Arcadia ego»: A Study of the Poetry of Luis Cernuda*. London: Támesis, 1965.

——. *Luis Cernuda: El poeta en su leyenda*. Trad. Salustiano Masó [Silver, 1965]. Madrid: Alfaguara, 1972.

——. *De la mano de Cernuda: Invitación a la poesía*. Madrid: Fundación Juan March/Cátedra, 1989.

Sobejano, Gonzalo. «Alcances de la descripción estilística (Luis Cernuda: 'Nocturno yanqui')». *First York College Colloquium. The Analysis of Hispanic Texts: Current Trends in Methodology.* Ed. de Mary Ann Beck *et alii.* New York: Bilingual Press, 1976.

Talens, Jenaro. *El espacio y las máscaras: Introducción a la lectura de Luis Cernuda.* Barcelona: Anagrama, 1975.

Trapiello, Andrés, y Juan Manuel Bonet (Eds.). *A una verdad. Luis Cernuda (1902-1963).* Sevilla: Universidad Menéndez Pelayo, 1988.

Ugarte, Miguel. «Luis Cernuda and the Poetics of Exile». *Modern Language Notes,* CI (1986), 325-341.

Ulacia, Manuel. *Luis Cernuda: escritura, cuerpo y deseo.* Barcelona: Laia, 1984.

Valender, James. *Cernuda y el poema en prosa.* Londres: Támesis, 1984.

——. (Ed.). *Luis Cernuda ante la crítica mexicana: una antología.* México: FCE, 1990.

Vivanco, Luis Felipe. *Introducción a la poesía española contemporánea.* Madrid: Guadarrama, 1957.

Zuleta, Emilia de. *Cinco poetas españoles (Salinas, Guillén, Lorca, Alberti y Cernuda)* Madrid: Gredos, 1971.

NUEVE CARTAS Y UNA POSTAL
(INÉDITAS)
DE CERNUDA AL AUTOR

I

Tres Cruces, 11
Coyoacán
México, D.F.
México

Junio 6, 1960

Querido señor Silver:

Recibí su amable carta del 2. Tendré mucho gusto en ayudar a su proyectado trabajo con aquellas indicaciones que usted quiera preguntarme y en todo cuanto caiga dentro de mi competencia.

Volaré a Los Ángeles el 16 y espero estar allá hasta la primera decena de agosto. Mi dirección será: Dykstra Hall, 580 Gayley Avenue, Los Angeles 24, Calif.[1]

Temo que mi tarea en Los Ángeles (dos cursos, dos clases diarias de lunes a viernes) no me permita espacio ni calma para atender debidamente a mi correspondencia; además de que esta máquina con que le escribo unas líneas la dejaré aquí, y no sé escribir sino a máquina —aunque bastante mal, como puede comprobar.

Mas no deje de escribirme allá si tiene ya presentes las

---

1. Según me escribió Carlos Otero, en aquel entonces miembro del Spanish and Portuguese Department, University of California, Los Angeles: «Viene como Visiting Professor a este Departamento, para dar dos cursos en la Summer Session (del 20 de junio al 29 de julio)».

cuestiones sobre las que desea hablarme. Y desde luego, ya sea desde Los Ángeles, ya sea desde aquí, al regreso, cuente con mi respuesta a las mismas.

«El ruiseñor etc.» no es un poema del que tenga vanidad de autor; se presta a creer en mi nostalgia de mi tierra, cosa de la que algunos se hacen eco, y en la que yo no creo. Aparte de otros puntos de desagrado en los que no voy a entrar ahora. Sin embargo, puesto que se lo eligieron para traducir, si quiere que repase su traducción (aunque será innecesario), la veré con sumo agrado[2].

Saludos amistosos

Luis Cernuda
(a mano)

2. Por mediación de Miguel González-Gerth, alumno graduado de Princeton conmigo y co-editor, me encargaron la traducción de este poema para el número monográfico, «Image of Spain» del *Texas Quarterly* 4.1 (1961). De hecho, el poema apareció en ese número, págs. 214-221.

II

Tarjeta postal (a mano) desde Los Ángeles, California («Place du Theâtre Français» de Camille Pissarro), con fecha del 12.VII.60.

Recibo su carta y su traducción, que me parece muy hermosa. No tengo aquí máquina de escribir, ni espacio para escribirle largo. Ya lo haré desde México antes de que se vaya a Europa. *Grecia* se publicaba *before my time.*

Atentamente

Luis Cernuda

Tres Cruces, 11
Coyoacán
México, D.F.
México

Agosto 24, 1960

Querido señor Silver:

Mis disculpas ante todo por lo tardío de mi respuesta a su carta del 7 pasado. Entre otras atenciones urgentes, se me pasó de la memoria la fecha del 15 de agosto, que era la de su viaje a Europa. Al menos espero que recibiría mi tarjeta desde Los Ángeles.

Tendré mucho gusto en verle aquí a su regreso, hacia fines de octubre; por lo demás, cualquier fecha será buena para mí, ya que no espero salir otra vez de México en fecha cercana.

Ya le dije que la revista «Grecia» es anterior al momento en que comencé a colaborar en revistas literarias. En «Alfar» no recuerdo haber colaborado. En Sevilla, aunque mi información sea tardía, no creo que nadie pueda darle noticias útiles acerca de mí; ya sabe que, según el dicho vulgar, nadie es profeta en su patria, y yo no existo para mis paisanos.

Le deseo un feliz viaje por Europa.

Atentamente suyo

Luis Cernuda
(a mano)

IV

Tres Cruces, 11
Coyoacán
México, D.F.
México

Diciembre 8, 1960

Querido señor Silver:

Celebro que lo pasara bien en su viaje a Europa, aunque lo que me dice sobre Sevilla, gentes y lugares tiene para mí un efecto *ghastly*, semejante a una experiencia con *the time machine*. (Es que he visto recientemente un film inglés sobre la novela de Wells.) No parece haberle sido muy grato J. L. Cano. No me extraña, porque hace años que mis relaciones con el mismo son bastante frías. Después de haberse mostrado amigo, luego he visto que pasó su amistad a otro lado, adscrito a una *clique* literaria madrileña, la cual considera innecesaria toda mención de mi trabajo o de mi nombre, para no causar sombra al POETA en RESIDENCIA.[1] Perdone el cuento.

No tengo recuerdo alguno de ese escrito inédito mío (?) que tiene la atención de enviarme. Por tanto, mi memoria tiene el mismo blanco de esa palabra o palabras que usted no llegó a descifrar en el manuscrito. Lo que sí supongo es que donde usted copia «comprobarlos», debí escribir «comprarlos». No tiene importancia alguna, ya que el escrito es nulo.

---

1. Se refiere a Aleixandre. Para mayor precisión sobre las relaciones Cernuda-Aleixandre véase Luis Antonio de Villena, «Cernuda recordado por Aleixandre» en *A una verdad: Luis Cernuda* (1902-1963), dirigido por Andrés Trapiello y Juan Manuel Bonet (Universidad Internacional Menéndez Pelayo: Sevilla, 1988), pp. 82-89.

Desde luego tendría mucho gusto en asistirle con aquellos datos personales que sean útiles o convenientes para su trabajo. Ya veríamos luego si la materia es de aquellas sobre las que no tengo escrúpulo o disgusto en tratar. Desde luego puede venir a México, si estima que el viaje es necesario. Yo estoy libre estos meses, excepto por mi trabajo literario de siempre, que no es ocupación tan absorbente y continuada como para impedirme visitas, paseos o salidas, que por lo demás aquí no existen para mí.

Mi vida trashumante me ha impedido guardar cosas varias, entre otras los borradores diversos de mis versos. Sin embargo, podría dejarle (para guardarlo, si así lo prefiere) alguno. Mas tenga en cuenta que escribo a máquina y que los manuscritos, primer borrador, por lo general, del poema, son ilegibles, hasta para mí, pasado algún tiempo.

Ocnos me gustaría publicarlo por vez tercera, añadiendo unos trozos nuevos y uniendo al volumen las «Variaciones». Pero el proyecto no veo ocasión de realizarlo, ya que los editores posibles no me parece quedarían satisfechos de mi demanda. En España, tal vez, aunque mi experiencia de la censura, con motivo del libro «Poesía y Literatura» (Biblioteca Breve, Seix y Barral), fue espantosa. El libro salió al fin, pero clandestinamente y con pie de imprenta mexicano, para burlar en lo posible al censor español.

Su *typing* es perfecto y el mío un desastre, en parte por la máquina y en parte por culpa mía.

Saludos amistosos

Luis Cernuda
(a mano)

Cernuda añade al margen a mano:

Carlos Otero publicó en «Papeles» un estudio sobre «La R. y el D.» Creo que le envió a usted separata del mismo.

Enero 9, 1961

Querido señor Silver:

Mi enhorabuena por su estreno como poeta. No me había
dicho que, además de su interés teórico hacia la poesía, tenía
otro práctico por ella, como poeta. No estimo mal a los críticos, sino a los analfabetos que se meten a hablar de lo que no
saben, como mi personaje en el diálogo a que alude usted.
¿Sabe usted que tuvo en la realidad un modelo? A. del Arroyo
es lo mismo que A. del Río, individuo a quien no conozco y
usted sí conocerá; las palabras que cito a la conclusión de mi
diálogo están calcadas sobre las que ese individuo escribe sobre mí en una «Historia de la Lit. Esp.» de que es autor (?).
El dato no es secreto ni mucho menos, y celebraría que fuera
publicado, con mi nombre como fuente informativa del
mismo.

Ahora, vamos a responderle sobre sus preguntas. «El
acorde» y «La ventana», así como los otros tres poemas de la
serie, no tienen nada que ver uno con los otros; la frase «porque entre estar y estar hay diferencia» es de Santa Teresa (cito
de memoria) y no recuerdo en qué libro de ella ocurre. La leí
hace muchos años y me quedó en el recuerdo vivamente,
usándola en varias ocasiones. Probablemente es de «Las mo-
radas», o si no, de la «Vida». No creo que esté en el «Libro
de las Fundaciones», que es uno de los suyos que más suge-
rencias me deparó, aunque nunca utilizadas. En cuanto a los
borradores de los «Cuatro poemas», pues que los escribí en

Inglaterra, fueron tirados a la chimenea, que era medio excelente para quemar papeles.

Su pregunta acerca de la historia que haya detrás de «El indolente», *rings something on my memory* [*sic*], algo oído en alguna parte, pero no recuerdo nada concreto. Puedo decirle que la combinación estatua (mármol, piedra, bronce) y agua, es particularmente sugestiva para mí desde siempre y, al mismo tiempo, me inspira algún terror (no se ría) pensar en la parte que el agua oculta de la estatua o grupo de estatuas, como en las fuentes decorativas de Italia y Francia. Pienso en una pequeña fuente en los jardines del Alcázar, en Sevilla: cubierta con unos peñascos y éstos abiertos por cuatro lados, dejando ver dentro, sumergida en el agua, una figura de piedra.

«Cuerpo en pena» creo que debe algo al *Bateau Ivre*. «El joven marino» partió todo de una frase surgida de pronto en mí: «Era más ligero que el agua», que, si no recuerdo mal, aparece al fin de la composición.

La «Elegía anticipada» descansa en algo vivido en Málaga, en una segunda estancia allá (estuve en Málaga varias veces), creo que en el verano de 1933. Esa misma experiencia entra en parte en «El indolente», aunque allí ahí [*sic*] una serie de experiencias y observaciones diferentes, unidas y dispuestas formando la historia. Primero pensé en escribirla como poema dramático (del cual quedan las tres composiciones de «Resaca en Sansueña»), pero luego la escribí como relato.

Creo que es todo lo que preguntaba.

Desgraciadamente no veo posibilidad de salir este año de México, así que estaré aquí, según me figuro, en la primavera.

Saludos de su amigo

Luis Cernuda
(a mano)

Cernuda escribe a mano al margen:

Releo su carta y veo que quedan dos preguntas: génesis de los «Cuatro poemas», *falling in love, obviously.* Los nombres geográficos de «El indolente» son todos imaginarios. El fondo es Málaga, Torremolinos y un lugar en el Mar Menor cuyo nombre no recuerdo. Los mismos lugares son fondo de «El joven marino».

Tres Cruces, 11
Coyoacán
México, D.F.
México

Enero 30, 1961

Querido señor Silver:

Su carta del 19 plantea una serie de cuestiones, que caen dentro de la categoría de ésas contra las cuales me reservé en una carta anterior el privilegio de no responder, si me «repugnaban» (ésa fue la palabra usada). Ya es bastante el trabajo que me costaron mis escritos (aunque carezcan de valor), para dedicarme ahora a sistematizarlos, a referir unos a otros. No olvide que dicho trabajo es resultado de una curva vital fluctuante (perdone el tufo orteguiano de la frasecita anterior, ¡uf!), que está detrás de la obra poética y que, al tratar de reducir su fluencia a un esquema parcial, cabe dañar gravemente la parte imponderable y misteriosa que en él haya. Bien está la claridad, *ma non troppo*. Claro, eso sólo se aplica a mi caso particular, como autor de mis versos, pero en modo alguno al trabajo sistematizador que usted, por su parte, quiera emprender en los mismos. Espero que me perdone si soy *blunt* en lo que le digo. Vamos a ver ahora alguna de sus preguntas a las que puedo responder.

El estudio sobre Baudelaire (lleno por cierto de erratas, faltas de francés y alguna que otra libertad del editor, como añadir el nombre de Charles al título, para «llenar mejor el espacio dedicado al título») trata de exponer lo que, según propias indicaciones del mismo, era su experiencia como poeta, pero no la mía. En primer lugar yo no usaría la palabra «sobrenatural». Yo trato de atenerme sólo a este mundo. La palabra «místico» me pone siempre en guardia y la empleo lo menos posible. No tengo la pretensión de equiparar mi experiencia poética con la de San Juan de la Cruz, que además de ser gran poeta, es también un *santo;* cualquiera que sea mi antipatía a la iglesia católica, aún guardo respeto a la santidad cuando recae sobre alguien como San Juan de la Cruz. Acaso pueda pueda [sic] interesarle, respecto a la posibilidad de una experiencia poética y vital «místico-profana», leer unas palabras que encuentro durante mi lectura del libro *Yeat's* [sic] *Iconography,* del Dr. F. A. C. Wilson; están en la página 51 y son a su vez cita de un libro que no conozco: Campbell, *The Hero with a Thousand Faces.*

«Amor» es para mí palabra menos concreta que la de «deseo», que me figuro usar siempre en el sentido exacto que [sic] la palabra *desire.* «Amor», claro, es natural que cambie de sentido, a través de mis versos, según cambia el punto de vista que de momento tenga sobre el amor y sobre la vida.

La paradoja que puede ocurrir, respecto al deseo *unrequited,* es que pretendamos creer, con mayor o menor verdad, que pueda realizarse en otra forma y modo no esperados. A eso me parece que se refiere la estrofa de «El fuego» a que usted alude. «El mito de tu existir» acaso indique la trayectoria finalmente mítica que traza una existencia, en la cual no entra claro, un solo amor, sino varios, juntamente con otras múltiples experiencias de toda clase, que componen el «mito» de la misma.

El amor y la música, aparte del placer inherente a escuchar la segunda y experimentar el primero, no son para mí experiencias poéticas; aunque, en tanto es un poeta quien escucha música o está enamorado, pueden conducirle a la poesía, pueden ser para el mismo fuente de poesía.

Creo que era todo.

Atentamente suyo

Luis Cernuda
(a mano)

Tres Cruces, 11
Coyoacán
México, D.F.
México

Febrero 21, 1961

Querido señor Silver:

«La verdad del poeta bajo nombres ya idos» creo que aludía al nombre y corporeidad de aquellos poetas que amaba y admiraba, y bajo los cuales y en las cuales se había encarnado, en tiempos diversos, el Poeta.

«El éxtasis» (el título viene de *The Extasie,* de Donne) es ejemplo flagrante de *whisful* [*sic*] *thinking:* muerte y resurrección; tras la muerte, resucitar y encontrarse uno y desdoblado, ¿en quién? En uno mismo y su amor, o en uno mismo y en su doble juvenil, o en uno mismo y su otro yo —como quiera—. Algo vago y confuso, según creo y creía al tiempo de escribir esos versos. La reunión y el paraje de la misma recuerdan deliberadamente el final de una égloga de Garcilaso: «Busquemos otros montes y otros ríos, / Otros valles floridos y sombríos, etc. (Égloga I). Rectifico lo de confuso: creo que al escribir esos versos, intentaba resolver la dificultad del desdoblamiento dejándolo misteriosamente vago.

«El Poeta» alude concretamente, al menos en algunas estrofas, a J.R.J. Al morir éste, y pedirme alguien aquí unas cuartillas sobre el poeta, entre cosas muy duras, pero justas, según creía y creo, citaba esos versos como contraste de mi antigua admiración y afecto por J.R.J. En realidad el poema, aparte de esos versos concretos, sólo se refiere a la necesidad para el poeta joven de hallar sus *whereabouts* gracias al estímulo y ejemplo del poeta contemporáneo de su lengua. Es una despedida mía inconsciente de J.R.J., porque, poco después de escrito el poema, mi descontento de su poesía y desagrado de su persona no tuvieron ya alivio. «Anhelo moceril» alude al deseo juvenil de ser (*to became* [*sic*]) un poeta. «Deseo de excederte» no lo encuentro ahí. Creo que alude a dar de sí no sólo lo posible sino lo imposible.

Muchas gracias por su gentileza en obsequiarme el libro de Campbell. Respecto a sus elogios, por favor, ya sé que, al ocuparse de mis versos debe ser que le interesan, y eso me basta para suponer su simpatía hacia ellos. Crea que no tengo confianza ninguna en lo que esos versos parezcan dentro de cinco, diez o x años —si es que dentro de ese tiempo aún se acuerda alguien de ellos. Los escribo porque me dan razón de vivir, son para mí, y si a alguno interesan además, lo agradezco mucho, pero no me confirma respecto a si hay en ellos valor alguno.

Aquella sección XI de la edición tercera de «La R. y el D.» «sin título, incompleta», tiene ya título («Desolación de la Quimera») y va cercana a terminarse, pues más aquellos 8 poemas publicados, tengo una veintena, más o menos acabados, inéditos.

Saludos amistosos

Luis Cernuda
(a mano)

A máquina Cernuda añade al margen:

Acabo de firmar contrato con un editor de Milán para

editar amplia selección de mis versos, en traducción y original
español, en su colección de poetas europeos. He visto el tomo
dedicado a Blok —que está muy bien.[1] Pero no sé lo que hará
el traductor, y además ha traducido ya al Alonso Desamado
(para diferenciarlo del Amado Alonso), *hélas*! Por cierto, me
parece injusto decir de las poesías de Lorca que son un *joke*.
Lorca estaba lleno de vitalidad poética. Era un poeta con todo
el cuerpo y el alma, y eso se ve en muchas cosas que dejó
escritas.[2]

1. Véase *Poesie,* di Luis Cernuda. Traduzione, introduzione, biblio-
grafia a cura di Francesco Tentori Montalto (Milano: Lerici editori,
1962).

2. Le había escrito en mi carta anterior (Feb. 11, 1961): «Last, I
want to thank you for being such a great poet. This is perhaps flattery but
at the same time it is true. I do not think you need worry (I know you
don't) about posterity and its judgement of you with respect to the others
of you [*sic*] generation who not always for the right reasons have been
more recognized. It is interesting to observe Guillén's unfortunate last
book, *Maremágnum.* Among the young poets in Spain I heard nothing but
adverse comments about it. Lorca is a joke to them. No one mentions
Salinas or Alberti. But I needn't tell you of the high opinion they have of
your work. I am thinking of the 'Barcelona school' in particular».

VIII

Tres Cruces, 11
Coyoacán
México, D.F.
México

Marzo 11, 1961

Querido señor Silver:

No sé si recibió mi carta última, cuya fecha no recuerdo, contestando a sus preguntas sobre «El éxtasis», «El poeta», etc. y enviándole copia de «El poeta y los mitos». No he tenido respuesta suya hasta la fecha y, aunque puede haber cualquier demora natural para la misma, mi correspondencia con el profesor Carlos Otero de UCLA sufre continuas pérdidas. No sé si en la nuestra habrá ocurrido alguna.

Su libro llegó [el de Campbell] y lo voy leyendo con mucho interés. Por cierto, algunos capítulos de un libro que acabo de leer, de Robert Langbaum (es norteamericano), *The Poetry of Experience* (edición inglesa de Chatto & Windus), aunque sin gran interés para mí en parte, tiene capítulos sobre the dramatic lyric and the dramatic monologue [sic] que sí me interesan mucho y parecen referirse a varios poemas míos. No es de extrañar, pues hablan de Browning, al que esos poemas míos deben no poco.

Recibo avisos sobre el Texas Quarterly dedicado a mi simpática tierra, como colaborador, gracias a la admirable traducción de usted. Leo el índice de colaboradores, que me parece execrable, y no sé si es debido a la «selección» de los mismos hecha por Don Américo Palingenesia, vulgo el Tío Líos. En tal caso no sería extraño lo absurdo de la selección.

Me mandan papelito para pedir, si quiero, más separatas de mi cargante poemita. Pues que ya tengo copia de su traducción, no quiero separatas ningunas, ni las de rigor ni las extra, que tan generosamente me ofrecen.

¿Conoce a esa gente? En ese caso le rogaría les entere de que no deseo saber ni ver nada del número. Yo no se lo comunico a ellos porque parecería presuntuoso, y en realidad no lo es. Gracias por el favor.

Atentamente suyo

Luis Cernuda
(a mano)

Tres Cruces, 11
Coyoacán
México, D.F.
México

Junio 14, 1962

Querido señor Silver:

Al volver de San Francisco (donde estuve desde fines de agosto pasado) el domingo 10, encuentro aquí una carta de usted fecha de 19 pasado.

Celebro la marcha de su trabajo. Los poemas que he publicado en el intervalo de nuestra incomunicación no puedo procurárselos, por la razón de que nunca guardo copia de revista. Por lo demás no son muchos: dos en la revista «Eco», de Bogotá (la primavera del 61) y otro en la misma revista (noviembre o diciembre pasados); el «Díptico español», que menciona, en «Mito», también de Bogotá y una estafa amistosa (?) en «Caracola», que conoce, publicada sin mi autorización ni conocimiento. No creo que haya otros.

La colección «Desolación de la Quimera» está en manos de la editorial «Avándaro», que la publicará dentro de este año, confío, y de la que espero ver pruebas este verano antes de volver a California en septiembre, según me parece.

Espero que se encuentre restablecido de esa enfermedad a que alude en su carta.

Amistosamente suyo

Luis Cernuda
(a mano)

X

Muy señor mío:

Para autorizar la publicación de alguna traducción es necesario saber qué se va a traducir y en donde se va a publicar la traducción. Pero no se moleste en informarme de ambas cosas, porque no permito esa traducción ni publicación.

En modo alguno estoy dispuesto a tolerar que nadie se permita publicar de nuevo cosas viejas y estúpidas que yo no he recogido ni pienso recoger en libro. Eso se lo debía haber dicho su cacumen, si no su tacto y discreción.

Veo que su trabajo parece centrarse en snooping en torno al mío. No le felicito, ya que snooping es tarea bastante baja. Y además es, en este caso, de resultado pobre e incompleto.[1]

Luis Cernuda
(a mano)

---

1. Creo recordar que había comunicado a Cernuda el descubrimiento de un inédito suyo de los años 30 en la biblioteca de la viuda de Juan Guerrero Ruiz. El poeta comenta nuestra correspondencia con Jaime Gil de Biedma: véase un extracto en Fernando Ortiz, «Últimos años de Luis Cernuda», *Camp de l'arpa* núm. 45/46 (junio/julio 1977) pág. 13. Para la carta completa véase *Luis Cernuda: Epistolario inédito,* recopilado por Fernando Ortiz (Compás: Biblioteca de asuntos poéticos núm. 1), Sevilla: Servicio de Publicaciones del Ayuntamiento de Sevilla, 1981, pp. 76-77.